शमशेर का अर्थ

शमशेर का अर्थ

(शमशेर बहादुर सिंह के काव्य-वैशिष्ट्य का मूल्यांकन)

ज्योतिष जोशी

वाणी प्रकाशन

वाणी प्रकाशन
4695, 21-ए, दरियागंज, नयी दिल्ली 110 002
शाखा
अशोक राजपथ, पटना 800 204
फ़ोन: +91 11 23273167 फ़ैक्स: +911123275710
www.vaniprakashan.in
vaniprakashan@gmail.com

SHAMSHER KA ARTH
(A Critical Study of Shamsher Bahadur Singh's Poetry)
by Jyotish Joshi

ISBN : 978-93-5000-739-6
Criticism

प्रथम संस्करण

आर. टेक ऑफ़सेट, दिल्ली-110095 में मुद्रित

वाणी प्रकाशन का लोगो मक़बूल फ़िदा हुसेन की कूची से

"मुख्यामहाकविगिरामलंकृतिभृतामपि ।
प्रतीयमानच्छायैषा भूषा लज्जेव योषिताम् ॥"

'ध्वन्यालोक' - आनन्दवर्धन

(महाकवियों की वाणी में ध्वन्यार्थ तो सुन्दरियों के मुखमण्डल पर लज्जा की भाँति (एक आन्तरिक और भिन्न तत्व) एक शोभा की वस्तु है।)

"कवि-वाणी के प्रसार से हम संसार के दुःख-सुख, आनन्द-क्लेश आदि का शुद्ध स्वार्थमुक्त रूप में अनुभव करते हैं। इस प्रकार के अनुभव के अभ्यास से हृदय का बन्धन खुलता है और मनुष्यता की उच्च भूमि की प्राप्ति होती है।"

– आचार्य रामचन्द्र शुक्ल

"A poem in very image of life expressed in its eternal truth."

– शेली

अनुक्रम

भूमिका

दो शब्द

'शमशेर का अर्थ' हिन्दी के मूर्धन्य आधुनिक कवियों में एक शमशेर बहादुर के काव्य वैशिष्ट्य का मूल्यांकन करने का प्रयत्न है। इस प्रयत्न में हम कितना सफल हुए हैं या असफल; यह तय करना अध्येताओं का काम है, हमने तो अपना काम; जैसा बन पाया है, कर दिया है। शमशेर हिन्दी के कठिन कवियों में एक हैं, इसलिए उनको समझने के क्रम में 'कुपाठ' भी बहुत किया गया है। उन्हें उनके प्रशंसकों और निन्दकों, दोनों ने ही अवमूल्यित करने की कोशिश की है। कुछ ने अधिक प्रेमवश, उत्साह में उनकी कविताओं का कुपाठ किया है तो कुछ ने उनकी सीमाएँ दिखाने के नाम पर अतिवादी व्याख्याएँ की हैं। ऐसे लोग भी हैं जिन्होंने शमशेर को पूरी तरह समझा है; पर उनके लिखे को पढ़ने की जरूरत ही नहीं मानी गयी। कुल मिलाकर स्थिति यह है कि शमशेर दोनों ही स्तरों पर उलझाकर रखे गये हैं और पाठकों को उनकी कविताओं से डर लगता रहा है।

यह बेहद विचित्र स्थिति है और तब यह विचित्रता अधिक डरावनी हो जाती है जब हम शमशेर जैसे कवि को श्रद्धा का पात्र तो बना देते हैं, पर पठनीय मानने से इनकार करते हैं। 'कवियों का कवि' मानकर उन्हें इसी श्रेणी में डालने का प्रयत्न किया गया था जिसे उनके अध्येताओं ने कण्ठहार मानकर धारण कर लिया और उन्हें सचमुच 'कवियों का कवि' बना डाला। शमशेर को वर्षों से पढ़ते-गुनते हुए हमें इन स्थितियों ने हमेशा परेशान किया है और यह लगता रहा है कि काश नये सिरे से इस कवि को समझने की कोशिश तो होती! समय ने करवट ली और यह जिम्मा स्वयं मुझ जैसे नासमझ पर आ गया। यह न भी आया होता; यदि शमशेर की जन्मशती का वर्ष सामने न होता। इसका श्रेय श्री अशोक वाजपेयी को जाता है जिन्होंने अज्ञेय और शमशेर की जन्मशती मनाने की देशव्यापी पहल की और दोनों कवियों पर पुस्तकें तैयार कराने की योजना बनाई। शमशेर की कविताओं

पर लिखने का दायित्व उन्होंने मुझे दिया और भरोसा भी जताया कि मैं यह काम अवश्य ही निष्ठा से कर पाऊँगा। मेरे काम में निष्ठा कितनी है और मैं उनके भरोसे का निर्वाह कितना कर पाया हूँ; यह तो आप ही तय कर पायेंगे, पर मैंने उनके कहे के मान की रक्षा की है, इसका मुझे अपार सन्तोष है।

पुस्तक के बारे में कुछ भी कहना उचित प्रतीत नहीं होता; क्योंकि जो कुछ भी कहना चाहा है; वह इसमें कहा ही है, पर इतना संकेत करना अनुचित नहीं है कि यह पुस्तक एक योजना के अनुरूप, व्यवस्था-क्रम से लिखी गयी है। पुस्तक में हिन्दी के सर्वथा अनूठे और मौलिक कवि के रूप में शमशेर को देखने का प्रयत्न है और इस प्रयत्न में समझने की चिन्ता अधिक है, समझाने का प्रयास कम। कहते हैं कि समझाते वे हैं जिन्हें 'सब कुछ' की गहरी समझ होती है, वे समझने की चिन्ता से दूर होते हैं। हम तो समझना ही चाहते हैं और सम्भव है, मेरी इस कोशिश में शमशेर की 'कथित दुरूहता' थोड़ी कम हो जाये!

पुस्तक में पाँच अध्याय हैं और सारे अध्यायों का शीर्षक हमने शमशेर की काव्य-पंक्तियों में निबद्ध किया है। उनकी कविताओं के काव्य-सौन्दर्य, काव्य संवेदना, ऐन्द्रिय प्रेम तथा सामाजिक चेतना को हमने आरम्भ के चार अध्यायों में परखा है। पाँचवें और अन्तिम अध्याय 'उपसंहार' के तहत हमने पुस्तक के निष्कर्षों की अपेक्षा उनके अब तक के अध्ययनों की जटिलताओं को सामने रखा है तथा एक पाठक के नाते उनके वैशिष्ट्य को रेखांकित करने का प्रयत्न किया है।

सही मायनों में आधुनिक हिन्दी कवियों में शमशेर सर्वथा मौलिक कवि हैं और उनकी कविता आनुभूतिक आवेग की अन्यतम अभिव्यक्ति है। यह कविता अर्थ के सरलीकरण से इनकार करती कविता है और हमारी प्रतीति को विस्तार देने वाली भी। यही कारण है कि इससे हमारे सतही काव्य-आस्वाद को चुनौती मिलती है और हम इसे दुरूह मानने लगते हैं। सच्चाई यह है कि यह कविता 'अमित अरथ अति आखर थोरे' की कविता है– कम शब्दों में अधिक कह देने की शक्ति की कविता, इसलिए तुलसीदास के ही शब्दों में कहना उचित है– 'संग्रह त्याग न बिनु पहिचाने'। बिना जाने अपना लेना या ठुकरा देना, दोनों ही घातक है। अपना लेने या ठुकरा देने के पहले ठीक से जानने-समझने की कोशिश अवश्य की जानी चाहिए। मैंने यही कोशिश की है, पर दावा नहीं करता कि सफल हो ही गया हूँ। इस कार्य में थोड़ी भी सफलता मिली हो तो मैं कृतकार्य मानने में संकोच नहीं करूँगा।

अन्त में वाणी प्रकाशन के स्वत्वाधिकारी बन्धुवर श्री अरुण माहेश्वरी का आभार; जिन्होंने बहुत कम समय में इतनी सुरुचि से पुस्तक को प्रकाशित किया है। उनका दबाव भी पुस्तक को सम्पन्न करने के काम आया, वरना अनेक झमेलों में उलझे रहने की अपनी आदत के मुताबिक थोड़ा विलम्ब सम्भावित था। अब पुस्तक आपके हाथों में है। हमें इस बात का पक्का भरोसा है कि पुस्तक आपको प्रेरित करेगी। मैंने तो एक मूर्धन्य कवि को अपनी सामर्थ्य-भर प्रणति ही दी है।

सादर,

21 दिसम्बर, 2010
नयी दिल्ली

ज्योतिष जोशी

(एक)

बात बोलेगी हम नहीं...

(काव्य-सौन्दर्य)

बात बोलेगी हम नहीं...

(1)

आधुनिक हिन्दी कविता शमशेर बहादुर सिंह की ऋणी है; क्योंकि उन्होंने उसे अर्थ के सरलीकरण से बचाते हुए प्रतीति के नये रूपों में ढाला। इस मायने में शमशेर हिन्दी के अनूठे कवि हैं। आत्मपरकता इस कविता की निजी सम्पदा है और गहरे जीवन-मर्मों से भरी वक्रता; जिसे उनकी काव्य-व्यंजना भी कह सकते हैं, उनकी अपनी अर्जित की गयी काव्यशक्ति है। शमशेर की कविताएँ अपने समूचे विन्यास में सरलीकरणों से इनकार की कविताएँ हैं, इसलिए अपनी आमफहम आदत के मुताबिक़ जब हम इन कविताओं से गुज़रते हैं तब अर्थ की प्रतीति के सहज रूपों को न पाकर खीझ उठते हैं और यहीं आकर हमारी काव्य-आस्वाद की समझ सतह पर आ जाती है। शमशेर की कविताओं का वैशिष्ट्य केवल इसी में नहीं है कि वे निरे अर्थ को चुनौती देती हैं बल्कि इसमें है कि वे अनुभूतियों को गहरे जीवन-मर्म में विन्यस्त कर उन्हें चित्रों में उतारती हैं– कम से कम शब्दों में सजे चित्र टूटते वाक्यों में चमकते हैं और बहुधा वे हमारी स्मृति, जीवन-बोध और सौन्दर्याभिरुचि की थाह भी लेती हैं–

'सावन की उन्हार
आँगन पार।
मधु बरसे, हुन बरसे
बरसे स्वाँति धार
आँगन पार
सावन की उन्हार।'

('गीत', प्रतिनिधि कविताएँ)

सावन के अँधेरे में आँगन के पार मधु का बरसना और स्वर्णमुद्राओं का गिरना वस्तुतः स्वाति की धार के कारण है। स्वाति की बूँदों का बरसना किसानों के लिए मधु का बरसना है; क्योंकि सावन मधुमास है और उसी बारिश में वह अपना

जीवनधन पाता है—सोने की वृष्टि भी वही है। जो किसान-जीवन के इस अनुभव को नहीं जानता, वह शमशेर की इस कविता को एक पहेली मानकर उलझ जायेगा। यह कविता की जातीय विशेषता है जिसके बारे में कहा जाता है कि काव्यास्वाद के लिए उसी जीवनानुभव की आवश्यकता होती है जो कवि के जीवनानुभव से साम्य रखे। कदाचित् आनन्दवर्धन ने इसी को लक्ष्य करके कहा—

'शब्दार्थ शासन ज्ञान मात्रेणैव न वेद्यते
वेद्यते सतु काव्यार्थतत्त्वज्ञैरेव केवलम्।'

अर्थात् केवल शब्द विद्या या तर्क के पाण्डित्य से काव्य के अर्थ का आकलन नहीं होता। इस आधार पर यह कहना निरापद नहीं है कि शमशेर ने अपनी अभिव्यक्ति के लिए एक नये शिल्प का प्रवर्त्तन किया। इस शिल्प में कविता की बहुस्तरीयता के साथ-साथ अपने 'निज' को मिला देने की जो कुशलता है, वह हिन्दी कविता की आधुनिक परम्परा में अन्यत्र दुर्लभ है। मुक्तिबोध ने सम्भवतः इसी कारण कहा—'कि शिल्प की दृष्टि से, शमशेर हिन्दी के एक अद्वितीय कवि हैं।' लेकिन यह शिल्प; क्या कोई काव्य-चमत्कार है या कोई विभ्रम में डालने वाली युक्ति? नहीं, यह सर्जक के चित्त का, उसके मन का और समग्रतः उसकी गहनतम अनुभूतियों की अभिव्यक्ति का माध्यम है। शमशेर जैसे रचनाकार के लिए 'शिल्प' 'वस्तु' का हेतु बन जाता है, वह सायास अर्जित किया गया, ढाँचा भर नहीं है। 'शिल्प' का यह अर्जित जगत् शमशेर को आधुनिक हिन्दी कविता का ऐसा प्रयोगशील कवि बनाता है जो अपने कथ्य की नवीनता के कारण अलग से पहचाना जाता है। कविता को जीवन का पाथेय बना लेने के कारण ही शमशेर हमारी आस्वादपरकता के लिए चुनौती बनते हैं, हालाँकि ऐसा है नहीं। हम उनके शिल्प को उलझा हुआ शायद इसीलिए मान बैठते हैं कि कविता को हम जीवन से अलगाकर देखने के आदी हैं। अपनी निजता को सार्वजनिकता में परिवर्तित कर इस कवि ने जीवन के उस प्रत्येक क्षण को अभिव्यक्त करने की कोशिश की, जो क्षण उनकी अपनी पूँजी रहे हैं। अपने इस समर्पण से, 'आत्म' के विस्तार से उन्होंने अनुभूति के गहनतम स्तरों को शब्दों में अंकित करने का प्रयास किया और उसके सन्दर्भों को काव्यदोष मानकर हटा दिया। यह सन्दर्भ ही वह 'अर्थ' हैं जिन्हें न पाकर कविता का परम्परागत पाठक तिलमिला उठता है—

'ये लहरें घेर लेती हैं
ये लहरें...
उभरकर अर्द्ध द्वितीया
टूट जाता है...

अन्तरिक्ष में
ठहरा एक
दीर्घ समतल मौन...'

('ये लहरें घेर लेती हैं', प्र.क.)

लहरें जल में उस चाँद के द्वितीया रूप को घेरती हैं जो उभरकर टूट जाता है और तब अन्तरिक्ष में एक दीर्घ समतल मौन ठहर जाता है। पृथ्वी से अन्तरिक्ष तक लहरों के घेरने से 'दीर्घ समतल मौन का ठहरना' व्यक्ति के मनोभाव की घटना का विरल उदाहरण है। यह केवल काव्य-सत्य की घटना नहीं है। शमशेर के 'आत्म' की गहनतम अनुभूति यहाँ एक दुर्लभ बिम्ब रचती है और उसमें उतर जाती है। यह उनके शिल्प का कौशल नहीं है, यह तो उनकी अनुभूति के उस क्षण का प्रताप है जिसमें पृथ्वी से अन्तरिक्ष की क्रिया का घटना सम्भव होता है। कवि की इसी विशिष्टता को लक्षित कर मुक्तिबोध ने कहा था—

"शमशेर की मूल मनोवृत्ति एक इम्प्रेशनिस्टिक चित्रकार की है। इम्प्रेशनिस्टिक चित्रकार अपने चित्र में केवल उन अंशों को स्थान देगा जो उसके संवेदना-ज्ञान की दृष्टि से प्रभावपूर्ण संकेत शक्ति रखते हैं। वह दृश्य-चित्र में उन्हीं अंशों को स्थान देता है कि जो उसके संवेदना-ज्ञान की दृष्टि से उस दृश्य के अत्यन्त महत्त्वपूर्ण, अन्तःप्रगाढ़, प्रभावपूर्ण अंग हैं। केवल कुछ ही ब्रशेश में वह अपना काम करके, दृश्य के शेष अंशों को दर्शक की कल्पना के भरोसे छोड़ देता है। दूसरे शब्दों में, इम्प्रेशनिस्ट चित्रकार, दृश्य के सर्वाधिक संवेदनाघात करने वाले अंशों को प्रस्तुत करेगा और यह मानकर चलेगा कि यदि यह संवेदनाघात दर्शक के हृदय में पहुँच गया तो दर्शक अचित्रित शेष अंशों को अपनी सृजनशील कल्पना द्वारा भर लेगा।"

('मुक्तिबोध रचनावली', खण्ड-5, पृ. 434)

यानी शमशेर अपनी कविता में 'प्रभावपूर्ण' अंशों को स्थान देते हैं और 'अचित्रित शेष अंशों को' पाठक की कल्पना के लिए छोड़ देते हैं। यहाँ दो बातें बिल्कुल स्पष्ट हैं; पहला यह कि शमशेर की कविता, कविता में प्रभावपूर्ण संकेत शक्ति के प्रयोग की आवश्यकता जताती है तथा दूसरा, —कि कवि की तरह कविता के पाठक में भी सृजनशील कल्पना का होना अनिवार्य है। जाहिर है, इसमें कोई सन्देह नहीं है। पर कविता को निरे गद्य का पर्याय बना देने और उसे अर्थ का अनुचर करार दे देने के कारण यह समस्या आ खड़ी हुई है कि सच में कविता अगर कविता बनती है तो उसके सम्प्रेषण के खतरे बढ़ जाते हैं, वह एक अबूझ पहेली हो जाती है और कवि 'कलावादी' कहे जाने से बच नहीं पाता। शमशेर के

प्रसंग में यह कठिनाई उनके अत्यधिक मौलिक होने में ही है। आधुनिक हिन्दी कविता में जो थोड़े-से कवि सर्वाधिक मौलिक हैं, उनमें शमशेर एक हैं। यह मौलिकता अर्जित नहीं होती, व्यक्तित्व से निःसृत होती है। जिस सर्जक का अन्तर्जगत जितना पारदर्शी, निर्भ्रान्त और निश्छल होगा, वह उतना ही मौलिक होगा। कहना न होगा कि मौलिकता अपना मार्ग स्वयं बनाती है, किसी बने-बनाये मार्ग का अनुकरण नहीं करती–

'खुश हूँ कि अकेला हूँ, कोई पास नहीं है–
बजुज एक सुराही के, बजुज एक
चटाई के, बजुज एक जरा-सा
आकाश के, जो मेरा पड़ोसी है मेरी
छत पर (बजुज उसके जो तुम होतीं-
मगर हो फिर भी यहीं कहीं अजब तौर से)'

('आओ')

यह अकेलेपन और अपनी दीनता का दृश्य वह कवि नहीं दिखा सकता जो खरा नहीं है। सुराही, चटाई, ज़रा-सा आकाश और अपनी सहधर्मिणी की स्मृति–जैसे उसकी कुल जमा-पूँजी है। बजुज ही लगता है; कवि का आश्रय है और फिर खालीपन। यहाँ दृश्य से ही हम संवाद करते हैं, कवि तो लगता है जैसे 'मौन' में है। यह शमशेर के शिल्प का नयापन है जिसमें तार-तार होते कवि के जीवन का समूचा चित्र पटल पर उतर आता है। लेकिन यहाँ यह आसानी से जोड़ा जा सकता है कि शमशेर की कविताओं में उभरे सभी चित्र प्रभाववादी (इम्प्रेशनिस्टिक) ही नहीं हैं; जैसा कि नामवर सिंह ने कहा है–

"ये सभी चित्र अनिवार्यतः 'इम्प्रेशनिस्टिक' ही नहीं हैं, कुछ 'सुर्रियललिस्ट' भी हैं, कुछ सरल रेखांकन मात्र और कुछ पत्थर की तराशी हुई मूर्ति की तरह ठोस भी।"

('प्रतिनिधि कविताएँ', पृ. 7)

नामवर सिंह ने बिल्कुल ठीक लक्ष्य किया है। शमशेर की कविताओं में केवल प्रभाववादी चित्रों की ही छवियाँ नहीं हैं, अतियथार्थवादी छवियाँ भी हैं। इसके साथ-साथ टूटते शब्दों के सहज रेखांकन और तराश भी उतने ही लाज़वाब हैं; 'कठिन प्रस्तर' कविता में देखें–

'कठिन प्रस्तर में अगिन सूराख।
मौन पर्तों में हिला मैं कीट।
(ढीठ कितनी रीढ़ है तन की–
तनी है!)'

यह 'सुर्रियलिस्टिक' चित्र है जिसमें कवि का 'आत्म' अपनी लाचारी में प्रकट है। और कुछ सरल रेखांकन–

'बँधा होता भी
मौन यदि
उस व्यथा के रूप से कोमल...'

('बँधा होता भी')

यदि पत्थर की तराशी हुई मूर्ति देखनी हो तो देखें–

'चिकनी चाँदी-सी माटी
वह देह धूप में गीली
लेटी है हँसती सी।'

('चिकनी चाँदी-सी माटी')

गरज़ यह कि शमशेर की कविता का स्थापत्य इतना नायाब है कि उसमें आप खो-से जाते हैं। उसमें अर्थ की प्रतीति नहीं होती, दृश्य होते हैं जिसके बिम्ब आपकी आँखों में उतरते हैं और मन का कोना-कोना झनझना उठता है। इस स्थापत्य की कोई परम्परा हिन्दी कविता में; खासकर आधुनिक हिन्दी कविता में रही हो– इसका कोई प्रत्यक्ष प्रमाण नहीं है। ऐसी कविता का स्थापत्य 'निज के समर्पण' से निर्मित होता है जिसमें प्रदत्त शिल्प की कोई जगह या तो नहीं होती या उसकी दरकार नहीं होती। उनके शिल्प की सबसे बड़ी शक्ति हैं वे बिम्ब, जो 'अर्थ' के आवरण से इनकार करते हैं। एक मायने में शमशेर की कविताएँ बिम्बों की कविताएँ हैं, बिम्ब प्राणतत्व हैं, किसी और आधुनिक कवि की तरह मुलम्मा मात्र नहीं, 'सौन्दर्य' कविता में इसे देखें–

'एक अन्धकार के चमकीले निर्झर में
तुम्हारे स्वर चमकते हैं:
एक इन्तज़ार के झुरमुट में
यह फल है
जिसका अंतर एक तीखी पुकार है...'

यहाँ बिम्ब कवि की अनुभूतियों से उपजकर एक ऐसा लोक रचते हैं जिसमें अर्थ अपने आप तिरोहित हो जाता है और एक उजास फैल जाता है। विजयदेव नारायण साही ठीक ही कहते हैं–

"ये सारे बिम्ब निषेध की प्रक्रिया से सन्तुलित हैं। उनका अस्तित्व लगभग घुलकर रिक्त होते जाने के क्षण में है। उनकी चमक, उनकी पारदर्शिता और उनकी गत्यात्मकता इसी से उपजती है।"

('छठवाँ दशक'; 'शमशेर की काव्यानुभूति की बनावट', पृ. 216)

यह निषेध की प्रक्रिया से सन्तुलन क्या है और उनके अस्तित्व का घुलकर रिक्त होते जाने के क्षण में अवस्थित होना क्या है? शमशेर की कविताओं का गहरा अवगाहन करें तो इस भेद का अर्थ अपने आप खुल जाता है। शमशेर का कवि उपस्थित या अनुपस्थित वस्तु की कामना से मुक्त है। वह सिर्फ अनागत या आगत को अपनी अनुभूतियों में उतारता है और उसे दृश्य करता है; यही निषेध की प्रक्रिया से सन्तुलन है। रिक्तता का क्षण वह है जिसमें कहीं कोई 'होने का सबूत' नहीं बचता। जो होता है, वह पहली बार जन्मता है और अनुभूत क्षण में समाहित हो जाता है। इस प्रक्रिया में उपजने वाले बिम्ब सावन के पहले दौंगरे की भाँति बरसते हैं जिन्हें महसूस तो किया जा सकता है पर बाँधा नहीं जा सकता। न तो उसकी चमक को, न पारदर्शिता को और न ही उसकी गत्यात्मकता को। साही ठीक ही 'शमशेर की काव्यानुभूति को बिम्बलोक' की अनुभूति कहते हैं। इस अनुभूति में एक 'अनवरत मौन' है और 'मौन' में अपने को विलीन कर देने की व्यग्र उत्कंठा है। यही वह स्थल है जहाँ शब्द अपने अर्थ से परे उजास से भर जाते हैं और उनमें अनागत प्रतीति का नया संसार खुलने लगता है। हृदय के अनुभव को व्यक्त कर पाना किसी सर्जक के वश का नहीं होता। पर ऐसा 'परम अनुभव' जो अलक्षित, अदृश्य और अर्थ से परे हो, वही सर्जक करता है जो भौतिक रूप से होते हुए भी अपनी अनुपस्थिति में रहता है। तुलसीदास ने भी हृदय के अनुभव को वर्णनातीत बताया है–

'उर अनुभव न कहि सक सोऊ।
कवन प्रकार कहै कबि कोऊ॥'

अपनी 'अनुपस्थिति' में वह नहीं रहता जो जगत्-प्रपंच के आघातों में जीता है। वह रहता है जो अनुभूति-जगत् के अकल्पनीय भावों के उजास में समूची प्रकृति को जीता है। सही मायनों में शमशेर की पहचान ऐसे ही कवि की है और उनकी ऐसी ही कविताएँ उन्हें 'कवियों का कवि' बनाती हैं जिनमें 'परम अनुभव' का वह 'क्षण' आता है जो सर्वथा देखे, जाने या महसूस किये गये अनुभवों से अछूता है–

'एक सोने की घाटी जैसे उड़ चली
जब तूने अपना हाथ उठाकर
मुझे देखा
एक कमल सहस्त्रदली होटों से
दिशाओं को छूने लगा
जब तूने आँख-भर मुझे देखा।'

('सौन्दर्य')

इस कविता के अछूते बिम्बों को अर्थ के आवरण की आवश्यकता नहीं है, क्योंकि यह अपने आप प्रतीति को भी झनझना देते हैं– प्रियतमा का हाथ उठाकर देखना, एक सोने की घाटी का उड़ना है और उसका आँख भर देखना–एक कमल का अपने सहस्रदली होठों से दिशाओं को छूने लगना। यह ऐन्द्रिकता शमशेर के काव्यशिल्प की अन्यतम विशेषता है जो बिम्बों के आलोक में दमक उठती है और मन के सूने अँधियारे को भी जगमगा देती है। यह कविता यानी शमशेर की कविता ठेठ प्रयोगशील कविता है जिसमें सृजन के वे सभी उद्यम नकार दिये गये-से लगते हैं जो परम्परापोषित रहे हैं। यों तो प्रयोगशीलता सृजन का आपद् धर्म है, नूतनता उसका स्थायी भाव और नये स्वप्न में उतरना उसका वैशिष्ट्य है, पर कितने कवि होते हैं जो अपने लिए नये मार्ग का संधान कर पाते हैं? शमशेर ने नितान्त अकेले रहकर या रहना चाहकर भी ऐसा किया तो क्या कम है? मानसिक उद्वेगों और जटिलताओं को भी कविता में विन्यस्त कर देने की कला या अपने को उसमें विलीन कर देने की हिकमत भी देखनी हो तो शमशेर का जवाब नहीं। कविता जीवन का पर्याय कैसे बन जाती है और जीवन कविता का रूप कैसे लेता है, शमशेर की कविताएँ इसका भी प्रमाण हैं। इसे देखें–

'टूटी हुई बिखरी हुई चाय
की दली हुई पाँव के नीचे
पत्तियाँ
मेरी कविता...'

('टूटी हुई, बिखरी हुई')

यानी कविता कोई परीलोक से आयातित 'वस्तु' नहीं, उसी जीवन की उपज है जो कवि को मयस्सर है, बिल्कुल–

'किरन फूटी है जख़्मों के लहू से : यह नया दिन है :
दिलों की रौशनी के फूल हैं–नजराना हो जाये।'

शमशेर की यह सहजता ही उनके काव्य-संसार को विशिष्ट बनाती है। कविता से निज का घुलाव और उसमें हर तरह की भिन्नता को मिटा देने की वत्सलता इस कविता को आत्मीय बनाती है। कवि की यह सजगता सायास नहीं है, स्वभाव से है। बहुधा यह माना जाता है (और ऐसा मानने वाले भी हिन्दी में कम नहीं हैं) कि शमशेर अपने शिल्प में नितान्त जटिल और अभिव्यक्ति में कुछ हद तक असम्प्रेषणीय भी हैं। पर यह माना जाना भ्रामक ठहरता है क्योंकि ऐसा कुछ भी शमशेर के यहाँ सायास नहीं होता। उनकी कविता की चित्रमयता भी अन्तरालों में अपनी पूर्णता पाती है और कविता कवि के अन्तर्मन की कहीं मधुर

पुकार तो कहीं आह बनकर प्रकट होती है। कविता की आधुनिकता पर आग्रह करने वाले लोग शायद कवि शमशेर की 'अनुभूति' तक नहीं पहुँचना चाहते, वे उनकी कविताओं के कथित जटिल ताने-बाने में उलझकर रह जाते हैं। मुश्किल यह है कि कविता को अर्थ के आवरण से परे देखने की गरज़ हमने महसूस ही नहीं की—

'देखो-वो ऽ ऽ...
काजल की तलवार
डूबो पलकन धार।
देखो-ओ ऽ वो ऽ...
मर्म उघारे
चमक रहे हैं तारे।'

('इतने पास अपने')

इस छोटी-सी कविता में कवि नींद में डूबने का संकेत करता है और दूर तक फैले तारों की चमक को भी लक्ष्य करता है। पूरी कविता बिम्बों की चित्रमयता में है। 'काजल की तलवार' आँखों की कोटर का निचला हिस्सा है जिसमें काजल लगाया जाता है जिसके पलकों की धारा में डूबने का संकेत है। दूसरी ओर तारों की ओर कवि की दृष्टि गयी है जो अपना हृदय खोलकर चमक रहे हैं। यहाँ कविता बिम्बमयता के कारण तो महत्त्वपूर्ण बनी ही है, बिन्दुओं (...) के प्रयोग से भी विलक्षण प्रभाव छोड़ती है। यहाँ बिन्दु दूरी को संकेतित करने के काम आते हैं। देखने की बात यह है कि भाषा और उसके संकेत चिह्नों का प्रयोग करते हुए शमशेर उससे वह अर्थ ले लेते हैं जो कदाचित् कविता की सामान्य संरचना में सम्भव नहीं है। कविता में विराम की भूमिका को अनिवार्य लक्षण बनाते हुए शमशेर उसे एक नयी सम्भावना का बिन्दु बनाते हैं। अनकहा भी तब कितना अर्थवान् हो जाता है, यह कहने की जरूरत नहीं है—

'मुझे भूल से... वर
केवल अपनी
याद बनाकर
चले गये-से
क्यों?'

('क्यों')

तो क्या शमशेर के शिल्प का वैशिष्ट्य इस लाघव में ही है या कि उसका ठौर कहीं और है? शमशेर की कविता लाघव की कविता नहीं है, वह महज़ कविता है

शमशेर की अपनी ही चेतना और मन के तादात्म्य से उपजी हुई जिसमें होने और न होने के बीच एक भरी-पूरी रिक्ति है जो हमें अपनी अनुभूतियों से भरनी होती है। कदाचित् यह कविता हमारे काव्य संस्कारों को भी चुनौती देती है और कविता के अभिग्रहण की तमीज़ भी सिखाती है। शमशेर जब कहते हैं–

'आसमान में गंगा की रेत आईने की तरह
हिल रही है।
मैं उसी में कीचड़ की तरह सो रहा हूँ।
और चमक रहा हूँ कहीं
न जाने कहाँ।'

('टूटी हुई, बिखरी हुई')

या – **'सोने के सागर में अहरह**
एक नाव है
(नाव वह मेरी है)'

('एक मौन')

या – **'ओ मन ओ**
तू एक नाव है
(और नाव वह हमारी है)'

('एक मौन')

तो एक शून्य रचते हैं। यह शून्य उस गहरे मौन से सम्भव होता है जिसमें कवि की चेतना का द्वन्द्व उभरता है। कवि अपने से सम्बोधित होकर कविता को अपने मनोभाव का प्रतिरूप बना देता है। कवि के इन स्वगत कथनों में एक वेदना तो है ही, उस जीवन के, निरावलंब आश्रयों के ढहते स्तम्भ भी बिम्बों में हैं जिनके होने का भ्रम तो है, पर जो हैं नहीं। 'वस्तुसत्य' का यह मिथ्याभास जीवन की असंगति के साथ कवि की विभक्त चेतना को भी चित्रित कर देता है जिससे प्रेरित होकर वह अपने को व्यक्त करने का प्रयत्न करता है। व्यक्त होता है वह अपने स्वयं में। पर उसमें एक विघटन स्पष्ट दिखता है। अपनी पूरी पारदर्शिता के साथ कवि का विघटन कबीर, तुलसी और निराला के आत्मविघटन के समतुल्य है– बेलाग और फिर अपनी इयत्ता में ऊर्जस्वित। शमशेर की कविता का यह आलोक ही उनके शिल्प का कारक है; इसीलिए कह सकते हैं कि उनका शिल्प उनकी संवेदना से घुला-मिला है, परस्पर-सम्बद्ध, परस्परबिद्ध। यही कारण है कि हम कविता में व्यक्त उनकी प्रश्नाकुलता में भी एक हुंकार देख सकते हैं जो नपे-तुले वाक्यों में गहरे अर्थ की व्यंजना वाले विरामों के भीतर उपजता है या

प्रश्नवाचक चिह्नों में—

'मैं मींचकर आँखें
कि जैसे क्षितिज
तुमको खोजता हूँ।
ओ हमारे साँस के सूर्य।
साँस की गंगा अनवरत
बह रही है
तुम कहाँ डूबे हुए हो?'

यह 'खोजना' या 'पा लेने की अधीरता' वस्तुतः अपने ही भीतर की द्वन्द्वात्मकता से आयी है जिसमें शमशेर 'अपने क्षितिज' और 'अपनी साँस के सूर्य' को खोजना चाहते हैं कदाचित् पा लेना भी, पर क्या यह सम्भव है? सम्भावना यहाँ धूमिल है, है तो एक कल्पना, जो अपने ही भीतर के भाव से पोषित है। कविता में यह सूक्ष्मता और सांकेतिकता शमशेर के काव्यशिल्प की विशेषता ही नहीं है, उनकी महत्ता का सूचक भी है। कविता को निरे गद्य में, उथले वक्तव्यों से उलझा देने वाले दौर में यह कविताएँ न केवल कविता के आस्वाद को बदल देती हैं, वरन् हमारे समग्र काव्यबोध को जाग्रत कर देती हैं। अनुभूति की निजता हो या बिम्बों की नवीनता हो—शमशेर अपने होने में सबसे अलग नज़र आते हैं, उनकी कविता स्वाभाविक रूप से अनुभूति के सर्वथा अनायास, स्फूर्त और ऐन्द्रिय ढब का विरल उदाहरण है और यह कहने में कोई संकोच नहीं है कि इस कविता का आधुनिक हिन्दी कविता में कोई विकल्प नहीं है।

शमशेर स्वयं कविता में आयी गिरावट से चिन्तित थे। याद रखने वाली बात यह है कि उनकी यह चिन्ता तब की है जब हिन्दी की आधुनिक कविता महत्त्वपूर्ण मानी जा रही थी। वे समकालीन कविताओं से गुजरते तो न जाने क्या सोचते। उन्होंने लिखा है—"आज कविता हम पर हावी हो गयी है, हम उस पर हावी नहीं रहे। आज की बहुत-सी नयी कविता में महज़ नयेपन का धोखा है। जो कुछ कविता के नाम पर आज छपता है, उसमें नया भी नाम को है और कविता भी। मौलिक में जब अनुवाद का 'रस' मिले, तो उसको हद से हद एक सुन्दर भाष्य कह सकते हैं, याद में भरमायी हुई और की कविता का, या गद्य काव्य जो अपनी भावना में अब रोमानी न होकर आत्मकथ्यात्मक है। नयी कविता क्लासिक (श्रेष्ठ) कविता से ऊब की, अर्थात् सामाजिक रूप से सुरुचि के आदर्शों से गिरावट का पता देती है।"

('शमशेर : कवि से बड़े आदमी', पृ. 99)

यानी नयी कविता में कविता-सी अन्तरंगता न पाकर शमशेर को लगता है कि वह अपना अर्थात् कवि का आत्म-वक्तव्य हो गयी है। कविता कवि पर हावी है, कवि कविता पर नहीं। कविता में नयेपन का धोखा है वह चमत्कार, जो दिखाई तो देता है, पर वास्तव में वह होता नहीं है। कविता कवि के अन्तर की अभिव्यक्ति नहीं रह गयी है, वह तो एक प्रकार से कवि की ठस्स बौद्धिकता की, उसके सोच की अभिव्यक्ति हो गयी है। शमशेर की कविता ऐसी सर्जना के प्रतिपक्ष में खड़ी है जहाँ कविता सिर्फ एक भ्रम है। अपने समूचे रचाव में यह कविता कविता के नाम पर फैले धुँधलके को न केवल छाँटती है वरन् उसके परिष्कार का भी यत्न करती है। अपने शिल्प में यह कविता; इसीलिए किसी कौशल के कारण नहीं अपनी सहज निर्मिति के कारण जानी जाती है। यह कविता भाषिक विन्यास के भीतर कवि के अन्तर की अनुभूतियों को उसकी पूरी ज़द में उठाती है और उसे ऐसे दर्ज़ करती है मानो कवि के जीवन का एक-एक क्षण– उसके सपनों, आकांक्षाओं और संघर्षों सहित समा गया हो।

बावजूद इसके कि शमशेर सतर्क और सचेत कवि हैं अपने शिल्प और कविता की पूरी प्रविधि में भी, पर उन्होंने कभी कोई बन्धन स्वीकार नहीं किया; न तो अपनी कविता पर और न ही जीवन पर। वे कहते भी हैं–

> *"मेरे कवि ने कभी किसी फ़ॉर्म, शैली या विषय का सीमा-बन्धन स्वीकार नहीं किया। फ़ैशन किन विषयों पर लिखने का है या किस वाद का युग आ गया है या चला गया है, मैंने कभी इसकी परवाह नहीं की। जिस विषय पर जिस ढंग से लिखना मुझे रुचा, मन जिस रूप में भी रमा, भावनाओं ने उसे अपना लिया; अभिव्यक्ति अपनी ओर से सच्ची हो, यही मात्र मेरी कोशिश रही–उसके रास्ते में किसी भी बाहरी आग्रह और आरोप या अवरोध को मैंने सहन नहीं किया।"*

('कुछ और कविताएँ', भूमिका)

शमशेर प्रकारान्तर से कविता के सच्ची होने की बात ही कह रहे हैं। वह कवि की सच्ची अनुभूति का अवलम्ब बने, इसी में कवि का भला है और उसकी कविता का भी। कविता किसी आग्रह या दबाव का शिकार होकर नष्ट हो जाती है और कृत्रिम अनुभव उसे तात्कालिक लाभ भले दे दें (हालाँकि ऐसा कम ही होता है), पर कविता का जीवन हर लेते हैं। शमशेर अपने शिल्प में भी इतने सावधान तो हैं ही कि उनकी कविता उनकी सहज-सी लगने वाली अनुभूतियों में भी एक चमक ला सके और वह चमक उनके काव्य-सौष्ठव को अर्थवान बना सके। लेकिन इतना तय है कि शिल्प के सांगठनिक अवयवों के प्रति सचेत रहने के

बावजूद शमशेर अपनी पूरी निर्मिति में प्रयोगधर्मी हैं। उनकी कविता का एक निश्चित रूप नहीं है और न ही उसे बलात् किसी 'रूप' में बाँधा जा सकता है। चित्रमयता, अमूर्तता तथा सूक्ष्मता कई बार कविताओं में भी विचलन लाते हैं तो बहुधा पाठकीय अभिग्रहण में भी गतिरोध पैदा होता है। ऐसी स्थिति में यह भी देखने में आता है कि लोग उनकी कविता के साथ अर्थ का अनर्थ भी करने लगते हैं। इस तरह के अनर्थ का अवकाश यह कविता देती भी है; क्योंकि इसमें कहीं-कहीं या ज़्यादातर इतनी अधिक व्यंजना है, खाली वस्तुभूमि है कि बहुत आसानी से कवि की संवेदना की अभिव्यक्ति सम्प्रेषित नहीं हो पाती। इस सम्प्रेषण की समस्या के कारण वे बिम्ब भी बनते हैं जो पाठक के सामान्य संवेदनों से पकड़ में नहीं आते। एक रहस्य, विस्मय और लगभग असम्भव काव्यस्थितियों को रचते हुए शमशेर कविता की भावभूमि पर पाठकों की समझ को भी थाहने लगते हैं जिससे कविता अनुभव के संज्ञान से बाहर जा पड़ती है और एक गहरी रिक्ति बन जाती है जो काव्यार्थ और काव्यबोध दोनों के लिए चुनौती की तरह होती है।

यह सब कुछ शमशेर के शिल्प में होता है और उनकी अभिव्यक्ति के लाघव में भी। पर इतना अवश्य कहा जा सकता है कि यह शमशेर की कविता का विन्यास है जिसको जाने बग़ैर हम उन्हें समझने का दावा भले कर लें, समझ नहीं सकते। शमशेर के शिल्प की सबसे बड़ी शक्ति है उनकी काव्यभाषा। इस भाषिक कौशल को हम प्रकारान्तर से देखते ही आ रहे हैं पर यहाँ थोड़ा ठहरकर विचार कर लें। कवि के लिए कविता जिस तरह उसके निज के अनुभवों, अनुभूतियों की उपज होती है, वैसी ही भाषा भी उसकी निजी सम्पदा है—बिल्कुल अपनी, अपनी ही तरह की सम्पदा। शमशेर के लिए भाषा कविता को व्यक्त करने का माध्यम भर नहीं है, वह उनकी कविता का मर्म है और काव्य-वितान भी। वे भाषा पर बहुत भरोसा करने वाले कवि हैं और अक्सर भाषा से वे जो काम ले लेते हैं, वैसी क्षमता अन्यों में नहीं दिखती—

'पी गया हूँ दृश्य वर्षा का :
हर्ष बादल का
हृदय में भरकर हुआ हूँ हवा-सा हलका :'

('सागर-तट')

वर्षा के दृश्य को और बादल के हर्ष को पीकर और उसे हृदय में भरकर शमशेर हवा-सा हल्का हो गये हैं। उनके अपने दुःख, अवसाद और चिन्ताएँ सब के सब विस्थापित हो गये हैं जो उनके मन को भारी बना रहे थे। यह कवि की

प्रकृति से तादात्म्यता के साथ अपने निजस्व का आनुभूतिक प्रत्यारोपण विशिष्ट है जो सहज तो है ही, भाषा में बिना किसी प्रयोग के सम्भव हुआ है। ध्यान दें तो पायेंगे कि उपर्युक्त काव्यांश में न तो कोई बिम्ब है और न ही कोई प्रतीक। इसमें सिर्फ भाषा का प्रयोग है और कवि की एकान्तिक अनुभूति को उसमें मिला-भर दिया गया है। शमशेर की कविता में भाषा अपने नये रूप में सामने आती है और दृश्य की भाँति खुलने लगती है। ध्यान में रखने की बात यह है कि यहाँ हम सिर्फ भाषा में काव्य-प्रयोग की बात कर रहे हैं भाषा में ही रचित शमशेर के बिम्बों-प्रतीकों की नहीं।

शमशेर की कविता की भाषिक सामर्थ्य की एक बानगी निम्नोक्त पद्यांश में भी देखी जी सकती है जिसमें समुद्र की गहरायी की थाह हमारी आँखें भी लगा लेती हैं—

'तू किस
गहरे सागर के नीचे / के गहरे सागर
के नीचे का
सागर गहरा होकर
भिंच गया है।'

शमशेर की काव्यभाषा की एक विशेषता उसकी नाटकीयता है। शब्दों से सृजित प्रभाव को नाटकीय युक्तियों में बाँधते शमशेर कविता को नाट्य-मर्म से जोड़ देते हैं और इस तरह उनकी कविता नाट्य-संवाद से युक्त सामर्थ्य से भर जाती है—

'ओ युग, आ
मुझे उठा
ज़रा-सा और लिए चल... ज़रा-सा
    मेरी बहारें
        युगों की बहारें हैं
            आनेवाली
मेरी आत्मा की
    शाश्वत
तू ही रखवाली
करेगा
    एक-एक क्षण एक-एक कण
        मेरा मैं मरेगा

तेरा अपार मेरा संसार
कितने कितने जीवन से भरेगा
कि मैं कह नहीं सकता!'

('ओ युग आ')

एक पद्यांश यह भी देखें—

'राकेश मोहन राकेश मो.../.../सारा
दिन कल, परसों आज/मोहन राकेश मोहन.../
मो.../यों ही खामखाही यों ही खाम/
खाही बार-बार अचानक और/फिर-फिर डिस्टर्ब
करता रहा मुझे/मोहन राकेश।'

शब्दों के प्रभाव से पैदा की गयी इस नाटकीयता में नाट्य संवाद के कौशल के साथ व्यक्ति मोहन राकेश की निजता, उनकी मानसिकता और एक परेशान व्यक्ति की उधेड़बुन चित्रित है। पहली दृष्टि में कविता का आम पाठक इस युक्ति से चकरा जाता है, पर जैसे ही वह कविता के भीतर पैठता है, उसे लगता है कि वह किसी बीहड़ में, किसी वस्तु की खोज के एकदम निकट आ पहुँचा है? इसी कविता में आगे देखें—

'मौत कोई सेन्टीमैन्ट की चीज नहीं/
वह एक ठोस हस्ती है व्यक्ति के लिए/
हर व्यक्ति के लिए/मौत तुम्हारी आँखों में/
अचानक देखती है— अचानक
देखने लगती है/ वह दृष्टि कितनी खरी होती है/
अचानक/मोहन राकेश।'

यहाँ तक आकर हमें भान हो जाता है कि यह कविता मोहन राकेश की मृत्यु पर लिखी गयी है। पहले की पंक्तियाँ मृत्यु जैसे परम सत्य का स्वीकार हैं और राकेश की मृत्यु की क्षति पर वेदना की अभिव्यक्ति—'अचानक' से होती है।

शमशेर की काव्यभाषा में नाटकीयता के ढेरों रंग हैं जो शब्दों के पुनरावर्तन से सम्भव हुए हैं। इन रंगों में दृश्यता है, चुप्पी है, उदासी है, खालीपन है तो मस्ती भी है—

'भा वा कु ल
स = ना टा
ही क वि ता
क्यों

चि न्त न
दु वि धा क्रान्त
आ त मा
श ल थ को लू रि ज
(क्ला सि क क वि
ने मि,
सं य तू स्व र
शिल्पी)
देखा?'

('क्लासिक आग्रह')

शब्दों के विराम से पैदा की गयी इस नाटकीयता में अपने मित्र नेमिचन्द्र जैन की दुविधाग्रस्तता को लक्ष्य कर शमशेर ने उनके संयत् स्वर काव्य शिल्प की सराहना की है। कविता व्यक्ति नेमि को चेताती भी है कि भावाकुल सन्नाटा ही कविता क्यों हो।– ग़ौरतलब है कि शब्दों के विरामों से यह अर्थ-प्रभाव सिरजना सामान्य बात नहीं है।

शमशेर की काव्यभाषा का एक अन्य महत्त्वपूर्ण कारक है– संवादधर्मिता। उनकी कविता में संवादधर्मिता से नया भावसंसार प्रकट होता है। यह संवादधर्मिता कहीं स्वगत, कहीं आत्मालाप, तो कहीं एकालाप के रूप में सामने आती है। शमशेर स्वयं से संवाद करने की शैली में भाषा को तोड़कर उससे कविता के नये आस्वाद को सम्भव करते हैं–

''मैंने शाम से पूछा–
या शाम ने मुझसे पूछा :
इन बातों का क्या मतलब?''

('राग')

या–

'आज मेरे लिए तुम / उसकी हद हो / जो मेरे लिए
हो– तुम / वह मेरी / हद हो / तुम / तुम
मेरे लिए / मेरी हद हो मेरी हद हो /
तुम / मेरे / लिए...'

('सावन')

कवि का स्वयं से और स्वयं का तुम से अभेद और निकटता दर्शाने के लिए आत्मालाप करना, बार-बार 'मेरे' और 'तुम' का प्रयोग करना–कविता को निजता

में विन्यस्त कर देता है। शब्दों की आवृत्ति से जहाँ संवाद की लय उभरती है, वहीं अन्तरंगता का सहज बोध भी आकार पाता है। ठीक इसी तरह शमशेर की कविताओं में अमूर्तता को भाषा ही सिरजती है जिसमें शमशेर अमूर्त चित्रों-सी छवियों को शब्दों में उतारते हैं। शब्द यहाँ टूटते हैं। एक का दूसरे से कोई सम्बन्ध नहीं होता, पर ध्यान देने पर उनकी परस्परता अमूर्त चित्रकृति की तरह दिखाई देने लगती है–

'जँगलें जालियाँ
स्तंभ
धूप के संगमरमर के'
ठोस तम के।'

('होली–रंग और दिशाएँ')

इसके अलावा भाषा की अनके सम्भावनाओं की थाह लेते शमशेर ने अपनी कविताओं में ध्वनियों से, शब्दों के विरामों से, टूटते वाक्यों से, अनगढ़ लगने वाले नये रचे अक्षरों से तथा असामान्य कथनों से बहुस्तरीय भावों को व्यक्त किया है। कहा जा चुका है कि शमशेर का मूल कवि-स्वभाव प्रयोगधर्मी का है, इसलिए वे भाषा में प्रयोग करने की प्रायः सभी सम्भावनाओं की तलाश करते हैं और कविता के प्रचलित मानकों के लिए चुनौती बनते हैं। कविता सही अर्थों में शमशेर के लिए भाषा में एक ज़िद तरह है जो अपनी शर्तों पर रची जाती है और अपनी शर्तों पर ही समझी जाती है। इस कविता-संसार में भाषा की तोड़-फोड़ जितनी है, उतनी शायद ही एक पूरी काव्य परम्परा में भी मिले। वे छन्दों को भी सँभालते हैं तो उसके बाहर भी जाते हैं। दोहा जैसे पुराने छन्द पर भी उनकी कविता अपनी उसी ज़िद पर क़ायम दिखती है जिसके लिए वह जानी जाती है–

'सागर-तट की
छाँवली,
नयन-भरे
आकाश।
विदा-क्षितिज
स्मृति में लिये
मनु-मानस
न हताश।'

तो उर्दू-फ़ारसी के ताने-बाने में भी उनकी कविता का चेहरा खिलता है। वे तो मानते ही हैं कि वे उर्दू और हिन्दी के दोआब हैं–

'मैं हिन्दी और उर्दू का दोआब हूँ
मैं वह आईना हूँ जिसमें आप हैं।'

भाषा में इतनी छूट लेने वाला दूसरा कोई आधुनिक हिन्दी कवि नहीं दिखता जिसे आप शमशेर के समक्ष खड़ा कर सकें। इसका स्पष्ट कारण यही है कि शमशेर ने भाषा को तोड़-फोड़कर उसकी ताकत को कविता में बदल देने की सामर्थ्य का परिचय दिया। भाषा उनके लिए कविता का माध्यम भर नहीं है, कविता ही है—शमशेर की कविता को भाषा के प्रयोगों में देखने से यही कठिनाई आती है; क्योंकि हम उसे कविता से अलगाकर देखते हैं, उसे कविता से अलग मानते हैं। कविता और भाषा की एकमेवता से ही शमशेर अपनी सर्जना सम्भव करते हैं, इसलिए भाषा में कविता गुँथी दिखती है तो कविता में भाषा। दोनों की यह परस्पर सम्बद्धता कविता के लिए नये मानकों की जरूरत पैदा करती है; क्योंकि आधुनिक कविता के लिए जो मानक हमने बना रखे हैं, वे शमशेर की कविता को समझने में नाकाफी हैं। शमशेर की काव्यभाषा में विशेषणों पर अधिक बल भी देखने लायक है तो तत्सम बहुलता भी ध्यान आकृष्ट करती है। इनमें संज्ञा की प्रधानता है तो कहीं-कहीं क्रिया की अधिकता भी हो जाती है। संज्ञापदों से इतर क्रियापदों की अधिकता वहाँ दिखाई देती है जहाँ वे कविता में संवाद करते हैं। अपने भावों की गहनता को दिखाने के लिए भी शमशेर क्रियापदों का सहारा लेते हैं, जैसे—

'पंक्तियों में टूटती गिरती', 'चाँदनी में लौटती लहरें', 'बिजलियों-सी कौंधती लहरें', 'मछलियों-सी बिछल पड़तीं तड़पती लहरें' आदि। व्याकरण के नियमों के भीतर तो कभी बहुत बाहर जाकर भी शमशेर ने प्रयोग किये हैं जिसमें सर्वनाम में लगातार परिवर्तन, अव्ययों का प्रयोग और कहीं-कहीं शास्त्रीय संगीत के रागों का प्रयोग शामिल है। काव्यभाषा में एक साथ इतने अधिक प्रयोग करने वाले वे निराला के बाद दूसरे बड़े कवि हैं। निराला ने जिस तरह भाषा को उसकी सम्भावनाओं में थाहने की कोशिश की, उसी तरह शमशेर ने भी भाषा को अभिव्यक्ति का आधार ही नहीं बनाया, उसमें अन्तर्वस्तु को भी विन्यस्त करने का कौशल दिखाया—

'और... जादू टूटता है इस उषा का अब
सूर्योदय हो रहा है।'

('उषा')

या — **'वह सागर, उट्ठा जो, उठा, और—**
और—और, पाने मुझे

अपने अंक में ही लेने मुझे।
कहाँ टकराती हैं अपनी मौन लहरें–
मैं हूँ यहाँ–निश्चलतम।'

('वह सागर')

गरज़ यह कि शमशेर ने अपनी काव्यभाषा से जो काम लिये हैं और जैसी कविताएँ रची हैं उसका उदाहरण दुर्लभ है। उनके काव्यशिल्प में उनकी भाषा का वह महत्त्व नहीं है, जो दूसरे कवियों के लिए होता है; क्योंकि भाषा उनके लिए केवल कविता लिखने का माध्यम भर नहीं है–स्वयं कविता है। भाषा और कविता के समभाव के कारण ही शमशेर अपनी अभिव्यक्ति में सबसे अलग नज़र आते हैं और हमारी काव्य-समझ को चुनौती देते हैं। वर्ण, गन्ध और ध्वनि की अनुभूतियों से समन्वित उनके चित्र यथार्थ को, जीवन की वास्तविकता को और स्वयं अपने अन्तर की भावदशा को जिस तरह प्रस्तुत करते हैं, वे अनुपम हैं। अमूर्तता, असंगति, सूक्ष्मता और रिक्त भावभूमियों से भरी उनकी काव्यभाषा कविता के क्षितिज का विस्तार करती है। शमशेर की संवेदना की असल भावभूमि उनकी अमूर्त और सूक्ष्म भाषा में अवस्थित है जहाँ हम आसानी से कवि के केन्द्रीय भाव तक पहुँच सकते हैं। काव्यभाषा का यह रूप शमशेर ने परम्परा से कम लिया है, अर्जित अधिक किया है। भाषा को अपने अनुकूल ढालकर कवि ने समकालीन कविता को नयी काव्यभाषा दी है और यह सीख भी दी है कि भाषा रचना का माध्यम ही नहीं होती, वह स्वयं रचना होती है–आवश्यकता है दोनों के परस्पर-सम्बन्धों को समझने की और स्वयं को उनमें मिला देने की।

शमशेर के शिल्प की एक बड़ी शक्ति उनकी सजग बिम्बधर्मिता भी है। चूँकि वे एक चित्रकार भी थे, इसलिए कविता में चित्रमयता उनकी दृष्टि में अधिक महत्त्वपूर्ण थी। अपनी अनुभूतियों को दृश्यता में परिवर्तित कर और दृश्यता को अनुभूति में बदलकर शमशेर ने विलक्षण कौशल का परिचय दिया है। उनके द्वारा प्रयुक्त अधिकतर बिम्ब चाक्षुष हैं और वर्ण-बिम्ब भी कहीं-कहीं प्रयुक्त हुए हैं। दिलचस्प यह भी है कि कभी-कभी उनके वर्ण बिम्ब प्रतीकों में भी रूपान्तरित हो जाया करते हैं जिससे कविता में 'प्रभाव गाम्भीर्य' उपस्थित हो जाता है–

'चाँद निकला बादलों से पूर्णिमा का।
गल रहा है आसमान।
एक दरिया उमड़कर पीले गुलाबों का
चूमता है बादलों के झिलमिलाते
स्वप्न जैसे पाँव।'

('पूर्णिमा का चाँद')

पूर्णिमा का चाँद बादलों से निकल रहा है और उसके निकलने से लगता है जैसे आसमान पिघल रहा है। यहाँ तक चाक्षुष बिम्ब है। पर जैसे ही वे वर्ण-बिम्बों को उठाते हैं, जैसे–'पीले गुलाबों का एक दरिया उमड़ता है', वह एक प्रतीक भी बनता है– और वह प्रतीक बादलों के ही उन टुकड़ों का लगता है जो पीले गुलाबों का दरिया जैसे लगते हैं। वे श्वेत, पारदर्शी निरभ्र बादलों के स्वप्न जैसे पैरों को चूमने लगते हैं। शमशेर के बिम्बों की कोई स्पष्ट जातीयता नहीं है। वे अलग-अलग स्थलों पर अलग-अलग अर्थों में व्यक्त होते हैं। पहाड़ के बिम्ब इसके उदाहरण हैं जो कहीं अवसाद, कहीं दुःख और मृत्यु तो कहीं व्यक्ति के कठोर संघर्ष और अनथक जिजीविषा को व्यक्त करते हैं–

'मुझे प्यास के पहाड़ों पर लिटा दो जहाँ मैं,
एक झरने की तरह तड़प रहा हूँ।'

('टूटी हुई, बिखरी हुई')

'मैं इस तरह मुस्कराया जैसे शाम के पानी में,
डूबते पहाड़ गमगीन मुस्कराते हैं।'

('चेहरे की शामों में')

'तैरती आती है बहार ख़ाब के दरिया में उफ़क़ से
जहाँ मौत के रंगीन पहाड़ हैं।'

(वही)

'एक आदमी दो पहाड़ों को कुहनियों से ठेलता,
पूरब से पश्चिम को एक कदम से नापता
बढ़ रहा है।'

('एक आदमी दो पहाड़ों को कुहनियों से ठेलता')

इसी तरह स्पर्श बिम्ब, ध्वनि बिम्ब तथा अनुकरणात्मक बिम्बों के जरिए शमशेर अपने काव्यार्थ और काव्यभाव को अधिक तीक्ष्णता से सामने लाते हैं। उनके ध्वनि-बिम्बों में संगीत का आस्वाद है जो बरबस ही स्मृति में एक सम्मोहन जगाते हैं–

'मेरी बाँसुरी है एक नाव की पतवार,
जिसके स्वर गीले हो गये हैं,
छप् छप् छप् मेरा हृदय कर रहा है...
छप् छप् छप्...'

('टूटी हुई बिखरी हुई')

बाँसुरी एक नाव की पतवार है इसलिए वह गीली है तो उसके स्वर भी गीले

हो गये हैं और कवि का हृदय छप् छप् कर रहा है यानी बाँसुरी के स्वर में कवि के हृदय की पीड़ा व्यक्त हो रही है। अपनी कविताओं में बिम्ब बहुलता के कारण 'बिम्बों का कवि' कहे जाने वाले कवि शमशेर अपने ऐन्द्रिय बिम्बों के कारण सबसे अधिक ख्यात हैं। इन बिम्बों में देह के सौन्दर्य का और मन के आत्मीय राग का आश्चर्यजनक समन्वय है। शमशेर सौन्दर्य, शृंगार, रूप, देह-गठन आदि सबको मनुष्य के चित्त से जोड़कर एक अनूठा संयोजन तैयार करते हैं और उसे ऐसे व्यक्त करते हैं मानो एक भरी-पूरी कृति प्रस्तुत कर रहे हों—

'हाँ तुम मुझसे प्रेम करो
जैसे मछलियाँ लहरों से
करती हैं
जैसे हवाएँ मेरे सीने से करती हैं।'

(वही)

'—सुन्दर
उठाओ
निज वक्ष
और—कस—उभर!...'

'अंकित कर विकल हृदय-पंकज के
अंकुर पर
चरण चिह्न
अंकित कर अंतर आरक्त स्नेह से नव
कर,
पुष्ट बढ़ूँ
सत्वर चिर यौवन वर।'

(—'एक मुद्रा से')

'मछलियों का लहरों से प्रेम करने की तरह प्रेम की माँग हो' या कवि का नायिका से अपने वक्षों को और कसके उभारने को कहना हो या अपने विकल हृदय-पंकज के अंकुर पर नायिका के चरण चिह्नों का आमन्त्रण हो, शमशेर ऐन्द्रिय बिम्बों के माध्यम से देह की सरसता के साथ विकल मन की व्यग्रता को जोड़कर आश्चर्यजनक चित्र उपस्थित करते हैं। ध्यान देने की बात यह है कि यहाँ कोई रत्यात्मकता नहीं, वरन् देहराग की उदात्तता है, एक सौन्दर्य प्रतीति है जो एक

कवि-चित्रकार की तूलिका से, उसकी तीव्र हार्दिकता से निर्मित हुई है। देह वस्तुतः यहाँ सौन्दर्य का प्रतीक है और वह जीवन का एक निमित्त भी है। यही कारण है कि शमशेर स्त्री देह को उठाते हुए भी उसे रति से सर्वथा पृथक् कर देते हैं और उससे उपजे रागों और भावों को अंकित करते हैं मानो देह माध्यम भर है, उसकी कामना से उपजी रागात्मकता ही कवि का इष्ट है। शमशेर की बिम्बधर्मिता का यह अपना वैशिष्ट्य है।

शमशेर की कविताओं के शिल्प पक्ष को अनेक स्तरों पर देखा जा सकता है, उसे देखे जाने की गुंजाइश भी है क्योंकि इन कविताओं में शिल्प भी प्रयोगधर्मी हैं। कहीं भी बनाया ढाँचा स्थिर नहीं है। किसी ठौर और तरह का विन्यास है तो कहीं और तरह का। इस प्रक्रिया में सब कुछ बदल जाते हैं—बिम्ब, प्रतीक, रूपक, वाक्य, संरचना और स्वयं कवि का अपना आत्मबोध भी। अनुभूतियों के परिवर्तित स्तर अपने लिए नया ढाँचा बनाते हैं जिसमें कविता अपनी जगह पाती है और कवि अपने लिए एक नयी ज़मीन पाता है।

शमशेर का काव्यशिल्प उनकी संवेदना का निर्वाह जिस सहजता से करता है उसमें हम देख पाते हैं कि समूचा जीवन और जगत् कवि की अनुभूति का हिस्सा बनता है। यह कविता संसार शुद्ध रूप से आनुभूतिक है इसलिए इसमें विचारों की उतनी जगह नहीं है जितनी शमशेर के अन्य समकालीनों में मिलती है। विचार शमशेर की अनुभूति में घुले-मिले हैं, वे कहीं कवि-घोषणा बनकर नहीं आते। वे कवि पहले हैं बाद में कुछ और। यही कारण है कि वे कविता के मूल स्वभाव की चिन्ता अधिक करते हैं, उससे सम्प्रेषित होने वाली अनुभूति को ग़लत समझे जाने के खतरों की भी परवाह नहीं करते। प्रयोगधर्मी होने के कारण ही 'कविता की कला' पर उनका अधिक ध्यान रहा है। इसका मतलब यह बिल्कुल नहीं है कि कवि को अपने समय की परवाह नहीं है। अपने समय, समाज तथा व्यक्तियों की चिन्ता भी शमशेर में कम नहीं है। उनका इतिहासबोध उनके युगबोध से तादात्म्य स्थापित कर जो जीवन-दर्शन सम्प्रेषित करता है उसमें हम आसानी से एक कवि का विचार जगत् देख पाते हैं। चाहे भाषा का विविध प्रयोग हो या बिम्बों का सुघड़ स्थापत्य, चाहे सौन्दर्य का मोहक विन्यास हो या अपनी निजी वेदना के साथ अपने संघर्षरत समाज की वेदना की अभिव्यक्ति हो, शमशेर की कविता का शिल्प नये स्तरों पर हिन्दी कविता को समृद्ध करता है।

तुलसीदास की यह उक्ति—'अरथ अमित अति आखर थोरे' अगर आधुनिक हिन्दी कवियों में किसी कवि पर सिद्ध होती है तो वह हैं शमशेर। शमशेर की कविताएँ थोड़े में बहुत कुछ कह देने वाली कविताएँ हैं जिनमें जाहिर है, उनके

शिल्प का कौशल कम महत्त्व नहीं रखता। बावजूद इसके कि शमशेर शिल्प-सजग कवि हैं, यह कहने में संकोच नहीं होना चाहिए कि मानवतावाद उनकी कविता के मूल में विद्यमान है। कविता के पराक्रम के बोध और उस बोध के सहज विस्तार से उपजी मानवता मानो शमशेर की कविता को नया जीवन देती है। अपनी फटेहाल मस्ती में ज़माने भर के दुःखों को उठाते शमशेर कभी चीत्कार नहीं करते, कभी रोते-कलपते नहीं। हमेशा अपने स्वाभिमान के दर्प में दमकते उस जड़ता को तोड़ डालते शमशेर कहीं टूटते नहीं, बस, ताल ठोंककर अपनी अस्मिता का संघर्ष करते हैं जिसमें प्रकृति उनकी सहचरी बनती है तो जगत् के समूचे उपादान उनके अवलम्ब। कवि शमशेर प्रश्न करने और उत्तर देने के रोग से बचते हैं। वे स्थितियों को रखते भर हैं, बाकी चीज़ें स्वतः स्पष्ट होती चली जाती हैं– कविता को कविता की तरह देखते शमशेर उसे व्यक्ति की निजता से जोड़ते हैं जिसमें समूह का कोलाहल नहीं, व्यक्ति की आग है। शमशेर की कविता सही अर्थों में भारतीय गृहस्थ जीवन की अनुभूतियों की कविता है जिसका हर पक्ष जीवन से जुड़ा है–

'मैं समाज तो नहीं, न मैं कुल
जीवन;
कण-समूह में हूँ मैं केवल
एक क्षण।
–कौन सहारा!
मेरा कौन सहारा।'

('लेकर सीधा नारा')

कवि स्वयं में समाज नहीं है, वह तो केवल एक कण है। लेकिन अपने व्यक्तिबोध में भी उसमें समूहबोध है। यह अकेले की वेदना समूह की वेदना का प्रतिरूप है जिसका कोई सहारा नहीं है। यह शमशेर की कविता का एक महत्त्वपूर्ण रंग है जिसमें हम देख सकते हैं कि अपने अकेलेपन में कवि का टूटना समाज की छटपटाहट का ही पर्याय है। वह एकाकी पुकार से मचल उठता है और उसे मानो 'अंतिम आशाओं की संध्याओं' में भी एक उम्मीद की किरण दिखाई देने लगती है। शमशेर के शिल्प का यही कौशल है जो हमें कविता के निहितार्थ में जीवन-सत्य का बोध कराता है।

शमशेर की कविताओं पर फ्रांसीसी प्रभाववाद और अतियथार्थवाद का प्रभाव माना जाता है। स्वयं मुक्तिबोध ने उन्हें 'इम्प्रेशनिस्टिक' यानी प्रभाववादी कहा। नामवर सिंह ने उनके कथन को थोड़ा संशोधित करते हुए प्रभाववाद के साथ

अतियथार्थवाद यानी सुरियलिस्टिक कहा। यह दोनों प्रभाव किस रूप में हैं और नहीं हैं; शमशेर की कविताओं के प्रसंग में अवश्य देखा जाना चाहिए। ज्ञातव्य है कि 1863 में फ्रांस में प्रभाववाद का प्रादुर्भाव हुआ जिसके प्रवर्त्तक एद्वार माने थे। जाहिर है, अन्य वैचारिक आन्दोलनों की तरह प्रभाववाद भी कला में पहले-पहल आया। 'सूर्योदय का प्रभाव' नामक माने की कृति में 'प्रभाव' शब्द को लेकर एक बड़ा वर्ग उदित हुआ जिसने प्रभाववाद नामक एक 'वाद' ही चला डाला। इस पद्धति में प्रकाश, रंग और परिवेश को महत्त्व दिया गया। प्रकाश का वैज्ञानिक विश्लेषण भी इस कला में उपयोगी सिद्ध हुआ। रंगों को अधिक महत्त्व देने के कारण इस कला को 'रंगों की कविता' भी कहा गया। इसमें काले रंग को नकारने की चेष्टा की गयी। गोया ने तो कृति में रेखा के अस्तित्व को भी नकार दिया था। बाद में इस कला ने रंगों को लेकर कुछ आश्चर्यजनक प्रयोग भी किये और उसमें प्रकाश परावर्तन की प्रक्रिया को भी शामिल किया। इससे यह हुआ कि कृतियों में दीप्ति का समावेश हुआ। इन कलाकारों ने प्रकृति को स्वतन्त्र व्यक्तित्व के रूप में चित्रित किया और मौसम तथा समय को उनकी विविध अवस्थाओं में अंकित करने की चेष्टा की।

शमशेर की कविताओं पर इसकी छाप है, पर उसका कहीं अनुकरण नहीं है। रंग और प्रकाश को अपनी कविताओं में विशेष महत्त्व देते हुए भी शमशेर स्थानीयता को कभी नजरअन्दाज नहीं करते। उनके बिम्बों में—कत्थई, गुलाबी, नीला, हरा, पीला, साँवला, बैंगनी जैसे रंग हैं जो चित्रण की तकनीक से सर्वदा नयी दीप्ति के साथ उभरते हैं। शब्दों और वर्णों के साथ चाक्षुष बिम्बों में भी शमशेर प्रकृति, परिवेश और मानव देह को बिल्कुल नयी आभा में विन्यस्त कर देते हैं। एक उदाहरण—

'सुरमई गेरु पंख आँखों में खोलते हैं
श्याम-पथ पर
कौन-सी गति गहन।'

('इतने पास अपने')

इसी तरह 'कत्थई गुलाब', 'एक पीली शाम', 'उषा के जल में', 'सूर्य का स्तंभ', 'बहुत काली सिल', 'लाल केसर से', 'लाल खड़िया चाक' जैसे बिम्ब शमशेर की कविताओं के प्राणतत्त्व ही हैं। एक बात एकदम स्पष्ट है कि शमशेर एक चित्रकार होने के नाते कविता में कला को उसकी बारीकियों के साथ लाते हैं लेकिन चित्रकला में जिस तरह प्रभाववादी पद्धति का प्रयोग होता है, उससे वे कविता में दूरी भी बनाते हैं। प्रभाववादी चित्रकार चित्रफलक (कैनवस) पर

पार्श्वभूमि या आकाश (स्पेस) को जितना महत्त्व देते हैं, उतना शमशेर कविता की पार्श्वभूमि (सन्दर्भ या पृष्ठभूमि) को महत्त्व नहीं देते। वे कविता को शून्य के सहारे टिकाते हैं, उसका ठोस सन्दर्भ नहीं देते। यह उनकी कविता का निजी वैशिष्ट्य है जबकि प्रभाववादी पार्श्वभूमि को महत्त्व दिये बिना या उसे एक निश्चित सन्दर्भ दिये बिना कृति की रचना ही नहीं करता। इतना अवश्य कहा जा सकता है कि शमशेर ने प्रभाववाद से सर्जनात्मक प्रभाव अवश्य ग्रहण किया, पर उसे यानी कला-पद्धति के एक विशेष सूत्र को कविता में विन्यस्त कर उसका रचनात्मक विकास किया। इस मायने में यह उनका महत्त्वपूर्ण अवदान सिद्ध होता है, अनुकरण तो हर्गिज़ नहीं।

अतियथार्थवाद (सुरियलिज़्म) भी फ्रांस में ही जन्मा और वह भी कला का आन्दोलन ही था। आन्द्रे ब्रेतों ने इससे सम्बन्धित एक घोषणा पत्र जारी किया था जिसमें कहा गया था कि सृजन एक विशुद्ध स्वयं संचालित मनोवैज्ञानिक प्रक्रिया है जिसमें व्यक्त भाव बिना किसी आग्रह या दबाव के व्यक्त होने चाहिए। उसका स्पष्ट कहना था कि यह भाव किसी भी नैतिक आग्रह, बाह्य नियन्त्रण तथा सत्यासत्य के प्रतिमानों से मुक्त है। इस अवधारणा पर फ्रायड का भी प्रभाव लक्षित किया गया। यह वाद तर्कबुद्धि को नकारता है और कहता है कि केवल बौद्धिक क्रिया से ही मानव जीवन की समग्र अनुभूति का ज्ञान पाना सम्भव नहीं है। कल्पना, अनुमान और सहज ज्ञान को महत्त्व देते हुए अतियथार्थवाद अवचेतन की क्रियाओं को प्रमुखता देता है तथा उससे प्राप्त विरोधी प्रेरणाओं को समन्वित करने और तर्कबुद्धि के प्र।तेपक्षी तत्त्वों—मृत्यु-जीवन, भूत-वर्तमान-भविष्य, यथार्थ-कल्पना आदि में एकात्मकता स्थापित करने पर बल देता है। इस वाद में स्वप्न, यौन आदि से सम्बन्धित बिम्बों का बहुत महत्त्व है। स्वप्न, मतिभ्रम जैसी अवस्थाएँ भी प्रेरक हैं। दिलचस्प है कि इस वाद में परस्परविरोधी और असंगत लगते हुए भी चीजें एकरूप हो जाती हैं तथा कुछ भी रहस्यमय, स्वप्नमय या भ्रमपूर्ण नहीं होता, क्योंकि ये सब मनुष्य के अवचेतन के खण्डित तत्त्वों को जोड़ने का काम करती हैं। कला में यह आन्दोलन बहुत सफल रहा था जो साहित्य में भी आया। शमशेर की कविताओं पर निश्चय ही इसका प्रभाव है, ख़ासकर उन प्रसंगों में जहाँ वे नितान्त बेबश और जगत् से उदासीन नज़र आते हैं—

'साँसों में शबता का आभास मिलता।
अवयव अवयव में भारी नींद एक तम शाश्वत
स्वप्न पुष्प बुदबुद से अंतिम लाएँ
एक अंत कहीं गहन शांति, गहन शांति...'

जड़ता को अतिक्रमित करता हुआ कवि यहाँ एक गहन शान्ति में जाना चाहता है, जो जाहिर है, मृत्यु की शरण ही है। पर ध्यान में रखने वाली बात यह है कि यहाँ मृत्यु पलायन का प्रतीक नहीं, जीवन की ऊर्जा का प्रतीक है। इस तरह शमशेर के यहाँ असंगत, असम्बद्ध कथनों और अनेक बिम्बों में अतियथार्थवादी तत्त्वों का समावेश दिखता है। लेकिन विपरीत स्थितियों में ही शमशेर इसे बरतते हैं, उनका कवि-स्वभाव सामान्यतः इसे अपना अवलम्ब नहीं बनाता। एक विसंगत विरूपित चित्र देखिए–

> **'सीने में सुराख हड्डी का आँखों में–**
> **घास काई की नमी।**
> **एक मुर्दा हाथ पाँव पर टिका**
> **उलटी कलम थामे।'**

इस कविता में शमशेर ने विरूपता को दिखाया है। यहाँ चेतना विस्मृत है और असम्बद्ध होते हुए भी बिम्ब यथार्थ को व्यक्त करते हैं। 'शिला का खून पीती थी', 'और यह पक्का चबूतरा ढाल में...' जैसी अनेक कविताओं में अतियथार्थवादी प्रभाव को देखा जा सकता है। लेकिन यहाँ भी यह कहना निरापद नहीं है कि शमशेर के लिए अतियथार्थवाद भी एक प्रेरक से अधिक कुछ नहीं है, जहाँ तक शमशेर को अपनी सर्जनात्मकता में उससे कुछ मदद मिली है, वहाँ उसे स्वीकार किया है; शेष को प्रश्रय नहीं दिया। इस वाद के प्रभाव से रचित कविताओं में भी शमशेर की निजता में कोई कमी नहीं दिखती। शमशेर की कविता का रंग अपना है, दूसरी कोई भी छाप उस रंग को हल्का नहीं कर पाती, उसे शोख चाहे जितना बना दे।

शमशेर की कविता का मूल चरित्र 'आत्मपरक' है, वैयक्तिकता उसकी आत्मा है और प्रयोगशीलता उसका सौन्दर्य है। लेकिन अपनी अभिव्यक्ति में वे जिस उदार सहृदयता का परिचय देते हैं उससे सही मायनों में वे मनुष्य की सामूहिक चेतना के कवि बन जाते हैं, विचार-स्वातन्त्र्य को अपना मंतव्य मानकर शमशेर अपनी निजता को सार्वजनिकता का पर्याय बना देते हैं। स्वतन्त्रता उनकी कविता का एक मुख्य स्वर है तो जागृति उसका एक उपादान। यह सच है कि शमशेर मुख्यतः प्रेम और सौन्दर्य के स्वच्छन्द कवि हैं, पर उनका प्रेम मनुष्य की स्वतन्त्रता की आकांक्षा में फलित होता है तो सौन्दर्य उसकी जिजीविषा में। अपने स्वभाव में निजता को व्यक्त करने में सहज लगते शमशेर जहाँ संघर्ष और मनुष्य की यातना को व्यक्त करते हैं; जाहिर है, उनका स्वभाव बदल जाता है और कविता का ढाँचा भी। कई बार ऐसे में वे असहज भी दिखते हैं और उनकी ऐसी कविताएँ अपनी

सूक्ष्मता और व्यंजकता से बाहर आकर अलग ही दिखाई देती हैं। एक उदाहरण देखें—

'किस-किस के हाथ दबाऊँ मैं...
किस-किस की उँगलियाँ चंचल चटकाऊँ मैं
किस-किस की उँगलियों का दर्द
हौले-हौले
सहलाऊँ मैं'

('देश के एकाकी हाथ')

'देश के एकाकी हाथ' शीर्षक कविता का उपर्युक्त अंश शमशेर की उन कविताओं से बेहद भिन्न है जिनके लिए वे जाने जाते हैं। इसकी चर्चा अवश्य ही की जानी चाहिए। आक्रोश, असन्तोष और चीत्कार से भरी यह कविता शमशेर की प्रगतिशील कविताओं में मुख्य है। पर इसमें वह वैशिष्ट्य नहीं जिसके लिए शमशेर की पहचान है। कविता सहज है, बेबाकी से पूरी व्यवस्था में व्याप्त खुशामदपसन्दी को बेपर्द करती है; पर कविता, स्वयं शमशेर की पहचान से विरत है। उनकी प्रगतिशील कविताओं में ज़्यादातर ऐसी हैं जो अपने सरोकार के कारण हमें भले अच्छी लगें, पर उनसे शमशेर की पहचान नहीं होती। इसका मतलब साफ है कि शमशेर के मिज़ाज़ में यह 'सरोकार' नाम की चीज़ बहुत मायने नहीं रखती थी और वे स्वयं अपनी ऐसी कविताओं को लेकर संदिग्ध बने रहे—

'प्रगतिशील रचनाओं को लेकर मेरे दिल
में हमेशा संदेह रहा कि ये कविता के
रूप में अच्छी नहीं बन पड़तीं शायद।'

('पूर्वग्रह', अंक-12-13, पृ. 14)

इसका आशय यह है कि शमशेर अपनी पहचान के अनुरूप उन्हीं कविताओं से आश्वस्त नज़र आते हैं जिनमें वे मुक्त भाव से विचरते हैं। प्रेम, सौन्दर्य, प्रकृति और गहरी जिजीविषा से उपजी और उन्हीं के अवलम्बों से सिरजी गयीं उनकी कविताएँ स्वयं उस स्फीति और वाचालता के विरुद्ध हैं जो उनकी सरोकारधर्मी कविताओं में है। यही कारण है कि मुक्तिबोध ने उन्हें 'प्रणय-जीवन के प्रसंगबद्ध रसवादी कवि' कहा। उन्हीं के शब्दों में—

"शमशेर, मुख्यतः प्रणय-जीवन के प्रसंगबद्ध रसवादी कवि हैं। शायद, इसीलिए, वे आधुनिक दृष्टिकोण के फलस्वरूप, बेपर्दगी नहीं कर सकते। सम्भवतः संक्षेपीकरण की उनकी प्रवृत्ति, विशेष तत्त्वों के बारे में अधिक सक्रिय है। यह संक्षेपीकरण सामाजिक, राजनीतिक तथा प्रणय-जीवन से हटे

हुए अन्य विषयों के क्षेत्र में अधिक सक्रिय नहीं रहता। वहाँ वे क्लासिकल पूर्णता की ओर अधिक झुकते हैं। ऐसे क्षेत्रों में, यदि उन्होंने संक्षेपीकरण किया भी तो वह युक्ति-युक्त होता है। इसका अर्थ केवल यह है कि शमशेर के सृजन-प्रक्रियात्मक सेन्सर्स, काफी महत्त्वपूर्ण हैं। जो बातें वे नहीं कहते, वे सन्दर्भ की दृष्टि से प्रधान हैं। उनकी प्रधानता गोपन रखने के लिए संक्षेपीकरण की व्यवस्था है।"

('मुक्तिबोध रचनावली', खण्ड-5, पृ. 440)

यानी शमशेर की कविता की असल पहचान उनकी निजता और आत्मपरकता ही है। इसी शैली में वे प्रेम और सौन्दर्य को अभिव्यक्त करते हैं। उनके संक्षेपीकरण को महत्त्वपूर्ण मानते हुए मुक्तिबोध ठीक ही लक्ष्य करते हैं कि 'जो बातें वे नहीं कहते, वे सन्दर्भ की दृष्टि से प्रधान हैं।' अनकहे को सन्दर्भों में देखने से निश्चय ही शमशेर की कविता अधिक अर्थवत्ता के साथ सम्प्रेषित होती है, पर बिना सन्दर्भ के भी उसकी तीक्ष्णता कम नहीं होती। मूल बात यही है कि कविता को सबसे पहले कविता होनी चाहिए, उसमें कवि चाहे प्रणय-जीवन को व्यक्त करे या सामाजिक जीवन की विसंगति का चित्रण करे। उसका कविता होना अधिक महत्त्वपूर्ण है बनिस्पत कविता को नष्ट कर वैचारिक प्रतिबद्धता के प्रदर्शन के।

शमशेर के काव्यशिल्प की यह विशेषता हिन्दी में उनके वैशिष्ट्य का सूचक है कि उन्होंने कविता को 'कोमलता' दी है और उसमें अकूत अर्थ-सम्भावनाओं के द्वार खोले हैं। शर्त्त यही है कि कवि के सन्दर्भों की समझ हमें हो। रामस्वरूप चतुर्वेदी ठीक ही कहते हैं–

"..उनकी खड़ी बोली सबसे अधिक खड़ी है, जाट के कठोर ठाट की याद दिलाती हुई, पर जिसने उन्हें उतनी ही कोमलता दी है। खड़ी बोली क्षेत्र से आये वे दो बड़े आधुनिक हिन्दी लेखकों में हैं– दूसरे हैं जैनेन्द्र, जबकि शेष अधिकतर बड़े लेखक तो 'पूरब के साकिन' हैं।"

('आधुनिक कविता यात्रा', पृ. 122)

सचमुच शमशेर और जैनेन्द्र अपने रचना-विन्यास और भाषिक मुहावरे में एक-दूसरे के काफी निकट हैं। कम से शब्दों में अधिक से अधिक अर्थ सम्भावनाओं वाली यह हिन्दी अन्य किसी भी लेखक के पास नहीं है– शब्दों के आगे का मौन, पंक्तियों का टूटना और भावदशाओं से भाषा की सम्बद्धता की यह रचनाधर्मिता दरअसल रचना को संवेदना का प्रतिरूप मानती है, उसका आख्यान नहीं। आख्यान भावक या पाठक की चित्तवृत्ति पर निर्भर करता है। जैनेन्द्र की ही तरह शमशेर की कविताओं की ताकत उसकी संक्षिप्तता, क्षिप्रता और सूक्ष्मता है

जिसमें 'मौन' की भी गहरी भूमिका है। पर यह 'मौन' कोई चुप्पी नहीं, दूर और देर तक गूँजती रहने वाली आवाज़ है जो अनसुनी रह ही नहीं सकती। इसकी कोमलता में भी एक कठोरता है तो कृशता में भी बलिष्ठता। शमशेर की रचनाशीलता में एक गहरी लय है और उस लय में विन्यस्त है—जीवन का राग। यह राग ही इस कविता को बाँधता है और हमारे मन-प्राण पर तारी हो जाता है। ग़ौर करें तो पायेंगे कि 'राग' से शमशेर को बेहद लगाव है। यह 'राग' अनेक अर्थों में उनके यहाँ आता है, कदाचित् वह जीवन का पर्याय भी है। लेकिन ज़्यादातर स्थलों पर यह उनकी कविताओं की अर्थ-प्रतीति की कुंजी बन जाता है—

'मैं ने शाम से पूछा
या शाम ने मुझसे पूछा :
इन बातों का क्या मतलब?
मैं ने कहा—
शाम ने मुझसे कहा :
राग अपना है।'

('राग')

मनुष्य और प्रकृति के अवलम्ब बने 'मैं' और 'शाम' के संवाद में इस 'राग' का आना दर्शाता है कि जीवन कवि शमशेर के लिए सबसे महत्त्वपूर्ण है, वह चाहे जिन शर्त्तों पर बचाया जा सके, जिस किसी भी कीमत पर उसके स्वातन्त्र्य की रक्षा हो, यह उन्हें स्वीकार्य है।

गरज़ यह कि शमशेर की कविता का शिल्प महज़ एक शिल्प नहीं है, वरन् कविता को बरतने का एक नायाब ढंग है जिसमें उनकी कविता में थोड़े में बहुत कुछ कहने की ताकत आती है और कविता में विन्यस्त 'मौन' अपनी प्रभावान्विति से हमें चकित कर देता है। उनके इस शिल्प में उर्दू कविता का भी बड़ा हाथ है जिसे समझे बिना शमशेर की कविताओं को समझ पाना थोड़ा मुश्किल है। ग़ौर से देखें तो पायेंगे कि शमशेर ने उर्दू-मुहावरों का भरपूर उपयोग किया है। उर्दू कविता में मुहावरों का बड़ा महत्त्व होता है। शमशेर मुहावरे के प्रयोग से ही कविता को संवाद से जोड़ते हैं। उर्दू-फारसी के छन्द-विधान से बखूबी परिचित शमशेर ने उसके वज़न पर अपना एक नया छन्द, जो मुक्त-छन्द का ही एक रूप है, भी विकसित किया। रामस्वरूप चतुर्वेदी ठीक ही कहते हैं—

"कविता के लिए गद्य का आधार रखते समय शमशेर की खड़ी बोली में उर्दू का महाविरा जगह-जगह बोलता है, पर जहाँ लय उर्दू बह्र जैसी मुखर न होकर सामान्य खड़ी बोलचाल में से शान्त मुद्रा में उपजती है, जो नयी

कविता की एक विशिष्ट उपलब्धि कही जा सकती है। हर भाषा का छन्द-विधान उसकी उच्चारण-प्रकृति से अनुशासित होता है। उर्दू ने अपनी वर्णमाला अरबी-फारसी से ली है, जहाँ स्वर-ध्वनियों की सत्ता बहुत क्षीण है। इसी के अनुरूप उसका छन्द है जो वर्णिक या कि मात्रिक न होकर वज़न पर आधारित है, और जहाँ लघु-गुरु का नियम एकदम ढीला कर दिया गया है। यहाँ उर्दू बह्र हिन्दी की वर्णिक-मात्रिक सुष्ठुता के अनुकूल नहीं। शमशेर ने इसी दृष्टि से अपने मुक्त छन्द का रूप विकसित किया है।"

('आधुनिक कविता-यात्रा', पृ. 133)

इसके आगे भी रामस्वरूप चतुर्वेदी ठीक ही लक्ष्य करते हैं कि शमशेर ने 'खड़ी बोली के जनपदीय देसी मुहावरों' और 'सम्भ्रान्त उर्दू' के सहकार से मुक्त छंद विकसित किया। उन्हीं के शब्दों में—

"वे खड़ी बोली के जनपदीय देसी मुहावरे से भी अच्छी तरह परिचित हैं, और दूसरी ओर उसके सम्भ्रान्त रूप उर्दू से भी। इन दोनों के सहकार में हिन्दी काव्य-परम्परा को घुलाकर आधुनिक कविता-भाषा और मुक्त छन्द का विकास उनके यहाँ होता है, जिसमें कविता बहुत बार गद्य की लय में घुल-मिल गयी है।"

(वही, पृ. 133-134)

शमशेर की कही हुई ग़ज़लों में भी इस घुलाव और उनके अपने मिज़ाज़ का पता चलता है—

'तुम एक ख़्वाब थे जिसमें खुद खो गये हम
तुम्हें याद आयें तो क्या याद आयें।'

जनपदीय देसी मुहावरों की चासनी में पगा यह गीत देखिए—

'निंदिया सतावे मोहें सँझही से सजनी।
सँझही से सजनी॥'

अपनी कविताओं में अपने ढंग के मुक्त छन्द में शमशेर उर्दू-हिन्दी की सीमाएँ तोड़ते हुए प्रभाववादी कला को कुछ यूँ उतारते हैं—

'तैरती आती है बहार
पाल गिराए हुए
भीने गुलाब-पीले गुलाब
के।'

निष्कर्षतः कह सकते हैं कि शमशेर का काव्यशिल्प बहुत गझिन, व्यंजनात्मक और चुनौतीपूर्ण होते हुए भी इस अर्थ में सहज भी है कि वह कवि की

कविता का महज़ ढाँचा-भर नहीं है, उसकी कविता का एक रूप भी है। शमशेर की अभिव्यक्ति और अनुभूति में कोई स्पष्ट विभाजक रेखा नहीं है। यही कारण है कि जब हम शमशेर की कविता पर बात कर रहे होते हैं तो उसमें शिल्प भी आ जाता है और जब शिल्प पर बात होती है तो कविता स्वतः चली आती है। भाषा की सामर्थ्य की थाह लेनी हो या बिम्बों के भीतर कविता की व्यंजना को अंकित करना हो, नये छन्दों की राह बनानी हो या उर्दू-हिन्दी के ताने बाने में जनपदीय मुहावरों से नया काव्यलोक निर्मित करना हो–शमशेर के काव्यशिल्प का जवाब नहीं है। आधुनिक हिन्दी कविता में अपनी अलग पहचान रखने वाले कवि शमशेर के शिल्प पर उन्हीं का काव्यांश मौजूँ है, क्योंकि तुलसी के शब्दों में यह कविता–'अरथ अमित अति आखर थोरे' की कविता है–

'बात बोलेगी,
हम नहीं।
भेद खोलेगी
बात ही।'

शमशेर की कविता के सौन्दर्य का वैशिष्ट्य है–संकेतों में स्थितियों का भावपूर्ण अंकन; जिसमें बिम्बों और अर्थपूर्ण प्रतीकों का सामंजस्य देखते बनता है। यह कविता न तो स्फीति को स्वीकार करती है और न अति कथन को महत्त्व देती है। मन के वत्सल भावों को 'काव्यक्षण' में घटित करते शमशेर हिन्दी की आधुनिक कविता के सौन्दर्य का प्रतिमान तय करते हैं और उसकी वाचालता तथा विस्तार पर अंकुश लगाते हैं। यह कविता सृजन के क्षण को अपने ही भीतर पा लेने की साधना होती है, इसलिए इसमें शिल्प और संवेदना की वह फाँक नहीं देखी जा सकती, जिसको अलगाकर देखे जाने की परिपाटी है। यह कविता चूँकि जीवन के राग-विराग की कविता है, इसलिए कविता में घटित 'क्षण' में ही इसका सौन्दर्य भी निहित है। पर यह सौन्दर्य शमशेर की कविता का सहज-सौन्दर्य है जो उसकी अभिव्यक्ति में ही अनुस्यूत है, उसे सायास बरतने या लाने की कोई अतिरिक्त कोशिश नहीं। सम्भवतः इसी को ध्यान में रखते हुए मलयज ने लिखा–

"शमशेर जी अपने भीतर से बाहर की ओर आ रहे हैं, आना चाहते हैं, पहले शिल्प के पथ से, बाह्य रूपाकार के सहारे–'कविता की एक विधि वह है जिसमें कविता का फार्म ही कवि को कविता के भीतर खींच लेता है' (शमशेर) पर उनके भीतर और बाहर के बीच जो दरार है क्या वह बाह्य प्रेरणा, चाह या सजग शिल्प से मूँदी जा सकेगी!"

('ठण्डी धुली सुनहरी धूप', सं. विश्वरंजन, पृ. 53)

मलयज शमशेर की कविता का उनके भीतर से बाहर आना देखते हैं और उसे लक्षित कर सराहते भी हैं, पर उनमें बाहर और भीतर के बीच दरार पाकर प्रश्न भी करते हैं। वे कदाचित् उस दरार को जानबूझकर अनदेखा करते हैं और इस बात पर विचार करने की जरूरत नहीं समझते कि यदि अन्तर की यह दरार, यह रिक्ति कवि में न होती तो वह अपनी अनुभूति में इतना सच्चा और इतना पारदर्शी कैसे बनता! यही है शमशेर की कविता का सौन्दर्य-जिसमें अभिव्यक्ति का ढंग, भाषा का रचाव, बिम्बों का प्रयोग और उन सब में अनुभूति का गहरा परिपाक नायाब है। ऐसी कविता ही कवि के अन्तर से फूटती है और उसकी अपनी आह और आग को, उसकी वेदना और आक्रोश को भी स्वर देती है। शमशेर की कविता इसीलिए सच्ची और खरी कविता है कि उसमें सायासता नहीं है–अनायास रची और बुनी गयी इस कविता में रचाव की कोई सतर्कता दिखती हो, सो नहीं; वह कविता-पथ पर जैसे पहले से उपस्थित है–'जो कि सिकुड़ा हुआ बैठा था, वो पत्थर/सजग-सा होकर पसरने लगा आप से आप'। बिल्कुल भिन्न स्थिति और भाव की यह पंक्तियाँ उनके काव्य-सौन्दर्य पर भी उतनी ही मौजूँ है। मेरा खयाल है कि शमशेर की अभिव्यक्ति से उनकी अनुभूति का सम्बन्ध उस 'बैठे हुए पत्थर' से समझा जा सकता है जो 'सजग-सा होकर आप से आप पसरने' लगता है। कवि के अन्तर की पुकार पर उसकी हमराह बनने को तैयार प्रकृति के नाना उपादान तो सजग हैं ही, भाषा के विविध रूप अपनी समस्त युक्तियों के द्वारा इस कविता को अपने रूप का विन्यास देते हैं, पर यहाँ जो कुछ है, वह सहज, स्वतःस्फूर्त है; इसीलिए कहा जाता है कि शमशेर की कविता और शिल्प में कहीं कोई तात्विक अन्तर नहीं है–उनकी अनुभूति और अभिव्यक्ति एक-दूसरे की पूरक हैं। कहना न होगा कि यह सृजनात्मक ढंग ही शमशेर का काव्य-सौन्दर्य है जिनके शिल्पगत वैशिष्ट्य का जोड़ नहीं है। दूसरे शब्दों में कहें तो कह सकते हैं कि यह कवि शमशेर के द्वारा अपनी चेतना पर महसूस किये गये नये सत्य को जानने के दबाव के फलस्वरूप घटित घटना है जिसने उन्हें ऐसे विलक्षण प्रयोगों में प्रवृत्त किया है। टी.एस. इलियट भी मानते थे कि–

> *"कविता में जब नये सत्य को जानने का दबाव कोई कवि अपनी चेतना पर महसूस करता है तो वह प्रयोग की ओर प्रवृत्त होता है।"*
>
> ('सेलेक्टेड प्रोज', सं. जॉन हायवार्ड, पेन्गुइन, पृ. 86)

ग़ौर से देखें तो पायेंगे कि शमशेर की कविता सही मायनों में नये सच को पाने की खोज में प्रवृत्त कविता है। यह अकारण नहीं है कि इसी खोज ने कवि को अभिव्यक्ति के नये ढंग दिये और कविता के रूप को क्लासिकल ऊँचाई दी। यह

तभी सम्भव होता है जब कवि की अनुभूति और अभिव्यक्ति में कोई फाँक नहीं होती और कवि के अन्तर से निकले शब्द नये सत्य को नयी प्रतीति में विन्यस्त कर लेते हैं। कविता तब क्षिप्रता में चकित करती है और अपनी भावविपुलता से पाठकों की स्मृति, कल्पना तथा चेतना तक को सजग और समृद्ध बनाती है।

आशय यह कि शमशेर की कविता के वैशिष्ट्य का पहला कारक उसका अप्रतिम सौन्दर्य है जो अपनी भाषा, कहन के ढंग, बिम्बधर्मिता और व्यंजनात्मकता के कारण हिन्दी की आधुनिक कविता में अपनी अद्वितीय उपस्थिति बनाता है। यह कविता अपने समग्र विन्यास में गहरी व्यंजना और अर्थबहुल कविता है जिसमें अनुभूति और अभिव्यक्ति का मणिकांचन योग है। यह वह कविता भी है जो मनुष्य की गहन अनुभूतियों और उसकी सृजनात्मक कल्पनाशीलता को समृद्ध करती है, उसे थाहती भी है तथा कविता के होने की प्रक्रिया के भीतर भी हमें ले जाती है। कविता स्वयं में एक संसार है जिसके सौन्दर्य में डुबोते शमशेर हमें नये जीवन का मन्त्र देते हैं। यही उनकी कविता के सौन्दर्य का वैशिष्ट्य है।

(दो)

यह विवशता मौन में भी है अथाह...

(काव्य-संवेदना)

यह विवशता मौन में भी है अथाह...

(2)

शमशेर की कविता का मूल स्वभाव स्वच्छन्दता का है जिसमें वे 'प्रेम' और 'सौन्दर्य' को रचते हैं और रीझते भी हैं तथा 'सघन ऐन्द्रियता भी सम्भव करते हैं। वे परदुःख कातर मनुष्यता के प्रतिनिधि कवि भी हैं तो मानवीय अस्मिताओं के प्रतिबद्ध प्रहरी भी। पर अपनी मूल चेतना में वे उस हर तरह की बाध्यता का अतिक्रमण करते हैं जो उनके स्वभाव की सीमाएँ तय करती है। कविता को 'कविता की तरह' बरतते हुए शमशेर उसके स्वभाव की रक्षा करते हैं और सबसे पहले उसके 'कविता' होने पर बल भी देते हैं। प्रेम, मनुहार, सौन्दर्य, समर्पण, प्रतिरोध, आक्रामकता, ऐन्द्रियता और मनुष्यता से समन्वित यह कविता जितनी निजी है उतनी ही सार्वजनिक भी; इसीलिए इसमें 'स्व', 'पर' की सीमा मिटती-सी जान पड़ती है। यही कारण है कि कवि की वेदना भी, स्वयं कवि की निजता की अभिव्यक्ति के साथ-साथ समाज की भी अभिव्यक्ति बन जाती है—

'मुझे वह इस तरह निचोड़ता है
जैसे घानी में एक-एक बीज कसकर दबाकर
पेरा जाता है
मेरे लहू की एक-एक बूँद किसके
लिए
समर्पित होती है
यह तर्पण किसके लिए होता है?'

('बैल')

'बैल' के प्रतीक के माध्यम से शमशेर यहाँ उस बहुसंख्यक जनता की वेदना को व्यक्त करते हैं जिसके लहू की एक-एक बूँद निचोड़ ली जाती है। विडम्बना यही है कि लहू की यह बूँदें स्वयं उसी बेजुबान जनता के तर्पण के काम आती हैं।

शोषण, यातना और बेतरह पीड़ा को स्वर देते शमशेर उस मनुष्यता का पक्ष लेते हैं जिसे जीने भर की स्वतन्त्रता नसीब नहीं है। यह शमशेर की काव्य-संवेदना का एक स्तर है जिसे हम आगे के एक अध्याय 'सामाजिक चेतना' में विस्तार से देखेंगे। पर जैसा कि कहा गया है, शमशेर मूलतः प्रेम और सौन्दर्य के कवि हैं और सघन ऐन्द्रियता उनकी कविता का परम गुण है। प्रेम और सौन्दर्य को देखते-दिखाते और डूबते शमशेर स्वच्छन्दता का वरण करते हैं तथा उसे अपना 'कवि-स्वभाव' बनाते हैं।

शमशेर का रोमान हिन्दी की आधुनिक कविता के दर्प की तरह है। वे अपने रोमान को छुपाते नहीं, घोषित करते चलते हैं–

'एक रोमान
जो कहीं नहीं है मगर जो मैं
हूँ हूँ
एक गूँज ऊबड़-खाबड़
लगातार
आँख जो कि अँखुआ
आई हो बहुत ही क़रीब बहुत
ही क़रीब।'

('एक नीला दरिया बरस रहा')

यह एक जिद और लगभग प्रतिबद्ध घोषणा है अपने रोमानीपने की। अँखुआई आँख के क़रीब होने की यह घोषणा कवि शमशेर करते हैं और अपने होने को एक चुनौती की तरह प्रस्तुत करते हैं तथा एक ऊबड़-खाबड़ गूँज को लगातार महसूस भी करते हैं। यह एक निपट अकेले कवि की घोषणा है जो अपनी ही तरह जीना चाहता है और अपनी ही तरह की दुनिया उसे प्रिय भी है। शमशेर की रोमानियत उनकी 'व्यक्तिगत अनुभूति' की देन है जिसके बारे में जॉर्ज वॉहले ने कहा है–

"Feeling is personal only in the sence that it is generated in a person."

('वोटिक प्रोसेस', पृ. 67)

अर्थात् व्यक्ति के भीतर जन्म लेने के कारण ही अनुभूति (किसी व्यक्ति-विशेष की) वैयक्तिक हो जाती है। शमशेर के रोमानीपन में उनकी हताशा, निराशा या जीवन की असफलता विलीन हो जाती है और वे अपने लिए एक नयी दुनिया सिरज लेते हैं। 'प्रेम' उनके लिए जीवन की तरह ही है जिसे पाकर वे उस

'सत्य' को पा जाना चाहते हैं जो 'सब मिथ्याओं' से परे हो–

'तुमको पाना है अविराम
सब मिथ्याओं में
ओ मेरी सत्य!'

('तुमको पाना है अविराम')

यह पूरा जगत्-प्रपंच कवि के लिए मिथ्या से अधिक कुछ भी नहीं है। केवल 'प्रेम' ही 'सत्य' है जिसको पाने की चाह कवि को अविराम है और इस प्रेम की उत्कटता का आलम यह है कि कवि हर तरह की वर्जना से मुक्त हो जाना चाहता है और प्रिय से 'प्रेम' की अभ्यर्थना करता है--

'हाँ, तुम मुझसे प्रेम करो
जैसे मछलियाँ लहरों से
करती हैं
जैसे हवाएँ मेरे सीने से
करती हैं।'

('टूटी हुई बिखरी हुई')

इस प्रेम में एक पुकार है, अपने को ही पा लेने की तड़प हो जैसे। पर इस प्रेम में वासना नहीं है, एक आनुभूतिक तीव्रता है। कविता में कवि का ध्वन्यार्थ है– वह प्रेम, जिस तरह मछलियाँ लहरों से करती हैं या जिस तरह हवा सीने से करती है। यहाँ प्रेम जीवन है क्योंकि वह 'लहरों' और 'सीनों' का प्रतीक है। लहरों से जुदा होने पर जिस तरह मछलियाँ जिन्दा नहीं रह सकतीं, उसी तरह बिना साँसों के हमारा अस्तित्व नहीं हो सकता। प्रेम की यह उत्कटता नायाब है जिसे इस कवितांश में भी देख सकते हैं–

'जाओ
किन्तु मुझमें बस कर
सुगंध की तरह
मेरे साथ
मैं हवा की तरह अदृश्य जब हो जाऊँ
जहाँ कहीं भी जाओ।'

('तुमको पाना है अविराम')

प्रिय को सुगन्ध की तरह बस कर जाने की ताकीद करते शमशेर अपने को हवा की तरह अदृश्य कर लेना चाहते हैं और हमेशा प्रिय की उपस्थिति में शामिल होना भी; क्योंकि हवा की तरह अदृश्य होना हर क्षण प्रिय में अपनी उपस्थिति

पाना ही है। शमशेर की कविता इस मायने में केवल प्रेम की या उसकी खोज की कविता ही नहीं है, वह अप्रेम के प्रतिरोध की कविता है। अप्रेम ही होता है वह जो जीवन को डँसता है, उसे त्रस्त करता है और उसे तड़प देता है। इस पूरी प्रक्रिया में शमशेर अपने से ही सम्बोधित होते हैं और अपने से ही संवाद करते हुए इस 'प्रेम' को उदात्त बना देते हैं।

'प्रेम' उनके लिए 'मृत्यु के परे की जन्मशक्ति' बन जाती है जिसका वे अनवरत आह्वान करते हैं कि वह आये और उनकी पूर्ण आत्मा को 'और और और अधिक' अपना ले–

'मृत्यु के परे की मेरी जन्मशक्ति
आओ...
मेरे विश्वसंचित प्रिय
गहनतम
मेरी पूर्ण आत्मा को
और और और अधिक
अपनाने आओ!'

('क्या हो गया बोलो'–उदिता)

यह प्रेम भौतिक प्रेम का अतिक्रमण है और अपने से ही लड़कर, अपना ही साक्षात्कार कर अपने 'परम' की खोज के उद्यम जैसा है। इस कवितांश से हम सहजता से भक्त कवियों की पुकार और टेर से साम्य बिठा सकते हैं, फर्क सम्बोधन में है–वहाँ प्रभु की पुकार है, यहाँ प्रिय की पुकार है। ध्यान देने पर महसूस होगा कि यह प्रिय भी सामान्य 'प्रिय' नहीं है, यह कवि के अन्तर की 'आह', 'प्राण' या 'आत्मा' जैसी चीज़ है। ऐसी अनेक कविताओं में आध्यात्मिक भाव हैं जिन्हें देखकर शमशेर की कविता में रहस्य और आश्चर्य से भरे लोक भी दिखाई देते हैं–

'अगम भाव
स्वयं उदधि स्वयं नाव
ना ना गतियों पार, जाते किस परम
आत्मा का अद्‌भुत बहाव
लिए–
चीर सु षु म्‌ ना की कमर
आदि ब्रह्म तल में
पकड़ वही बिन्दु

जहाँ नाभि-नभ नभ-नाभि
नाल–
तल-बिन्दु :
में स्थित
ओ अशेष।'

('एक दुस्तर आध्यात्मिक प्रयास', कहीं बहुत दूर से सुन रहा हूँ।)

शमशेर की इस आध्यात्मिकता और रहस्य का साम्य उन्हीं के समकालीन अज्ञेय की इस कविता से बिठाया जा सकता है–

'न कुछ में से वृत्त यह निकला कि जो फिर
शून्य में जा विलय होगा :
किन्तु वह जिस शून्य को बाँधे हुए है–
उसमें एक रूपातीत ठंडी ज्योति है।
तब फिर शून्य कैसे है– कहाँ है?
मुझे फिर आतंक कैसा है?
शून्य को भजता हुआ भी मैं
पराजय को बरजता हूँ
चेतना मेरी बिना जाने
प्रभा में निमजती है :
मैं स्वयं
उस ज्योति से अभिषिक्त
सजता हूँ।'

('आँगन के पार द्वार', पृ. 52)

यानी उस विराट् को अपने ही अन्तर में महसूस करता कवि उसे कहीं बाहर होने को ही नकारता है और उसी की ज्योति से स्वयं को सजता हुआ पाता है। शमशेर उसे अपने ही तल-बिन्दु में स्थित मानते हैं और उस विराट् को 'अशेष' नाम देते हैं। प्रेम की यह उदात्तता शमशेर की कविता को क्लासिक ऊँचाई तक पहुँचा देती है; क्योंकि इसमें उस 'परम अनुभूति' को थाहने का प्रयत्न है जो हमारे 'होने' को तय करती है। जो लोग शमशेर के 'प्रेम' को भौतिक जगत् में ही टिकाकर देखने के अभ्यस्त हैं, उन्हें उनके इस विराट् चिन्तन की लौ दिखेगी ही नहीं। शमशेर की कविताओं में इस 'विराट् बोध' की लौ जगह-जगह दिखती है। इसमें हम एक 'टेर' सुन पाते हैं जिसमें अजस्र करुणा है और समस्त मानवता के

प्रति शुभ की कामना का बीज है। यह स्वयं का जगत् में और जगत् का स्वयं में विन्यास है, समर्पण है। अपने समय का बड़ा कवि केवल अपने से ही सम्बोधित नहीं होता, जगत् से भी होता है और जगत् की करुणा उसके अपने भाव में स्थित हो जाया करती है। शमशेर को इसीलिए सामान्यीकृत भावनाओं से परे का कवि कहा जाता है कि कविता में भावों और विषयों की जानी-पहचानी हदों को वे स्वीकार नहीं करते। दुनिया की किसी भी भाषा का बड़ा कवि सामान्यीकृत भावों को तरजीह नहीं देता—हिन्दी की आधुनिक कविता में प्रसाद, निराला, अज्ञेय और मुक्तिबोध इसके उदाहरण हैं। इसकी पुष्टि करते हुए स्वयं मुक्तिबोध ने लिखा है—

"वास्तविकता का फार्मूला नहीं है। जीवन-प्रसंग अनेक सूत्रों से, अनेक तत्त्वों से उलझे हुए होते हैं। उनके अन्तर्गत, भावप्रसंग उलझे हुए सूत्रों और परस्पर प्रतिक्रियाशील तत्वों से बने हुए एक ज्वलंत अग्निखण्ड हैं। उनमें स्वपक्ष और परपक्ष के पक्षाघात से एक मनःस्थिति और परिस्थिति बन जाती है। ये भाव-प्रसंग शमशेर के काव्य-विषय हैं। ये भाव-प्रसंग विशिष्ट हैं। ये काव्य-विषय विशिष्ट हैं। भाव-प्रसंग की मौलिक विशिष्टता के भीतरी ताने-बाने शमशेर को अकुलाते रहते हैं। शमशेर सामान्यीकृत भावनाओं और सामान्यीकृत रूपों के कवि नहीं हैं।"

('मुक्तिबोध रचनावली', खण्ड-5, पृ. 436-37)

प्रेम का निरा भौतिक रूप भी शमशेर की कविताओं में बहुत है, बल्कि उसे केन्द्रीयता भी प्राप्त है, पर वह भी वासनात्मक प्रेम का प्रतिकार है। इस 'प्रेम' में शमशेर की 'करुण पुकार' और 'अन्तर की चाह' को महसूस किया जा सकता है—

'मुझको प्यास के पहाड़ पर लिटा दो जहाँ मैं
एक झरने की तरह तड़प रहा हूँ
मुझको सूरज की किरणों में जलने दो—
ताकि उसकी आँच और लपट में तुम
फ़ौवारे की तरह नाचो।'

('टूटी हुई बिखरी हुई'—कुछ और कविताएँ)

'प्यास के पहाड़ पर लेटने' की कामना में 'झरने की तरह तड़पना' और 'सूर्य की किरणों में जलना' शमशेर की काव्य-संवेदना का अहम पक्ष है। इसमें कवि के संघर्ष, उसकी आकांक्षाओं और सपनों के दमन की आह है। इस कविता में प्रेम की तड़प के भाव का होना, यद्यपि है जिससे इनकार नहीं किया जा सकता, पर इसे

केवल 'प्रेम' तक सीमित कर देना कविता के भावार्थ को क्षत् करना है। कविता शमशेर की वेदना को अपना उपजीव्य बनाती है और उस वेदना की आँच या तपन में उसे (कथित प्रिय या 'वह' जिसने कवि को यातना में डाला है) नचा देने की घोषणा करती है जिसने उसे इस हाल में पहुँचाया है।

बहरहाल, प्रेम के अनेक रूपों को आँकते हुए उसमें भरपूर जीते हुए भी शमशेर जिन प्रेमानुभवों को शब्द देते हैं, वे भौतिकता को आक्रान्त करते हैं। जीवन में रस और प्रणय को महत्त्व देने के बावजूद वे अपनी व्यक्तिता को भूलने वाले कवि नहीं हैं। व्यक्ति उनकी कविताओं में व्यष्टि की सत्ता और स्वाधीनता का प्रतीक है जो समष्टि की सत्ता और स्वाधीनता का पर्याय बन जाता है। शमशेर कहते हैं–

'मैं जो हूँ
मैं कि जिसमें सब कुछ है...
क्रांतियाँ, कम्यून
कम्युनिस्ट समाज के
नाना कला विज्ञान और दर्शन के
जीवंत वैभव से समन्वित
व्यक्ति मैं।
मैं, जो वह हरेक हूँ
जो तुझसे, ओ काल, परे है।'

('काल तुझसे होड़ है मेरी')

इस कविता में शमशेर अपने 'मैं' के समक्ष काल को चुनौती देते हैं। वह स्वयं को समाज में मिला देते हैं और अपने को 'जीवन्त वैभव से समन्वित' व्यक्ति मानते हैं। यह व्यक्तिता का सामूहिकता में रूपान्तरण है और एक तरह से व्यक्ति का समूह में विन्यास। इसमें ही कवि की 'मुक्ति' है और उसके व्यक्तित्व की सार्थकता भी।

एक कवि के रूप में शमशेर प्रेम और प्रेम में समग्र समर्पण के कवि हैं। प्रेम की समग्रता को आँकने और जीने वाले कवियों में शमशेर का स्थान अन्यतम है। प्रेम को परम मानवीय भाव मानते हुए उसे शमशेर सौन्दर्य का पर्याय भी बनाते हैं यानी प्रेम और सौन्दर्य एक-दूसरे के पूरक भी हैं–

'प्रेम का कँवल जितना विशाल हो जाता है
आकाश जितना
और केवल उसी के दूसरे अर्थ

सौन्दर्य हो जाते हैं
मनुष्य की आत्मा में।'

('कला', इतने पास अपने)

प्रेम एक भाव है जो जितना विस्तृत होता जाता है, उतना ही मनुष्य की आत्मा में सौन्दर्य का वास होता जाता है। स्वयं शमशेर इस प्रेम को अपने जीवन का आधार बना लेते हैं और यही कारण है कि प्रेम करते रहने को वे अपना ध्येय बना डालते हैं–

'द्रव्य नहीं कुछ मेरे पास
फिर भी मैं करता हूँ प्यार
रूप नहीं कुछ मेरे पास
फिर भी मैं करता हूँ प्यार।'

('प्यार')

वह चाहे जितनी तड़प दे, चाहे जितनी पीड़ा दे या चाहे जितनी मुश्किलों में डाले–कवि उसके बिना अधूरा है, इसलिए प्रेम को ही वह अपने जीवन का ध्येय बनाता है। पर यह मानना नादानी होगी कि शमशेर को प्रेम की कठिन राहों का पता नहीं या वे इसके दंश को नहीं जानते। यह जानने के बावजूद शमशेर को प्रेम में जीना और प्रेम के लिए जीना श्रेयष्कर लगता है; क्योंकि उसके बिना इस जीवन का कोई स्पष्ट अर्थ नहीं है। प्रेम की तीव्रता, पार्थिवता और कारुणिकता को आँकते शमशेर बहुत-बार अचरज में डालने वाली अनुभूति में ला टिकाते हैं–'पलकों पर हौले-हौले/तुम्हारे फूल से पाँव/मानों भूलकर पड़ते/हृदय के सपनों पर मेरे' कहते शमशेर प्रिय को अपने अकेले होने की जैसे शपथ देते हैं और बुलाते हैं– आओ! हृदय के सपनों पर, प्रिय के फूल से पाँव का पड़ना जो पलकों पर हौले-हौले आया है, हैरत में डालता है। प्रेम को शायद ही किसी आधुनिक कवि ने इस हद तक महसूस किया हो और अदृश्य प्रिय के मानवीकरण से ऐसे अद्भुत बिम्ब की रचना की हो। अगर शमशेर ऐसा कर पाते हैं तो इसलिए कि वे 'भाव प्रसंगों के वैशिष्ट्य' के कवि हैं। उनकी रचनात्मक कल्पनाशीलता उनके अन्तर से इस तरह गुँथी हुई है कि उनकी अनुभूतियों की भी चमक और उनकी शुभ्रता को कोई दाग नहीं लग पाता। कविता तब उनके लिए एक 'प्रेमगान' ही बन जाती है।

शमशेर की कविताओं में प्रेम का रूप यद्यपि शरीरी कम है, पर बहुधा उसमें प्रसंगों के झीने पट अवश्य देखे जा सकते हैं। इन झीने पटों में जीवन के राग-रंग और मनुष्य की जिजीविषा के बहुत सुन्दर दृश्य हैं तथा कुछ ऐसे रसमय भाव भी

जो हृदय में आह्लाद पैदा करते हैं। शमशेर इन प्रसंगों को खोलने का भ्रम पैदा करते हैं, पर प्रसंग दृश्यों में टँगे रहते हैं। उदाहरण के लिए यह कविता देखें–

> **'एक अंधकार के चमकीले निर्झर में**
> **तुम्हारे स्वर चमकते हैं :**
> **एक इंतजार के झुरमुट में**
> **वह फल है**
> **जिसका अंतर एक तीखी पुकार है।'**

('सौन्दर्य')

'सौन्दर्य' कविता में शमशेर अँधेरे के प्रकाशमान झरने में प्रिय के स्वरों का चमकना देखते हैं। उस प्रिय को देख लेने की ताक में 'वह' यानी कवि झुरमुट की ओट में है जिसके हृदय में प्रिय की चाह की पुकार है। इस कविता में या अपनी अधिकांश कविताओं में, जहाँ प्रेम और सौन्दर्य को आँकते और जीते हुए शमशेर भावविह्वल होते हैं, वहाँ वे प्रकृति का आलंबन लेकर कविता की 'अन्तर्वस्तु' को किंचित् 'विस्मय' में डालते हैं। इस विस्मय में मन की आकुल व्यग्रता का बोध गहरा जाता है और पाठक एक अचरज भरी दुनिया में खो जाता है। प्रेम और सौन्दर्य को आँकते हुए शमशेर प्रकृति से मनुष्य के रिश्ते को याद रखते हैं और प्रकृति के अवलम्ब से ऐसे-ऐसे भाव-सौन्दर्य को सम्भव करते हैं जो अचरज लगता है। यह भी ध्यान में रखने वाली बात है कि शमशेर की कविता रोमानी कविता का नया सौन्दर्यशास्त्र रचती है। शमशेर से पूर्व विशुद्ध रोमानी कविता में 'प्रकृति पर मन के रंगों' का इतना अधिक विन्यास किसी दूसरे कवि ने नहीं किया है। एक बात यह भी ग़ौरतलब है कि प्रेम का मानवी प्रभाव; वह भी प्रकृति के आलंबन से जितना शमशेर की कविता में दिखाई देता है, उतना कहीं और नहीं। इस स्तर पर देखें तो यह केवल शमशेर की उपलब्धि नहीं होती, समूची आधुनिक कविता इस उपलब्धि से कृतकृत्य हो जाती है। इस कविता में प्रेम है, सौन्दर्य की चाह और आकुल प्रतीक्षा भी है, पर वैयक्तिकता का जैसे निषेध है। कवि की निजता या आत्मपरकता भी यहाँ भाव-प्रसंगों की विशिष्टता के कारण स्मरणीय हो जाती है। शमशेर के इस वैशिष्ट्य पर मुक्तिबोध की टिप्पणी है–

> *"शमशेर की संवेदनशील दृष्टि, भाव-प्रसंग के 'विशिष्ट' पर टिकती है। यह 'विशिष्ट' वास्तविकता का अटूट अंग है। वास्तविकता के सूत्रों में वह गुम्फित और ग्रंथित है। इस विशिष्ट में एक नाटक है, एक कथानक है, कुछ पात्र हैं, पार्श्वभूमि है।"*

('मुक्तिबोध रचनावली', खण्ड-5, पृ. 437)

प्रकृति सदा से ही कवियों की अनुभूति का अवलम्ब बनती रही है। जिस कवि में प्रकृति को अवलम्ब बनाने के साथ-साथ भावों की उदात्तता जितनी होती है; उसकी कविता लोक में उतनी ही अधिक जगह पाती है। तुलसीदास ने प्रकृति के अवलम्ब से न केवल कथा को सहारा दिया है वरन् गम्भीर मानवीय भावों की व्यंजना भी की है और गहरे विचारों को भी विन्यस्त किया है–

'दामिनी दमक रही घन माहीं।
खल के प्रीति जथा थिर नाहीं।
बरखहिं जलद भूमि नियराए।
जथा नवहिं बुध विद्या पाए।
बूँद अघात सहहिं गिरि कैसे।
खल के वचन संत सह जैसे।
छुद्र नदी भरि चली तोराई।
जस थोरेहु धन खल इतराई।'

('रामचरित्मानस')

बड़े कवि की पहचान इससे भी होती है कि वह अपनी स्थानीयता, संस्कृति और प्रकृति को अपने विचारों तथा अपनी अनुभूतियों से जोड़ता है। उसके प्रयोग से वह ऐसी युक्तियों से भरे भावों को उठाता है जिसमें 'क्षण विशेष' की अंकित घटनात्मकता अविस्मरणीय चित्र बन जाती है। हिन्दी में जिन कवियों ने इस युक्ति का सहारा लिया है, उनमें शमशेर भी एक हैं। उनकी विशिष्टता का एक कारण यह भी है जिसे अवश्य ही रेखांकित किया जाना चाहिए। शमशेर की कविता प्रकृति को उसकी समग्रता में उठाती है और उसे उसकी कोमलता और सौन्दर्य सहित आँकती है। इस अंकन में रंगों का सौन्दर्य तो है ही, प्रकृति के परिवर्तनों का विलक्षण संयोजन भी है– 'एक पीली शाम/पतझर का ज़रा अटका हुआ पत्ता' देखें तो 'आँसू का सांध्य तारक-सा अटकना' बाँध लेता है और सहज ही हमें एक गहरे विषाद की प्रतीति होती है। अपने विषाद्र में भी शमशेर का कवि तना ही रहता है, टूटता नहीं। प्रेम का अवलम्ब तो जैसे जीवन का बहाना हो और सौन्दर्य से उसे साँस मिलती हो। सच यही है कि शमशेर अपनी कविताओं में एक ऐसे अकेले व्यक्ति के रूप में खड़े हैं जो सब से टूटकर बस अपनी ही चाह में जिए जाता है। लेकिन दिलचस्प तथ्य यह है कि इसमें कवि का रुदन नहीं उसका हुंकार है। एक क्षण व्यथा तो दूसरे ही क्षण उसका प्रतिकार। अकेलापन कवि की नियति नहीं बनता, दुःख उसको तोड़ देने की ताकत नहीं रखता और काल भी उसे पराजित करने से डरता है; क्योंकि कवि से उसे चुनौती मिलती है। वह अपने

अकेलेपन और दुःख के साथी–सुराही, चटाई, आकाश और अपने 'प्रिय' की स्मृति में जी लेगा। वह हुंकारता है–"तल में भी प्रश्न है : नमक जैसे मैले संगमरमर का बादल/मेरी आँखों में कब तक गड़ता-घुलता जायेगा।" कवि प्रेम की शक्ति से प्रतिरोध की ताकत अर्जित करता है और चुनौती की तरह खड़ा हो जाता है–

'काल,
तुझसे तोड़ है मेरी : अपराजित तू–
तुझमें पराजित मैं वास करूँ।
इसीलिए तेरे हृदय में समा रहा हूँ
सीधा तीर-सा, जो रुका हुआ लगता हो।'

यह एक सच्चे कवि की पहचान है जो अपने में खरा और निर्मल है। हर तरह के बनाव से परहेज करते शमशेर मनुष्य के दुःख-दर्द और उसके पौरुष के वाहक कवि हैं। अपने को कविता की ही तरह खोलकर देखिए वे क्या कहते हैं–

"अगर मेरी वाणी में इन्सान का दर्द है–छोटा-सा ही दर्द सही, मगर सच्चा दर्द... भावुकता, ललक, आकांक्षा, तड़प और आशा, कभी घोर रूप से निराशा में लिये हुए, कभी उदासी, कभी उल्लास भी... एक प्रेमी-कलाकार, एक मध्यवर्गीय भावुक नागरिक का, जो मार्क्सवाद से रोशनी भी ले रहा है और ऊर्जा के स्रोत भी (अपनी सीमा में अपनी शक्ति भर) तलाश कर रहा है। एक ऐसा व्यक्ति जिसको सभी देशों और सभी धर्मों और सभी भाषाओं और साहित्यों से प्यार है और सब से अपने दिल को जोड़ता है (प्रेम की भावुकता ने जो बीज बोया वह मैं देखता हूँ कि अकारथ नहीं गया; क्योंकि पूरी मनुष्य जाति से प्रेम, युद्ध से नफ़रत और शान्ति की समस्याओं से दिलचस्पी–ये सब बातें उसी से धीरे-धीरे मेरे अन्दर पैदा हुईं...) तो उपर्युक्त तमाम सूत्रों से मैं इन्सान के साथ जुड़ता हूँ, तो मेरे लिए फिलहाल इतना ही काफी है।"

('उदिता' की भूमिका से उद्धृत, प्रथम संस्करण, 1980)

उपर्युक्त उद्धरण में शमशेर की काव्य-संवेदना का आशय छुपा हुआ है जिसे वे स्पष्टता से खोलते हैं और अपनी कविता के उन सूत्रों की ओर संकेत करते हैं जो उसमें गहरे विन्यस्त हैं। एक सामान्य भारतीय किसान की निश्छल वत्सलता और सहजता जिस तरह उनके जीवन में है, उसी तरह उनकी कविता में भी है। बड़े-बड़े फ़लसफ़ों में उनकी कविता की व्याख्या करती आलोचनाएँ पाठकों को उन्हें एक पहेली बनाकर प्रस्तुत करती रही हैं जिनमें शमशेर का यह 'निर्मल भाव' बाहर नहीं आ पाता। यह पूरी कविता मनुष्यता के दुःख और उसके प्रेम का अन्तहीन वृत्तान्त है– दुःख है तो प्रेम ही उसका प्रतिकार है। प्रेम नहीं है तो यह

अभागा जीवन ही अगम है, वह ऐसी भयावह रात है जिसकी सुबह कभी नहीं आने वाली। शमशेर इस गहरे सत्य के पारखी कवि हैं, इसलिए वे 'निज' और 'पर' को मिला देते हैं और मुक्तिबोध के शब्दों में कहें तो 'स्व-पक्ष' और 'वस्तु-पक्ष' को मिलाकर तादात्म्य उत्पन्न करते हैं। उनके प्रेम की एकान्तिकता देखने-भर की एकान्तिकता है, पर उसमें तादात्म्यता की चेतना से सार्वजनिकता का आलंबन है—व्यक्ति में जैसे समाज का आरोप और समाज में जैसे व्यक्ति की पहचान। इस परस्परता में शमशेर की व्यक्तिता विराट् से जा मिलती है; क्योंकि कवि को पता है कि बिना सामूहिक प्रयत्न के हम कहीं इच्छित बिन्दु पर नहीं पहुँच सकते। सामूहिक प्रयत्न और सामाजिक भाव के समन्वित उद्योग से ही 'दर्शन', वह 'विचार' हमें मिल सकता है जो हमें दुःख से मुक्ति दिलाकर शान्त कर सकता है और गम्भीर बना सकता है यानी हम क्षुद्रताओं से निकलकर पूर्ण बन सकते हैं। शमशेर इसी का आह्वान करते हुए सब को घँघोल देते हैं ताकि सम्पूर्णता की ओर सामूहिक प्रयत्न हो सके—

'कवि घँघोल देता है
व्यक्तियों के जल
हिला मिला देता है
कई दर्पणों के जल
जिसका दर्शन हमें
शांत कर देता है
और गंभीर
अंत में।'

('कवि घँघोल देता है'—काल तुझसे होड़ है मेरी)

समन्वित उद्यम का आह्वान करते शमशेर समय को तो चुनौती देते ही हैं, व्यक्ति के समर्थ बलाबल को भी जगाते हैं। यह बल प्रेम और करुणा से जगता है। व्यक्ति तब निरभ्र बनता है जब श्रद्धा से भर जाये। श्रद्धा अपने को सारे संतापों से मुक्त कर सबको अपने में समो लेने और सब के हो जाने से उपजती है। अन्तर में जब तक श्रद्धा का वास नहीं होता, तब तक व्यक्ति की निरभ्रता संदिग्ध ही रहती है। 'व्यक्तियों' के जल और 'दर्पणों' के जल को मिलाकर शमशेर एक आसव बनाते हैं—ठीक इसी बिन्दु पर उनकी निजता सार्वजनिकता में तिरोहित हो जाती है और एक प्रखर सामूहिक चेतना का प्रसार होता है।

शमशेर की एक महत्त्वपूर्ण देन यह भी है कि कविता में उन्होंने प्रेम के 'स्वीकार' और 'व्यवहार' पर बल दिया और उसे सार्वजनिक कर दिया। छायावादी

कविता के प्रेम की तरह उनका प्रेम केवल 'अनुभूति' या 'अन्तर की कामना' भर नहीं है। इसका सबसे बड़ा कारण यह है कि शमशेर ने अपनी अनुभूतियों की सच्चाई पर भरोसा किया और अपने ही मनोवेगों को अभिव्यक्त किया। इससे वे सहजता से व्यक्त हो पाये और प्रेम भी उनके शब्दों में उतरकर सार्वजनिक छवि अख़्तियार कर पाया। कविता की निजी रंगत भी प्रेम की पहचान तो बनी ही, स्वयं प्रेम जागतिक संवेदना और जिजीविषा का सम्बल भी बन गया। दरअसल शमशेर कविता में मनुष्य के 'आत्म' के प्रवक्ता हैं; इसलिए जिस तरह वे व्यक्ति की स्वाधीनता के लिए लड़ते हैं, उसी तरह कविता की मुक्ति की चिन्ता भी उन्हें है। कविता की मुक्ति वे, उसमें परम्परा से निबद्ध जड़ताओं से मुक्ति मानते हैं, उन वर्जनाओं से मुक्ति मानते हैं जो कविता के स्वभाव के विपरीत उस पर लदी रहती आयी हैं और कवि स्वयं अपनी ग्रंथियों से बाहर आने से भय खाता रहा है। वे कवि के निजी संसार को भी महत्त्व देते हैं और मानते हैं कि अगर निजी काव्य-संसार कवि में नहीं है तो वह कवि ही नहीं है--

"हर कवि का मोटे तौर पर, एक निजी काव्य-संसार होता है, जिसमें वह प्रायः रमा-सा रहता है। अगर ऐसा नहीं है तो वह वास्तव में कवि ही नहीं है। जरूरत इस बात की है कि कवि अपने निजी काव्य-संसार को निरन्तर अधिक से अधिक समृद्ध करता चले। समृद्ध करने का अर्थ है अपनी विषय-वस्तु को लेकर अन्दर ही अन्दर गहरा चिन्तन।"

('कवि कर्म : प्रतिभा और अभिव्यक्ति', कुछ और गद्य रचनाएँ)

कवि के निजी संसार को आवश्यक मानते वाले शमशेर, स्वयं एक बड़े निजी संसार के कवि हैं जिसमें जितना अपना दुःख-सुख है, उतना ही जगत् का भी। इस संसार को शमशेर ने अपने को गला-तपाकर रचा है और उसे जीवन्त बनाया है। मुक्तिबोध ने कला के जिन तीन क्षणों का जिक्र किया है--

"कला का उत्कट तीव्र अनुभव क्षण, इस अनुभव का अपने कसकते-दुखते हुए मूलों से पृथक् हो जाना और फैंटेसी के शब्दबद्ध होने की प्रक्रिया का आरम्भ और उस प्रक्रिया की परिपूर्णावस्था तक की गतिमानता"

('एक साहित्यिक की डायरी'--गजानन माधव मुक्तिबोध, पृ. 20-21)

उन क्षणों पर शमशेर की कविताओं का अध्ययन करने के बाद कई आश्चर्यजनक तथ्य सामने आते हैं। अपने निजी संसार को पारदर्शी बनाकर प्रस्तुत करते शमशेर अपने अनुभव की उत्कटता को बिना किसी झिझक के व्यक्त करते हैं और निश्चय ही वे अपने अनुभव के दुखते-कसकते हुए मूलों से अलग हो जाते हैं या उनके अनुभव का वेदना मूलों से अलगाव हो जाता है। यह कवित्व

की एक बड़ी कसौटी है जिस पर खरा उतरकर शमशेर अपने दुःख से परे होकर जगत् से तादात्म्य स्थापित कर पाते हैं और उनकी वेदना तिरोहित होकर अपने युग की करुणा का रूप धर लेती है। इस करुणा में युग का भविष्य छुपा होता है; कलिंगवुड इसी को आधार बनाकर कवि को भविष्यवक्ता कहते हैं; क्योंकि उसी कवि या कलाकार की कला मानव समाज के दुःख को दूर करने वाली औषधि बनती है जो ईमानदारी से अपने हृदय के रहस्यों को खोल देता है। वे कहते हैं–

> "The artist must be prophetic, not in the sence that he tells his audience, at the risk of their displeasure, the secreats of their own hearts. His business as an artist is to speak out... the secreats he must utter are theirs... the poet as prophet suggests no remedy. because he has already given one, the remedy is the poem it self. Art is The community's medicine for the worst disease of the mind, the corruption of conciousness."

('The principles of Art'—Collingwood, R.G. P. 336)

अपने हृदय के रहस्यों को खोल देने वाले कवि शमशेर उन क्षणों को 'निज' और 'पर' से मुक्त कर देते हैं जो उनकी ही वेदना के साक्ष्य होते हैं। शमशेर की कविता फैंटेसी को अपना उपजीव्य नहीं बनाती, पर बिम्बों तथा गहन मंथनों से आये उनके अनुभव ठीक उसी तरह शब्दबद्ध होकर रचना की प्रक्रिया में आरम्भ और पूर्ण होते हुए गतिमान रहते हैं जिसकी चर्चा मुक्तिबोध करते हैं। एक साधक की भाँति यह कविकर्म स्व-पर की भावना से मुक्त होकर उस अनुभूति को वृहद्तर समाज की अनुभूति से मिला देने की विश्वसनीय साधना है जिसमें व्यक्त करुणा जगत् की करुणा का प्रतिरूप बन जाती है। इस मायने में हम देख पाते हैं कि शमशेर मानवीय करुणा के कवि भी हैं जो 'प्रेम की पीड़ा' को झेलते हैं और उससे नयी सम्भावनाओं को जन्म देते हैं। रघुवीर सहाय ठीक ही कहते हैं–"शमशेर ने व्यक्ति की अपूर्णता की बेचैनी और पूर्ण होने की बेचैनी को एक व्यक्ति में समो दिया है। इससे अधिक गहरी, गाढ़ी, अँधेरी शान्ति और नहीं हो सकती। साधारण लोग इसी को प्रेम की पीड़ा कहते हैं। पर यह एक नया इन्सान पैदा होने की पीड़ा है जिसे असाधारण रूप से ताकतवर कवि ही झेल सकता है, जिसने सब लाल-हरी शक्लों और आवाज़ों को एक में मिला लिया हो।"

('शमशेर : कवि से बड़े आदमी', सं. महावीर अग्रवाल, पृ. 69)

शमशेर की कविताओं में प्रेम और सौन्दर्य के प्रति रागात्मकता का बहुधा उनकी मूल काव्य-प्रवृत्ति मानने का दुष्परिणाम यह हुआ है कि हम उनकी

काव्य-संवेदना के दूसरे बिन्दुओं की अवहेलना ही करने लगे हैं। यह प्रेम तो उनकी मानवीय दृष्टि का एक रूप है जो उन्हें संघर्ष में सदा प्रस्तुत रहने की शक्ति देता है और उन्हें मजबूती से टिकाये रखता है। यहाँ क्रंदन नहीं है, एक हुंकार है और अपने को अवश मानने के बावजूद एक कारगर प्रतिरोध। यह प्रतिरोध जितना विलोम का है उतना ही अपनी उस कातरता का भी है जो बार-बार तोड़ने की फिराक में रहती है–

'हार-हार
समझा मैं तुमको
अपने पार।
हँसी बन
खिली साँझ–
बुझने को ही।
एक हाय-हाय की रात
बीती न थी,
कि दिन हुआ।
हार-हार...'

('हार-हार समझा मैं', 'प्रतिनिधि कविताएँ', पृ. 28)

अब इस कविता को चाहें तो प्रिय को सम्बोधित भी मान सकते हैं जिसे कवि हारकर अपने पार समझता है। पर यह कविता स्वयं को सम्बोधित है और पराजय बोध को, हार की तनिक-सी आशंका को भी कवि अपने में नहीं, अपने पार ही समझता है, देखता है। साँझ हँसी बनकर जरूर खिलती है, पर उसे बुझना होता है; यह कवि को पता है और कविता का यह सन्देश भी है कि हँसना-रोना प्रकृति का गुणधर्म है। लेकिन यह भी सत्य है कि हाय-हाय की रात बीतती है और दिन निकलता है। सूरज मनुष्य के अदम्य पौरुष और उसकी सतत् जागरूक आशा का प्रतिरूप है। उम्मीद की किरण फूटती है तो निराशा का अँधेरा छँटता है–हार-हार कर ही हम जीतते हैं, पर जीतते हैं–कातरता का यहाँ कोई स्थान नहीं है। अपने स्वत्व को जगाकर लक्ष्य तक पहुँचना ही कवि का ध्येय है। इस कविता में कवि की संवेदना का मूल है–हर परिस्थिति में उम्मीद के आसरे जीने की सीख। अपनी इन्हीं क्षमताओं के कारण शमशेर मनुष्य की जातीय संवेदनाओं के कवि बनते हैं जिसमें मनुष्य की सीमाओं का गहरा अहसास होते हुए भी उसकी क्षमताओं पर पूरा भरोसा है।

इसके बावजूद कि शमशेर की कविताएँ मानवीय संवेदनाओं की कविताएँ हैं; शमशेर का कवि-मानस स्वच्छन्दता का ही वरण करता है और अपने रोमान को

घोषित करने में संकोच नहीं करता। 'उदिता' (1980) की भूमिका में शमशेर ने लिखा—

"उस ज़माने में (1941 से 47 के मध्य) मैंने अपनी घोर वैयक्तिक अतार्किक भावुकता, रोमानी आदर्शवाद आदि से रचनात्मक संघर्ष शुरू कर दिया था, और मार्क्सवादी मॉडल प्रबल रूप से मुझे अपनी ओर खींच रहे थे। उर्दू कविता का शानदार प्रगतिशील उभार भी प्रभावित कर रहा था। धीरे-धीरे, मगर क़ाफ़ी धीरे-धीरे कुछ परिवर्तन आया। पर मेरी असली ज़मीन तो रोमानी ही थी, रोमानी ही बनी रही; जिसमें इक़बाल और शैली का, अरविन्द, निराला और रवीन्द्रनाथ के छायावादी या रहस्यवादी अद्वैत की छाया भी कहीं-कहीं शामिल थी।"

स्पष्ट रूप से यह शमशेर के कवि-व्यक्तित्व की एक बड़ी दुविधा रही है जिसे बहुत-से लोगों ने उनके व्यक्तित्व का विभाजन माना है। एक ओर मार्क्सवाद से प्रेम तो दूसरी ओर सर्वथा उसके विपरीत काव्य-स्वभाव का अभिग्रहण। दिलचस्प यह भी है कि शमशेर ने प्रगतिशील आन्दोलनों को हमेशा प्रशंसा की नज़र से देखा और उनकी सामाजिक भूमिका को महत्त्वपूर्ण माना, पर साफ़-साफ़ कहा ही नहीं, कविताओं में भी दिखाया, जिसे स्वीकार करते हुए 'उदिता' की भूमिका में ही वे कहते हैं—

"मेरा स्वर सच्चा रहे, बस इतनी ही चिन्ता मेरी थी; और मुझे किसी से कुछ लेना-देना नहीं था (न है)।"

असल बात है, कवि के स्वर का सच्चा होना, अपनी अनुभूतियों के प्रति ईमानदारी और उसके अपने अन्तर की पारदर्शिता। कवि अगर सच्चा है तो वह मानवीय संवेदना से परे नहीं जा सकता। परे वह तब जाता है जब वैचारिक हदबन्दियाँ उसे तय करने लगती हैं। तब वह अपने अन्तर की पुकार सुनने से वंचित हो जाता है और रचना को बुद्धिजनित व्यापार बना डालता है। हमारी आलोचना जब बुद्धिजनित व्यापार को मात्र इस वज़ह से महत्त्वपूर्ण मानने लगती है कि उसमें 'प्रतिबद्धता' और 'सरोकार' जैसी उद्घोषणाएँ हैं, तो निश्चय ही कोफ्त होती है क्योंकि रचना बलात् क्रिया नहीं होती। इस तर्क के सबसे बड़े उदाहरण स्वयं शमशेर हैं जो हदबन्दियों के दायरे से खुद को बाहर लाते हैं और उन कवियों को कदाचित् पीछे भी छोड़ते हैं जो घोषित रूप से प्रगतिशील कहलाते हैं। कविता अगर राजनीतिक फ़लसफ़ा है और उसमें कवि की हार्दिकता का कोई स्थान नहीं है, तब तो शमशेर की कविता पर बहस का अवकाश ही नहीं है। और अगर नहीं, तो स्वयं शमशेर की कविता आलोचना को इस दुविधा से निकलने को

बाध्य करती है क्योंकि इस दृष्टि के कारण आलोचना ने अनेक कवियों की घोर उपेक्षा की है और तथ्य यह भी है कि शमशेर स्वयं इस आलोचना में उतनी स्वीकृति नहीं पा सके जितनी उनके प्रतिबद्ध समकालीनों को मिली। उनकी कविता के स्वच्छन्द स्वभाव का एक अन्य उदाहरण देखिए—

'मुझे अमेरिका का लिबर्टी स्टैच्यू उतना ही प्यारा है
जितना मास्को का लाल तारा
और मेरे दिल में पेकिंग का स्वर्गीय महल
मक्का-मदीना से कम पवित्र नहीं
मैं काशी में उन आर्यों का शंखनाद सुनता हूँ
जो वोल्गा से आए
मेरी देहली में प्रह्लाद की तपस्याएँ
दोनों दुनियाओं की चौखट पर
युद्ध के हिरण्यकश्यप को चीर रही हैं।'

('अमन का राग')

'अमन का राग' जैसी महत्त्वपूर्ण कविता में शमशेर अमेरिका और रूस, दोनों को याद करते हैं। कवि के लिए कोई जड़ता स्वीकार्य नहीं है। वह इतना उदार है कि उसे सब कुछ प्रिय लगता है, उसमें ऐसा कोई आग्रह ही नहीं है जो एक को अपनाकर दूसरे का तिरस्कार करे। शमशेर के लिए, उनकी कविता के लिए सबसे महत्त्वपूर्ण है अपना निरभ्र आत्म; जिसमें अपने सहित जगत् की व्यथा भी है तो प्रेम की बेपनाह तड़प भी है। संघर्ष करने की हिकमत भी है तो इच्छित को पा लेने का संकल्प भी। स्वप्न भी है तो स्वप्न को साकार होते देखने का धैर्य भी है और अपेक्षित कर्म भी। केवल आह्वान से दुनिया को बदल डालने का भ्रम न तो शमशेर की कविताओं में है और न स्वयं शमशेर में। अपनी रचनाओं और जीवन में अकेले हो जाने का खतरा उठाते हुए भी शमशेर ने कविता को और स्वयं अपने जीवन को पारदर्शी बनाये रखने की हर सम्भव कोशिश की। अशोक वाजपेयी ने ठीक लिखा है—

"अकेले होने से इन दिनों बड़ी घबराहट है। मनोरंजन, विचारधाराओं और चीजों के दैत्याकार उपक्रम हरचंद इस कोशिश में लगे हैं कि हम अकेले न हों। शमशेर में अकेले रह जाने की हिम्मत थी। मनुष्य का बुनियादी अकेलापन, जैसा कि उसका संग-साथ मूलतः एक आध्यात्मिक स्थिति है। भारतीय कविता में जब कभी काव्याध्यात्म पर विचार होगा, शमशेर एक मूर्धन्य की हैसियत से उस परम्परा में होंगे।"

('ठंडी धुली सुनहरी धूप', सं. विश्वरंजन, पृ. 125)

कविता को अपने अन्तर का पर्याय बनाकर शमशेर ने सचमुच उसे कोलाहल से दूर निकाला और उसे एक पवित्र साधना में बदल दिया। बड़ी रचनाधर्मिता को जैसी रहस्यमयता और विस्मय की दरकार होती है, वह शमशेर की कविताओं में है; इसलिए कि वह अपने से, अपने 'आत्म' से सम्बोधित कविता है, अपने समय की तात्कालिकता के दबाव से प्रेरित नहीं। उनकी एक कविता देखें–

'मगर सदैव
के लिए अकेली-हमारी
जिस पर मैं हूँ : हम दोनों कितने
अकेले इस विश्व में!'

यह अकेलापन नियति नहीं है वरन् कवि की प्रकृति में है और इस अकेलेपन में ही वह समूचे जगत् को देखता और जीता है। शमशेर का काव्य-संसार अनेक मायनों में इसीलिए सर्वथा नया और विलक्षण काव्य-संसार है कि उसमें कामना नहीं है। अकेलेपन में जी लेने की परम सन्तोषी वृत्ति के साथ-साथ अपनी निर्धनता में भी खुश रहने की प्रवृत्ति है। इसी परम सन्तोषी भाव के कारण वे ईमानदार और पारदर्शी रह पाये और उनकी कविताएँ 'आत्म' की निश्च्छल अभिव्यक्ति बन सकीं। उनका प्रेम और सौन्दर्य के प्रति आकर्षण भी कविताओं में एक ऐसा संसार रचता है जो दुनिया की आपाधापी और घृणा से भरे माहौल का प्रतिकार करता है। जीवन इसके लिए नहीं है कि वह घृणा की भेट चढ़ जाये या क्रूरता की बलि के लिए तैयार हो; वह इससे कहीं अलग बहुत सुन्दर-सी चीज़ है जिसे जी लेना अपने को बार-बार पा लेना है और खो देना मिटा देना है–

'ये साँस में जो उसी नाम की अटक-सी है,
वो ज़िन्दगी से फरामोश हो तो क्यों कर हो!'

यह कहना निरापद न होगा कि शमशेर की कविताएँ अपने समग्र अर्थ में उस रोशनी की तरह हैं जो हर तरह के अँधेरे को चीर कर उजाला फैलाती है। इसमें जगत् का अँधेरा तो है ही, हमारे आत्म का अँधेरा भी है जिसे सांसारिक कल्मषों ने अधिक गहन बना डाला है। शमशेर की कविताएँ बड़ी कुशलता से इस अँधेरे को भेदती हैं और स्याह होते विश्व को रोशन करती हैं। यह कविताएँ व्यक्ति की सुरुचि को भी परिष्कृत करती हैं और उसके आस्वाद को बदलती हैं। कविता को अपने अकेलेपन और निजता का पाथेय बना लेने के बावजूद शमशेर ने उसे जगत् का साझीदार बनाया। जीवन में 'भूख' की जगह न हो, इसकी लड़ाई भी लड़ी, पर यह भी माना कि इन्सान केवल रोटी पर ही जिन्दा नहीं रह सकता। स्वयं उनके लिए मार्क्सवाद की सीमा यही लगती है कि मनुष्य की स्वाभाविक

वृत्तियों और आकांक्षाओं के लिए वहाँ जगह नहीं है, हालाँकि ऐसा वे वक्तव्यों में सीधे-सीधे न कहकर अपनी रोमानी ज़मीन की बात करते हैं, पर उनकी अनेक कविताएँ ऐसा कहती हैं जिनमें यह–

'इनसान रोटी पर ही जिन्दा नहीं :
इस सच्चाई को और किसने अपनी
कड़ी मुस्कुराहट-भरी भूख के अन्दर
महसूस किया होगा एक तपते पत्थर की तरह,
भुवनेश्वर : जितना कि तुमने!'

('भुवनेश्वर')

शमशेर केवल 'रोटी' को मानवीय जरूरत नहीं मानते, इसलिए भी वे मनुष्य की समग्रता का संघर्ष करते हैं जिसमें 'भूख' के अलावा भी बहुत कुछ वांछित है जिसके बिना मनुष्य का जीना दुष्कर ही नहीं, अर्थहीन भी है। जाहिर है, जब समग्रता की चाह होगी तो उसमें प्रेम की भी जगह होगी तो सौन्दर्य की भी। प्रेम के बिना मनुष्य का जीवन अधूरा की नहीं व्यर्थ भी है; क्योंकि मनुष्य प्रेम से ही पूर्ण होता है– प्रेम चाहे स्वयं से हो या जगत् से। 'अज्ञेय से' शीर्षक कविता में शमशेर मानो अज्ञेय को सम्बोधित करते खुद को सम्बोधित होते हैं और जो हमें मिला है उसी को सँजोने की सलाह भी देते हैं–

'जो नहीं है
जैसे कि सुरुचि
उसका ग़म क्या?
वह नहीं है।
किससे लड़ना?
रुचि तो है शांति,
स्थिरता,
काल-क्षण में
एक सौन्दर्य की
मौन अमरता।
अस्थिर क्यों होना
फिर?
जो है
उसे ही क्यों न सँजोना?
उसी के क्यों न होना?–
जो कि है।'

पर ऐसा नहीं है कि शमशेर को कोई ग़म ही नहीं है और वे निरा मस्ती में डूबे ही रहने का सन्देश देते हैं। सच्चाई तो यह है कि शमशेर की कविताओं में मानवीय करुणा और विषाद की बड़ी जगह है। मृत्यु की आशंका तथा शोक ने भी शमशेर को विचलित किया है। जीवन की मर्मान्तक वेदनाओं ने बहुत-बार कवि को तोड़ा है और एक-एक कर मित्रों की मृत्यु तथा स्वयं उनकी जानलेवा बीमारी ने उनके हृदय पर गहरा आघात किया है। यही कारण है कि शमशेर ने मृत्यु से मुठभेड़ किया है और उसे चुनौती भी दी है। बावजूद इसके कि मृत्यु से लड़ते हुए शमशेर उसे पराजित करते हैं, यह मानते हैं कि मरण सुन्दर बन जाये तो अच्छा है– 'मरण सुन्दर बन जाये री' लेकिन मृत्यु कवि के लिए भ्रम नहीं, एक वास्तविकता है। प्रेम को जीवन मानने वाले कवि के लिए मृत्यु का स्वीकार आश्चर्य में भले डाले, वास्तविक है। मृत्यु से लड़ने वाले शमशेर ने अपने ही अन्तरंग जनों को मृत्यु से पराजित होते देखा, उसका विषाद भी सहा; इसीलिए उन्होंने शोकपरक कविताएँ भी लिखीं जिन्हें देखकर उन्हें अस्तित्ववादी कहने की कोशिश भी की गयी, यह जाने बिना कि जीवन पर आग्रह करने वाले कवि के लिए मृत्यु पर विचार करना या उसका ग्रास बने आत्मीयों का शोक मनाना मानवीय प्रवृत्ति है, कोई अपराध नहीं है। यहीं पर शमशेर की अपनी ज़मीन की याद आती है जहाँ वे उस हदबन्दी को मानने से इनकार करते हैं जो उनकी सोच की सीमा तय करने लगती है। बहरहाल, शमशेर आत्मीयों के बिछोह का शोक मनाते हुए भी अपने जीवन से हार नहीं मानते और सत्य की बोली बोलने से कतराते नहीं–

'प्राण का है मृत्यु से कुछ मोल-सा;
सत्य की है एक बोली, एक बात।'

('अन्तिम विनिमय')

शमशेर जीते-जी मृत्यु से बार-बार जा मिलने और उसके वरण को जीवन की सफलता भी मानते हैं। जो जीते-जी बार-बार नहीं मरता वह मरने के बाद जिन्दा भी नहीं रहता–

'मैं कई बार मिट चुका हूँगा
वर्ना इस ज़िन्दगी की इतनी धूम।'

('क़ते और शे'र')

शोक और विषाद भरे जीवन में अकेले लड़ते और जीते शमशेर ने उन गरीबों को आवाज भी दी जो यातना और बदहाली भरी जिन्दगी जी रहे थे। शोषण और दासता-भरी ज़िन्दगी को जीते असंख्य लोगों की आवाज़ बनकर शमशेर ने प्रभु वर्ग

पर प्रहार किया। अंग्रेजी सत्ता के दिनों से लेकर आज़ाद भारत के तथाकथित सुशासन पर प्रश्नचिह्न लगाते शमशेर ने कविता को वंचितों की आह भी बनायी तो हक़ के लिए हुंकार भी। 'बंगाल का अकाल', 'नाविकों पर बमबारी', 'बम्बई के 70 वर्ली किसानों को देखकर', 'जहाज़ियों की क्रान्ति', 'य' 'शाम' जैसी कविताएँ शमशेर ने ही लिखीं जिसमें यथार्थ का आवेग ही नहीं है, जुर्म के ख़िलाफ़ जबर्दस्त प्रतिरोध भी है। 'जीवन की कमान' कविता की इन पंक्तियों को देखें जिनमें कवि का हुंकार प्रभुवर्ग को दहला देता है—

'टूटेंगे अरिदल के पहाड़
के पहाड़
जब जन-बल का सागर दहाड़
कर उट्ठेगा
करता विचूर्ण फासिस्ट हाड़।'

ऐसी कविताएँ बेशक शमशेर की प्रारम्भिक कविताएँ हैं और बाद में उनकी कविता की प्रकृति भिन्न हुई, पर इसमें कोई दो राय नहीं है कि शमशेर की रचनाशीलता में वंचितों की सुधियाँ हैं और व्यवस्था के प्रति तीखा असन्तोष भी है। उनकी काव्य-संवेदना का यह महत्त्वपूर्ण पक्ष है जिसको जाने बिना उनकी कविता को समझना मुश्किल है। उनकी कविताएँ एक मायने में समरस समाज के स्वप्न की माँग की भी कविताएँ हैं जिनमें समता, स्वतन्त्रता और न्याय की माँग ही नहीं आह्वान भी है। स्वयं बदहाली भरी ज़िन्दगी जीने और लगातार संघर्ष करते रहने वाले शमशेर ने बड़ी शिद्दत से महसूस किया था कि गरीबी में गुजारी गयी जिन्दगी क्या होती है और बड़े-बड़े दावों को पेश करती हमारी व्यवस्था कितनी निर्मम और कुटिल है। उसका सारा व्यापार किस तरह दिखावे का है जिसमें तिल भर भी सच्चाई का अंश नहीं है। शमशेर का संवेदना जगत् व्यापक और उदार है। उसमें उन सब के लिए जगह है जो वंचित और दीन-हीन हैं; इसमें उनके लिए भारत और बाहर की कोई सीमा-रेखा तय नहीं है। उदाहरण के तौर पर 'हमारे दिल सुलगते हैं' कविता को देखा जा सकता है जो अल्जीरिया के सिपाहियों को समर्पित है। इसी तरह 'य' 'शाम' कविता को देख सकते हैं जिस पर स्वयं कवि ने एक नोट लिखा : 'ग्वालियर की एक खूनी शाम का भावचित्र : लाल झण्डे, जिन पर रोटियाँ टँगी हैं, लिये हुए मजदूरों का जुलूस।' मालूम हो कि 12 जनवरी, 1944 की एक शाम को मजदूरों पर रोटियों के बदले गोलियाँ बरसाईं गईं। वास्तव में शमशेर ने कविता को हथियार की तरह नहीं अपने हृदय की धड़कनों की तरह बरता, इसलिए जिस घटना ने उनके हृदय को आघात पहुँचाया, उस पर उन्होंने

डूब कर लिखा और अपने अन्तर को मथ डाला। कविता को कहीं आर्त्तनाद, कहीं चीख और कहीं हुंकार बनाते शमशेर उस प्रतिरोधी परम्परा के कवि हैं जिसमें दीन-ईमान की परवाह करते हुए अन्याय और ज़ुर्म के ख़िलाफ़ लड़ने की भरपूर ताकत रही है और जिस ताकत से व्यवस्थाओं की चूलें हिल जाया करती हैं। यह ध्यान में रखने वाली बात है कि शमशेर की काव्य-सर्जना में अनेक ऐसे पड़ाव हैं और अनेक ऐसी प्रवृत्तियाँ भी; जो आसानी से हमें उनकी कविताओं को समझने नहीं देतीं। इसका भावसूत्र या तो उनके परोक्ष प्रसंगों में है या स्वयं कविताओं की ज़द में; जिसमें पाठक को डूबे बिना निस्तार नहीं है। शमशेर के कवि में वैयक्तिकता की अधिकता के कारण ही विषाद का जन्म होता है लेकिन यह विषाद भी कवि को दृढ़ बनाता है और अकेलापन उसे प्रखरता देता है। अपने अकेलेपन में शमशेर 'प्रेम' से समृद्ध होते हैं और प्रेम ही उनके जीवन का सम्बल भी बनता है। इस प्रेम में जो युवती छाया की तरह शमशेर के साथ रहती है और शमशेर उसे सम्बोधित कर कविताएँ रचते हैं; उसके बारे में अनेक लोगों ने यह अनुमान लगाया है कि वह युवती कोई और नहीं उनकी पत्नी है। यह अनुमान शमशेर की जीवनी से किया गया है। विष्णुचन्द्र शर्मा कहते हैं–

> *"...एकान्त में वह कभी अतीत की 'गोचर स्त्रीत्व' की छाया से बातचीत करता है। जीवनी के अनुसार वह स्त्री थी उनकी पत्नी। कभी आगत के 'सरल प्रेम की सुन्दरता' के भावी स्वप्न बुनता है। अनार्किक भावुकता के कवि शमशेर का मुख्य द्वन्द्व 'प्रेयसी' और 'परिचिता-सी' युवती के निजी नाते की सामाजिक मान्यता को लेकर रहा है।"*

('काल से होड़ लेता शमशेर', पृ. 76)

यहाँ एक कठिनाई है और वह यह है कि शमशेर को शुद्ध रूप से प्रगतिशील मानने वाले उनकी प्रेमपरक कविताओं को भावुकता की कविताएँ बताते हैं और स्वयं उन्हें 'अनार्किक भावुकता' का कवि कहते हैं। दिलचस्प यह है कि ऐसा उन्हें प्रश्नांकित करने के लिए नहीं किया जाता, बल्कि यह बतलाने के लिए किया जाता है कि प्रेमपरक कविताएँ शमशेर ने भावुकतावश लिखी हैं और उनका एकान्त निपट भावुकता (और अनार्किक भावुकता) का पर्याय है। सच यह नहीं है जिसे हम पीछे देखते हुए आ रहे हैं और स्वयं शमशेर अपने निजी वक्तव्यों में भी ऐसे निष्कर्षों को खारिज करते रहे हैं। जब वे खुद अपने को रोमानी कवि कहते हैं तो ऐसे निष्कर्षों को क्या कहा जाये। दरअसल ऐसे निष्कर्ष देकर यह कहने की छूट ली जाती है कि शमशेर अपनी मूल कविप्रकृति में मार्क्सवादी कवि हैं और प्रेम

का द्वन्द्व तथा उनकी भावुकता उनकी प्रारम्भिक कविताओं में है। उनके अकेलेपन को भी अपनी चतुराई से ढँक दिया जाता है गोया अकेलापन और प्रेम-सौन्दर्य को कविधर्म बनाना या मानना कोई अमानवीय कर्म हो। यह निर्णय शमशेर के विरोधी नहीं करते, वरन् उनके वे समर्थक करते हैं जो यह स्वीकार ही नहीं पाते कि प्रेम, सौन्दर्य, विषाद, शोक, मृत्यु, कातरता जैसे भाव कविजनोचित कर्म हैं। यह शमशेर को अपना बना लेने की हड़बड़ी के बीच शमशेर को या तो न समझना है या उनके साथ अन्याय करना है। सच्चाई यही है कि शमशेर जीवन-भर अपनी जिस हार्दिकता के साथ सृजनरत रहे, उसमें यह रोमानी भाव हमेशा विद्यमान रहा और इसी कारण उनको मुक्तिबोध सहित अनेक प्रगतिशील आलोचकों ने 'प्रेम और सौन्दर्य का कवि' ही कहा। इसका मतलब यह क़तई नहीं है कि प्रेम और सौन्दर्य पर अधिक आग्रह के कारण शमशेर छोटे कवि हो जाते हैं और उनकी मानवीय पक्षधरता संदिग्ध हो जाती है। यह तो प्रमाणित ही है कि शमशेर ने जीवन के अंतिम वर्षों में भी 'प्रेम' कविताएँ लिखीं और उनमें 'सघन ऐन्द्रियता का ज्वार' देखा गया। नामवर सिंह ने लिखा है–

> *"विचित्र बात यह है कि उम्र के साथ कवि में प्रेम की यह तीव्रता, पार्थिवता बढ़ती गयी और चढ़ता गया है सघन ऐन्द्रियता का ज्वार। साठ की उम्र के बाद शमशेर ने ज्यादा अच्छी प्रेम कविताएँ लिखी हैं। कुछ और तरह की भी अच्छी कविताएँ। अंग्रेजी कवि विलियम बटलर येट्स की तरह। अपने ही कवि रवीन्द्रनाथ ठाकुर की तरह। काल पर कला की विजय का एक और प्रमाण नहीं है यह क्या?"*

('प्रतिनिधि कविताएँ' की भूमिका से)

काल पर कला की विजय का यह प्रमाण है और इस बात का प्रमाण भी कि कला केवल 'प्रतिबद्ध' होकर ही बड़ी नहीं बनती, उसमें प्रखर रचनात्मकता का उत्कर्ष होना चाहिए और यह उत्कर्ष तब तक सम्भव नहीं है जब तक बकौल आनन्द कुमारस्वामी 'उस रचना में कलाकार की आनुष्ठानिक मृत्यु' न हो। शमशेर की रचनात्मकता इसीलिए इतनी प्रखर है कि उसमें उन्होंने अपने को विन्यस्त किया है और स्वतः स्फूर्त ढंग से अपने अन्तर की अभिव्यक्ति को सम्भव किया है। वे कहते हैं–

'इश्क की शायरी है खाक, हुस्न का जिक्र है मजाक।
दर्द में गर चमक नहीं, रूह में गर जिला नहीं।'

कुछ आलोचकों ने उन्हें भावनात्मक अद्वैत का कवि भी कहा है। ऐसा मानने वालों में नरेन्द्र वशिष्ठ भी हैं। वे लिखते हैं–

"शमशेर भावनात्मक अद्वैत के कवि हैं। उनका भावनात्मक अद्वैत सूफीवाद की देन प्रतीत होता है। शमशेर की कई असंगृहीत रचनाओं में रूमी, राबिया, इब्नेसिना, मंसूर, हल्लाज आदि के अशआर से 'शाह' शब्द आया है। 'जोगी' भी बार-बार देखने को मिलता है। हो सकता है स्वामी रामतीर्थ का प्रभाव भी शमशेर पर रहा हो। इन लोगों की तरह शमशेर के यहाँ सौन्दर्य और प्रेम में विस्तार-बोध लक्ष्य किया जा सकता है। भावनात्मक अद्वैत में अहं सबसे बड़ी बाधा है। इसलिए शमशेर ने अहं-लोप पर विशेष बल दिया है।"

('आधुनिक हिन्दी कविता', मुक्त अध्ययन, दिल्ली विश्वविद्यालय, पृ. 81)

नरेन्द्र वशिष्ठ ने अपने कथन की पुष्टि में शमशेर के अनेक कवितांशों को उद्धृत किया है जिसमें भावनात्मक अद्वैत है और अहं के विसर्जन पर बल है। वशिष्ठ के विश्लेषण को तार्किकता की कसौटी पर रखने के बाद लगता है कि उनके निष्कर्ष भी अपनी जगह पर प्रासंगिक हैं। उनके निष्कर्षों की प्रासंगिकता का सबसे बड़ा आधार यही है कि शमशेर की प्रेमपरक कविताओं का रंग आध्यात्मिक है। आध्यात्मिकता उनकी अधिकांश कविताओं में विन्यस्त है और एक 'अन्तर-सम्बोधन' वहाँ लक्षित किया जा सकता है। प्रेमपरक कविताओं में भावनात्मक अद्वैत से इनकार नहीं किया जा सकता। यह शमशेर की अनेक कविताओं में दिखता है–

'बादल का नहीं, शाह नशा यह एक आन,
एक जां पर, पस्त खुद सर, एक नहीं,
एक ही एक, इधर का उधर।'

या–

'अमित आकांक्षा उभार,
दाह का आलोक है केवल।'

शमशेर की कविताओं में यह भावनात्मक अद्वैत हो या अध्यात्म के दूसरे रंग हों, उनकी कविताओं को गहरे अर्थ-सन्दर्भों से जोड़ते हैं। हिन्दी कविता में इसकी बड़ी व्याप्ति है। कबीर, अमीर खुसरो और जायसी की कविताओं में यही भावनात्मक अद्वैत है जिसमें भाषागत अद्वैत का भाव भी प्रबल है।

शमशेर में यह भावनात्मक अद्वैत सूफी मतवाद से प्रेरित लगता हो, तो कोई आश्चर्य नहीं इसलिए कि उनमें अद्वैत भाव की विलोमी शक्तियों को लक्ष्य कर शमशेर उतने ही कुपित होते हैं जितने कि उनके पूर्ववर्ती सूफी कवि–

'बस ऐ शमशेर, चलकर अब कहीं
उजलतगर्जी हो जा–

कि हर शीशे को महफिल में
गदाए-मीना होना है।'

कविता में शमशेर अपने अस्तित्व को भुला देने वाले कवि हैं; इसलिए उनकी कविता पाठकों को एक निर्मल आभा से भर देती है। वह अपनी सत्ता भूलकर कविता में विन्यस्त अनुभूति से तादात्म्य स्थापित कर वह नहीं रहता, जो वह होता है। आचार्य रामचन्द्र शुक्ल ने कविता के जिन गुणों की चर्चा मनुष्यता की उच्च भूमि के प्रसंग में की है, वे गुण शमशेर की कविता में हैं–

"कविता ही हृदय को प्रकृत दशा में ले जाती है और जगत् के बीच क्रमशः उसका अधिकाधिक प्रसार करती हुई उसे मनुष्यत्व की उच्च भूमि पर ले जाती है। भावयोग की सबसे उच्च कक्षा पर पहुँचे हुए मनुष्य का जगत् के साथ पूर्ण तादात्म्य हो जाता है, उसकी अलग भावसत्ता नहीं रह जाती, उसका हृदय विश्व हृदय हो जाता है। उसकी अश्रुधारा में जगत् की अश्रुधारा का, उसके हास-विलास में जगत् के आनन्द-नृत्य का, उसके गर्जन-तर्जन में जगत् के गर्जन-तर्जन का आभास मिलता है।"

('रामचन्द्र शुक्ल संचयन', सं. नामवर सिंह, पृ. 30)

शमशेर की कविता का भावलोक हमें अगर अपने अन्तर सहित मथ डालता है और हम अपनी सत्ता भूलकर कविता की सत्ता में खो जाते हैं तो यह मानने में हर्ज़ क्या है कि यह कविता अपने समूचे विन्यास में अपने को ही खो देने और पाने की युक्ति है। विषय चाहे जो हो, शमशेर उसमें स्वयं को तिरोहित कर देते हैं–प्रेम तब भावुकता नहीं रहता, सौन्दर्य की केवल आकांक्षा या कामना नहीं होती, जन-जन की करुणा से उपजी वत्सलता केवल सहानुभूति नहीं होती–अपने को उसमें मिला देने का, खो देने का भाव होता है–क्योंकि शमशेर सूरदास की ही तरह मानते हैं कि सारा संसार प्रेम के धागे से बँधा है, प्रेम ही पुरुषार्थ है और सच्चा प्रेम का निश्चय ही जीवन-मुक्ति भी है–

'प्रेम प्रेम तैं होई, प्रेम तै पारहि जइयै।
प्रेम बंध्यौ संसार प्रेम परमारथ लहियै।
साँचौ, निहचै प्रेम को, जीवन मुक्ति रसाल।
एकै निहचै प्रेम कौ, जब मिलै गोपाल।'

('सूरसागर', पद सं. 4714, 'सूरदास'–डॉ. मैनेजर पाण्डेय, पृ. 65)

इसलिए इस प्रेम के काव्य की संवेदना का मूल भी प्रेम ही है, चाहे वह प्रिय की कामना में व्यक्त हो या जनता के सुख-दुःख में व्यक्त होकर उसके आँसुओं में उतर जाये। प्रेम को माँ की ममता भरी गोद बनाकर कवि ने उसे न केवल एक

गौरव दिया है बल्कि यह जताया भी है कि वह जीवन ही नहीं, उसके एक-एक क्षण का उत्स भी है, प्रेम और सौन्दर्य को परस्परपूरक बनाकर वे उसके द्वैत को निरस्त कर देते हैं और कहते हैं–

'तूने मुझे दूरियों से बढ़कर
एक अहर्निश गोद बनकर
लपेट लिया।'

दोनों की परस्पर-पूरकता को इन पंक्तियों में व्यक्त करते शमशेर यह दिखाने का यत्न भी करते हैं कि यह उनके यानी मनुष्य की विजय का चिह्न भी है; क्योंकि इससे न केवल जिजीविषा बढ़ती है वरन् जीवन अधिक अर्थवान् भी बनकर आता है–

'और पहुँचकर वहीं
अपने प्रेम की
बाँहों में बाँहें डाल दी मैंने
और उस सीमा पर खड़े हुए
हम दोनों प्रसन्न थे
अमर सौन्दर्य का
कोई इशारा-सा
एक तीर।'

प्रेम ही जीवन है, जीवन ही प्रेम और उसका आधार है तथा जिससे करुणा उपजती है, हृदय भींग-भींग जाता है; उसे प्रेम मानते हुए ही शमशेर बार-बार उससे मानव-जीवन की सार्थकता मानते हैं और उस पर आग्रह भी करते हैं, पर विडम्बना ही है कि आज के जमाने में हमारे पास सब कुछ तो है लेकिन प्रेम ही नहीं रह गया है–

'सभी शब्द हमारे कोश में हैं
एक प्यार के वास्तविक शब्द को छोड़कर।'

शमशेर की कविता में इस 'प्रेम' को 'परम' मानकर उसे जिया और बरता गया है। जीवन की सारी कल्मषों को इस प्रेम ने धोया है और आने वाली उम्मीद की ही तरह उसने मनुष्य को जीते रहने का आसरा दिया है। प्रतीक्षा करते, उठते-सोते, चलते-फिरते, लड़ते-मरते–हर क्षण यह प्रेम जीवन का भरोसा बनता है; इसीलिए अपने निपट एकान्त में भी कवि को अकेलापन महसूस नहीं होता और दैन्य भी उसके स्वाभिमान को दरका देने की ताकत नहीं रखता। यह 'प्रेम' एक 'भाव' के रूप में ही यहाँ उपस्थित है, देह और उसकी निपट वासना से इस प्रेम का कोई सम्बन्ध है, सो नहीं। लेकिन इतना स्पष्ट है कि इस प्रेम को शमशेर

ने भी भक्त-कवियों की तरह सभी विधि-निषेधों से परे माना है। अचरज तो तब होता है जब वे यह घोषणा करते हैं–

'चुका भी नहीं हूँ मैं
कहाँ किया है मैंने प्रेम
अभी
जब करूँगा प्रेम
पिघल उठेंगे
युगों के भूधर
उफन उठेंगे
सात सागर।'

('चुका भी नहीं हूँ मैं')

यानी प्रेम में वह बल है कि वह पर्वतों को पिघला दे और समुद्रों को इतना मथ डाले कि वे उफन उठें; अभी तो वे प्रेम में अपने जीवन का आसरा ही पा सके हैं, सोचा ही है कि प्रेम इतना 'परम' और 'परात्पर' होता है। लेकिन कवि ने ऐसे ही प्रेम को चाहा और ऐसे ही प्रेम की कल्पना की कि जिसमें स्वयं मानव मानवोत्तम हो उठे। तुलसीदास की सीता तो प्रेम की मधुरता से निकले रस की स्याही से सुन्दर चित्त की दीवारों पर प्रिय का नाम लिख डालती हैं और अपने प्रिय की कामना में ही जीवन का सर्वस्व देखती हैं–

'परम प्रेममय मृदु मसि कीन्हीं।
चारु चित्त भीतीं लिखि लीन्हीं॥'

यह 'परम प्रेम' शमशेर के काव्य का मूल है; क्योंकि प्रेम के अतिरिक्त अन्य कोई भी भाव जीवन की सारता का बोध नहीं करा पाता। प्रेम का यह परम भाव अंग्रेजी कवि शेली के प्रेम भाव के निकट है–

"The fountains Mingle with the river
and the rivers with oceans,
The winds of heaven mix for ever
with a sweet emotion;
Nothing in the world is single,
All things by a law divine
in one another's being mingle-
why not, I withthine?"

('लव्स फिलॉसॉफी')

उन्मुक्तता से आपूरित प्रेम का यह भाव उन सभी कवियों में रहा है जो जीवन की महत्ता को स्वीकार करते हुए उसकी सार्थकता पर गहन मंथन करते रहे हैं। जो जीवन से प्रेम नहीं करेगा, वह न तो प्रेम को जान पायेगा और न ही प्रेम की व्यापकता को समझ पायेगा। यह प्रेम ही वह तत्त्व है जो शक्ति-सम्बल बनकर मनुष्य को बुराइयों के खिलाफ लड़ने को प्रेरित करता है, अपने को पहचान पाने की ताकत देता है और संसार की असल समझ भी। यह प्रेम ही 'मृत्युबोध' बनकर हमारा पीछा भी करता है। शमशेर की कविताओं में 'मृत्यु' का बार-बार आना और उन्हें संकेत करना दरअसल इस प्रेम की व्यापकता का ही परिणाम है, उसके गहन बोध, संसक्ति और उसकी व्याप्ति का परिणाम; जिसमें रहते हुए एक दिन अचानक खो जाने का भय कवि को सताता है। मृत्यु के रास्ते अपने ही लोगों के गये पथ उसे पुकारते हैं और वह उसकी पुकार को सुनता है। क़दाचित् यह प्रेम की अतिव्याप्ति भी है जो उससे विरत होने के भय से उपजती है और कवि को अपने ही लोगों की स्मृतियाँ घेर लेती हैं—

'कौन बुलाता है मेरे पथ से मुझको
उस आगत की ओर
गये हैं जहाँ पिता मेरे
गयी हैं माता मेरी जहाँ
और पत्नी असहाय
बुलाता कौन है मुझे
दिन-रात पथों की दुनियाओं के पार?
नहीं सुनता मैं उनके स्वर
समझता हूँ उनके संकेत।'

('हमारी ज़मीन')

अपने आत्मीयों को याद करते शमशेर इन्हीं क्षणों में भावुक हो जाते हैं। वे अधीरता से स्मृतियों में लौटते हैं, अपने बीते दिनों को याद करते हैं और प्रेम में मृत्यु के भय तथा मृत्यु में प्रेम की छवियाँ देखते स्वयं को ही बिसरा देते हैं मानो अपने 'रचना-बोध' में वे स्वयं से तिरोहित हो रहे हों। शमशेर की काव्य-सर्जना में ऐसे क्षण कई बार आते हैं जब वे विगत-आगत के मध्य अवस्थित होते हुए अपने निपट वर्तमान का अतिक्रमण करते हैं और उनकी कविताएँ उस मूल बिन्दु को पकड़ पाती हैं जहाँ से उनकी संवेदना का जन्म होता है। कई बार घोर आश्चर्य में डालते शमशेर मृत्यु के अन्तिम छोर तक की यात्रा कर आते हैं। एक तरह का 'विदेह भाव'; जैसा उल्लेख ऊपर किया गया है—शमशेर की कविताओं की एक मुख्य प्रवृत्ति है, उनकी काव्य-साधना और संवेदना का एक भाव भी चाहें तो इसे कह सकते हैं—

'एक बहुमूल्य पुरानी कलम की तरह
किसी सुलगते हुए घर में एकाएक
गुम हो गया हूँ
लपटें अब भी बराबर आ रही हैं
और अब एक खामोश रिमझिम भी
शुरू हो गई है
कैसी अजीब बात है कि
पहाड़ घूम रहे हैं
और कोई झरना बहुत जियादा
शोर मचा रहा है
मैं किसी बहुत प्राचीन गूँज में
डूब गया हूँ
और यह दुनिया उसी की दीर्घ अनुगूँज
बनती जा रही है।'

('रोम सागर के बीचों-बीच')

चिता की लपटों का उठना और उसमें धीरे-धीरे देह का गुम होना 'लपटों का बार-बार आने' और कवि का 'किसी सुलगते हुए घर में एकाएक गुम होने' के बिम्बों से जाहिर होता है। यह मृत्युबोध कवि की जीवन-आसक्ति और प्रेम की ही पराकाष्ठा से उपजा है जिसमें 'होने और एक दिन अचानक न रहने' की वेदना भी छुपी है।

वस्तुतः शमशेर की काव्य-संवेदना उनकी मानवता पर गहरी संसक्ति का ही प्रतिरूप है जिसमें प्रेम, सौन्दर्य, करुणा और मृत्युबोध जैसे भाव उठते और प्रसारित होते हैं। अपने में निपट अकेले, पर समूचे जगत् को अपने में समाहित कर जीने वाले कवि शमशेर कहीं धर्म के पाखण्ड को उजागर करते हैं तो कहीं साम्प्रदायिकता की कट्टरता की भर्त्सना करते हैं। वे उस धर्म को अर्थहीन ठहराते हैं जिसके अनुयायी श्रद्धा और भक्ति को भुलाकर उसे एक दिखावा बना देने पर आमादा हैं। वे उन देवताओं पर, उनकी शक्ति पर भी प्रश्न करते हैं जो अपनी रक्षा स्वयं नहीं कर सकते; उनकी रक्षा हम 'निरीह' मनुष्यों के ही जिम्मे है—

'और क्या दिया
मुझे भगवान दिए कई-कई
मुझसे भी निरीह
मुझसे भी निरीह।'

('ओ मेरे घर')

उनकी निजता और अवश दीनता में भी एक स्वाभिमान है जो न तो उन्हें झुकने देता है और न उन्हें टूटने देता है। वे उस औसत भारतीय जन की तरह अपने ही संघर्षों से शक्ति पाते कवि हैं जिनके सपने साकार होने से पहले टूटे हैं और जिनकी कामनाएँ पूरी होने की राह में भी नहीं आयीं। अपने एकान्त के क्षणों में, जब बेहद निराशा उन्हें घेर लेती है और एक क्षण को लगता है कि कहीं वे टूट न जायें तो उन्हें 'निराला' की स्मृति आती है–

'भूलकर जब राह–जब-जब राह... भटका मैं
तुम्हीं झलके, हे महा कवि
सघन तम की आँख बन मेरे लिए,
अकल क्रोधित प्रकृति का विश्वास
बन मेरे लिए–
जगत् के उन्माद का
परिचय दिए–'

'भारत का गुण-गौरव' गाते कवि को पता है कि जनता के कल्याण का स्वांग भरने वाली हमारी व्यवस्था अमानवीय है। पूँजीवाद को इस अमानवीयता की ज़द में देखते शमशेर को तब समाजवाद की सुधि आती है और उन्हें यह लगता है कि शायद इसी मार्ग से यहाँ के जीवन में सुख-शान्ति की प्रतिष्ठा सम्भव है। उनकी प्रसिद्ध कविता 'वाम वाम वाम दिशा' उनकी इसी प्रतिबद्धता को व्यक्त करती है–

'वाम वाम वाम दिशा,
समय साम्यवादी।
पृष्ठभूमि का विरोध अंधकार-लीन।
व्यक्ति...कुहाड़्स्पष्ट हृदय-मार,
आज हीन।
हीन-भाव, हीन-भाव
मध्यवर्ग का समाज, दीन।'

'समय को साम्यवादी' कहते और मार्क्सवाद में 'भारत का भूत, वर्तमान, भविष्य' देखते शमशेर उन महत्त्वपूर्ण घटनाओं को भी अपनी कविताओं में विन्यस्त करते हैं जिन्होंने उनके हृदय को छुआ है। 1944 से 1947 तक यानी स्वाधीनता प्राप्ति के अन्तिम वर्षों की राजनीतिक घटनाओं तथा पुलिस अत्याचारों ने उनको बहुत परेशान किया था। इस मायने में संवेदना के लिहाज से उनकी ऐसी कुछ कविताएँ 'घटनात्मक संवेदनात्मकता' का विरल उदाहरण हैं। एक उदाहरण देखें–

''य' शाम है
कि आसमान खेत है पके हुए अनाज का
लपक उठीं लहू भरी दरातियाँ
कि आग है
धुआँ-धुआँ सुलग रहा
ग्वालियर के मजूर का हृदय।'

12 जनवरी, 1944 को ग्वालियर के सामंत द्वारा मजदूरों पर बरसायी गयीं गोलियों की प्रतिक्रिया में लिखी गयी यह कविता 'मजदूरों के सुलग रहे हृदय' को व्यक्त करती है और 'लहू भरी दरातियों' का आह्वान भी; कि ऐसे अनाचार का हिंसक प्रतिरोध हो।

लेकिन वास्तविकता यही है कि शमशेर अपनी मूल प्रकृति में प्रेम सौन्दर्य के साथ-साथ मानवता के संत कवि हैं। अपने अकेलेपन के संत्रास से लड़ते और जगत् के संताप को अपना बनाकर जीते हुए। दुःख, वेदना, आह, दैन्य और गहरी मर्मान्तक पीड़ा को लेकर भी उनका कवि हताश या निराश नहीं होता। उसके 'प्रेम' का बल और अपने पर विश्वास इतना दृढ़ है कि उसे कोई अपने पथ से विरत नहीं कर सकता। लेकिन रह-रहकर अपने संतापों से टकराते कवि को कभी स्वयं पर तो कभी अपने घर और पृथ्वी पर क्रोध आता है और वह पूछ बैठता है–

'ओ मेरे घर
ओ हे मेरी पृथ्वी
साँस के एवज़ तूने क्या दिया मुझे
–ओ मेरी माँ?'

('ओ मेरे घर')

वही युद्ध, क्रूरतम प्रेम, निरीह ईश्वर, गीली मिट्टी की बुद-बुद-सी आँखें, एक लम्बे नाटक की हँसी और अन्तिम लोरियों के बजाय अँधेरे की तलवार...और यह सब देकर कटुतिक्त कवित्व का बीज भी दिया जिसे सहते और जिसका निर्वाह करते कवि ने अपनी परवाह न की। यह मानवतावादी कवि शमशेर के हृदय की पुकार है, अपने एकान्त में खुद से सम्बोधित होते और लड़ते हुए। अपने और जगत् के संताप से क्षुब्ध, आहत इस कवि की काव्य-संवेदना अपने ही जीवन को प्रार्थना बना लेने का दर्शन है जिसमें प्रेम हो, प्रतीक्षा हो और समूचे जगत् के दुःख-दारिद्र्य को दूर करने की ताकत भी हो–यह कवि की विवशता भी है जो अपने मौन में भी अथाह है–

'यह विवशता/कभी बनती चाँद/कभी काला ताड़
कभी खूनी सड़क/कभी बनती भीत, बाँध
कभी बिजली की कड़क, जो क्षण-प्रतिक्षण
चूमती-सी पहाड़
यह बना देती सरल जीवन को
खून की आँधी।
यह विवशता/मौन में भी है/अथाह।'

('यह विवशता')

(तीन)

एक ठोस बदन अष्टधातु का-सा...

(ऐन्द्रिय प्रेम)

एक ठोस बदन अष्टधातु का-सा...

(3)

शमशेर के कविता-जगत् में देह का उत्सव है और उसे इस तरह रचा गया है मानो हम अपनी ही देह से परे एक आश्चर्यलोक में आ पहुँचे हों। इस देह के अंकन में कवि को जो सफलता मिली है, वह आधुनिक हिन्दी कविता में किसी को मयस्सर नहीं हुई। देह के शृंगार का, उसके रचाव का, उसके समग्र आभरण का ऐसा विन्यास आश्चर्य में डालता है। नामवर सिंह ने ठीक ही लिखा है कि—

"जो शमशेर को 'शुद्ध सौन्दर्य का कवि' मानने के आग्रही हैं, उनकी आँख खोलने के लिए उन छवियों की ओर संकेत करना पर्याप्त होगा जिनमें अंकुठ मन से शरीर का उत्सव रचा गया है। शमशेर के लिए सौन्दर्य 'एक ठोस बदन अष्टधातु का-सा' है, जिसमें 'जंघाएँ ठोस दरिया/ठैरे हुए-से।' कवि की 'पहली प्रेमिका' जो 'आईने की तरह साफ है' और 'बदन के माध्यम से ही बात करती है।' और 'वह काँसे का चिकना बदन हिल रहा है।' हिन्दी कविता में कहाँ है ऐसी सघन ऐन्द्रियता।"

('प्रतिनिधि कविताएँ', भूमिका, पृ. 7)

नामवर सिंह ने ठीक ही संकेत किया है कि ऐसी कविताएँ हिन्दी कविता में नहीं हैं। पर इस 'सघन ऐन्द्रियता' को प्रेम और सौन्दर्य से अलगाकर देखा जाना तार्किक नहीं लगता। प्रेम, सौन्दर्य को निरखता है और सौन्दर्य, देह के उत्सव को रचता है। ऐन्द्रियता के रचाव के मूल में 'प्रेम' ही है जिसके बिना न तो सौन्दर्य का अंकन सम्भव है और न ऐन्द्रियता के उत्सव का आयोजन। इयान वाट ने अपनी प्रसिद्ध पुस्तक 'राइज ऑफ द नॉवेल' में एक दिलचस्प खुलासा यह कहकर किया है कि जिसे अक्सर हम प्रेम कहते रहे हैं, उसे प्रेम के अतिरिक्त कुछ और कहा जाना चाहिए। उन्होंने स्पष्ट कहा है कि भले ही 'प्रेम' के लिए 'भोग लिप्सा'

अनुदात्त शब्द है, पर मुझे लगता है कि इस शब्द को प्रेम के लिए अवश्य प्रयोग किया जाना चाहिए। उन्हीं के शब्दों में–

> "What is generally called love ought (Perhaps as generally) to be called by another name; he wrote and bitingly suggested as substitute 'cupidity or a paphian stimulus...however grating they may be to delicate ears. The need to out law the 'paphians stimulus' involved a redefination of the relations between men and women which excluded the sexual passion, and which stressed making as sencible mrrriege choice with rational friendship as its eventual aim."

('राइज ऑफ द नॉवेल', इयान वाट, पृ. 165-166)

यानी 'प्रेम' जब स्त्री-पुरुष के परस्पर-सम्बन्ध की बुनियाद बनता है और वे एक-दूसरे का वरण कर लेते हैं तो उसके मूल में भोगवृत्ति ही काम करती है। इयान वाट के इस कथन को तार्किकता के साथ समझने पर स्पष्ट हो जाता है कि वह प्रेम अवश्य ही 'भोग लिप्सा' से प्रेरित होता है जिसमें स्त्री-देह को चित्रित करने की प्रवृत्ति पायी जाती है। इस तथ्य और तर्क के आधार पर कम से कम शमशेर की सघन ऐन्द्रियता को प्रेम और सौन्दर्य से अलगाकर देखा ही नहीं जा सकता। इसमें भी यदि यह जोड़ दिया जाये तो ग़लत न होगा कि बिना 'रत्यात्मक कामना' के ऐसी सघन ऐन्द्रियता सम्भव हो भी नहीं सकती, यह अलग बात है कि कविता में यह कोई दोष नहीं है; पर देह के उत्सव को 'प्रेम' से परे देखने का तर्क उचित प्रतीत नहीं होता। रंजना अरगड़े बिल्कुल ठीक कहती हैं कि–"उनका (यानी शमशेर का) प्रेम बिछ जाने वाला, समर्पित हो जाने वाला प्रेम है। वे अपनी प्रेयसी की कठोरता से कितनी बार आहत होते हैं। वैसे 'प्रेम' में आहत होने के लिए किसी गम्भीर कारण की आवश्यकता नहीं है, क्योंकि 'प्रेमी' के लिए छोटा से छोटा कारण भी गम्भीर हुआ करता है। कवि के प्रेम की मंजिल क्या है?–वह है प्रेयसी की कस्तूरी-गन्ध वाली ज़ुल्फ़" :

'मुश्क बू-ए-ज़ुल्फ़ उसकी घेर ले
जिस जाँ हमें,
दिल से कहता है उसी को
अपना काशानां कहें।'

('कवियों का कवि शमशेर', रंजना अरगड़े, पृ. 26)

कहना न होगा कि शमशेर की सघन ऐन्द्रियता उस आकुल आवेग भरे प्रेम

की उपज है जिसमें प्रेम की अनुभूति-भर से ही कवि की देह बेंत जैसी थरथरा उठती है और सर से पाँव तक झनझना जाता है—

'थरथराता रहा जैसे बेंत
मेरा काय
कितनी देर तक
आपादमस्तक।'

('थरथराता रहा'—इतने पास अपने)

सघन ऐन्द्रियता का यह उत्सव देह को उसके समूचे विन्यास में उठाकर घटित होता है और एक उत्कट रत्यात्मकता जागती है—

'—सुन्दर!
उठाओ
निज वक्ष
और-कस-उभर!
क्यारी भरी
गेंदा की
स्वर्णारक्त
क्यारी भरी गेंदा की :
तन पर
खिली सारी—
अति सुन्दर! उठाओ!'

('एक मुद्रा से')

इस कविता में कवि की ऐन्द्रियता तीव्र रतिभाव को छूती है। कविता स्पष्ट रूप से एक सुन्दर नायिका का चित्र उभारती है जिससे कवि अपने वक्ष को और कसकर उभारने की ताकीद करता है। स्त्री-देह पर क्यारी भरी स्वर्णारक्त गेंदा की साड़ी खिल उठी है और स्त्री का सौन्दर्य निखर आया है। स्त्री से अपने वक्ष को कसकर उठाने की अभ्यर्थना 'निर्भय रत्यात्मक' वर्णन का उदाहरण है जिसमें कवि का प्रेम देह की सुन्दरता पर न्योछावर है। पूरी कविता एक सुन्दर नायिका की अनावृत्त देह को उसके गठन सहित एक दृश्य-बिम्ब में प्रस्तुत करती है जिसमें 'स्थिर चित्र' की छवि दिखाई देती है। स्त्री देह का यह कलात्मक संयोजन विरल है जिसे सहजता से महसूस किया जा सकता है। कुछ लोगों ने इस कविता के 'पाठ' को एक मॉडल से माँग के रूप में देखा है और माना है कि इस रूप में न देखने से इस कविता में 'स्थूल काम भावना' दिखाई देती है जो शमशेर के प्रसंग

में उचित नहीं जान पड़ती। यह कविता को पढ़ने या देखने का एक अलग तरीका हो सकता है, मॉडल से एक पोर्ट्रेट निर्माता की माँग को भी कविता पर चस्पां किया जा सकता है, पर मुझे लगता है कि इसकी आवश्यकता नहीं है। इस कविता को शमशेर के विलक्षण ऐन्द्रियबोध के रूप में ही देखा जाना चाहिए। इस कविता में संवेदन की तीव्रता को व्यक्त करने का शमशेर का नाटकीय वितान दर्शनीय है जो इन्द्रियबोध की सघनता से समन्वित उनकी अधिकांश कविताओं में दिखाई देता है। मुक्तिबोध उचित ही कहते हैं–

"शमशेर संवेदन चित्रण मुख्यतः दो प्रकार से करते हैं। संवेदन की तीव्रता जताने के लिए, वे बहुत बार नाटकीय वितान प्रस्तुत करते हैं। संवेदन के विभिन्न गुण-चित्र प्रस्तुत करने के लिए, वे मन : प्रतिमाओं का, इमेजेज का सहारा लेते हैं। ये इमेजेज उनके अर्ध-चेतन-अवचेतन से उन्पन्न होती हैं। उन इमेजेज में उनके अवचेतन का गहरा रंग होता है। इसके अलावा, शमशेर का शब्द-संकलन अत्यन्त सचेत और संवेदनानुगामी होता है।"

('मुक्तिबोध रचनावली', खण्ड-5, पृ. 435)

शमशेर चूँकि उत्कट जीवन-राग के कवि भी हैं, इसलिए उनकी दृष्टि में 'सामाजिक सम्बन्धों का सौन्दर्य और आकर्षण' जीवन के लिए बहुत आवश्यक है। 'दोआब' में वे लिखते हैं–''सामाजिक सम्बन्धों का जो सौन्दर्य और आकर्षण जीवन के अवरुद्ध द्वार खोलकर व्यक्ति की सब शक्तियों को मुक्त और उल्लासपूर्ण नहीं करता, एक खुली हँसी की चमक-सी उसके अंग-अंग में नहीं भरता, वह बहुत ग़लत और बीमार चीज़ है।'' यानी प्रेम, शमशेर के यहाँ जीवन का वह अनिवार्य तत्त्व है जो उन्हें केवल जिलाए ही नहीं रखता, जीवन-शक्ति भी सौंपता है। शमशेर की रूमानियत में भी वह उष्मा और ऐन्द्रिय सघनता है जो हमें जीवन से प्रेम करने का गहरा अहसास देती है और प्रेम को अपनी अनुभूतियों में समो लेने की वत्सलता भी। इस प्रेम में देह उसका कारण बन जाती है। देह को प्रेम की ज़द में रखते हुए शमशेर उसके समग्र सौन्दर्य को आँकते हैं और उससे जीवन के उल्लास को जोड़ देते हैं। उनके इस अंकन में प्रेम का स्वच्छन्द विलास भी होता है तो कहीं-कहीं वेदना भी मिलती है, पर यह वेदना किसी दार्शनिकता का आवरण नहीं ओढ़ती। इस वेदना में भी एक सहज मानवीय निदर्शन देखा जा सकता है। धनंजय वर्मा ठीक ही लिखते हैं–

"यहाँ प्रेम की वेदना छायावादी कवियों की तरह दार्शनिक सम्भार लेकर नहीं आती। वह मानवीय तीव्रता में ही इतनी पवित्र और उदात्त लगती है कि किसी भी छायावादी अलंकरण की मोहताज नहीं है। दूसरी वजह यह है कि

वह वेदना की अभिव्यक्ति नहीं है, वेदना की निष्कृति है। यहाँ प्रेम, वेदना और रचनात्मकता जैसे एकाकार हो जाते है।"

(—'शमशेर : आधुनिकता का समावेशी चरित्र', ठंडी धुली सुनहरी धूप, सं. विश्वरंजन, पृ. 101)

धनंजय वर्मा का आकलन बिल्कुल ठीक है कि शमशेर की वेदना दार्शनिक सम्भार लेकर नहीं आती, उसमें मानवीय तीव्रता के ही दर्शन होते हैं। इस मानवीयता में सहज-स्वाभाविक आकांक्षा है और एक पुकार भी—

'आईनो, रोशनाई में घुल जाओ और आसमान में
मुझे लिखो और पढ़ो।
आईनो, मुस्कुराओ और मुझे मार डालो
आईनो, मैं तुम्हारी जिन्दगी हूँ।'

('टूटी हुई बिखरी हुई')

इन पंक्तियों में प्रेमानुभूति की तीव्रता से और उत्कट रागात्मकता से शमशेर ने जिस ऐन्द्रिय बिम्बलोक को खड़ा किया है, वह अपूर्व है। इस तरह के ऐन्द्रिय बिम्बलोक के अनेक उदाहरण उनकी कविताओं में हैं, पर 'टूटी हुई, बिखरी हुई' का बिम्बलोक एक आश्यर्च से कम नहीं है। प्रेम, सौन्दर्य से पूरित ऐन्द्रिय सघनता और वेदना की मानवीय उदात्तता की ऐसी समन्विति अन्यत्र विरल है—

'मुझे प्यास के पहाड़ों पर लिटा दो जहाँ मैं
एक झरने की तरह तड़प रहा हूँ।
मुझको सूरज की किरणों में जलने दो—
ताकि उसकी आँच और लपट में तुम
फ़ौवारे की तरह नाचो।
मुझको जंगली फूलों की तरह
ओस से टपकने दो,
ताकि उसकी दबी हुई खुशबू से
अपने पलकों की
उनींदी जलन को तुम भिंगो सको,
मुमकिन है तो।'

('टूटी हुई बिखरी हुई')

'प्यास के पहाड़ों' पर लेटने की कामना करते शमशेर अपनी 'चिर अतृप्त कामना' को व्यक्त करते हैं। काव्यांश का दूसरा वाक्य— उनको 'झरने की तरह तड़पते हुए दिखाता है। कहाँ पहाड़ जैसी प्यास और कहाँ यह झरने-सी तड़प।

इसके आगे शमशेर सूर्य की किरणों में जलने की आकांक्षा करते हैं ताकि उनका प्रिय उनको जलता देख नाच उठे, फ़ौवारे की तरह। उर्दू अदब में प्रेम का यह रूप उस 'बेवफा महबूबा' से जुड़ता है जो आशिक की तड़प पर खुश होती है। कवि जंगली फूलों-सा ओस की तरह टपकना चाहता है ताकि उसकी प्रेमिका अपने पलकों की उनींदी जलन को उसकी दबी हुई खुशबू से भिंगो सके। प्रेमिका इतने पर भी निश्चल और शान्त दिखती है, मानो कवि की तड़प का उस पर कोई प्रभाव ही न हो। वेदना का यह मानवीय उदात्तीकरण शमशेर की इन्द्रियानुभूति की उत्कटता का प्रमाण है जिसमें कवि की तड़प बिना किसी 'शहीदी मुद्रा' के सामने आती है और एक प्रेमी की अन्तहीन पुकार बन जाती है। उर्दू शायरी की अतिशयोक्ति शमशेर की कविताओं में है और इस कविता में भी है, पर शमशेर उसे थोड़ा हटकर इस तरह साधते हैं कि उसका परस्पर विरोध दिखाई नहीं पड़ता। हम देखते हैं एक प्रेमी की अथाह प्यास और उसकी तड़प से, और प्रेमिका की निस्पंदता से जैसे हमें कोई मतलब ही नहीं होता।

असल बात यह है कि शमशेर की कविताओं में मानवीय अनुभूतियों के उस विरल क्षणों को पकड़ने की क्षमता है जो क्षण आम होते हुए भी हमारे जीवन को सबसे अधिक प्रभावित करते हैं। चाह और अकेले रहने की विवशता के बीच शमशेर 'देह' को कोई वासनात्मक रूप नहीं देते, वरन् उसे मानवीय आकांक्षाओं में उतारकर उस अनुभूति का हिस्सा बना देते हैं जिसमें हम अपनी चेतना के साथ उपस्थित होते हैं—

'देखा ा वह प्रभात;
तुम्हें साथ; पुनः रात :
पुलकित...फिर शिथिल, गात;
तप्त माथ, स्वेद-स्नात;
मौन म्लान, पीत पात;
पुनः अश्रु-बिम्ब-लीन
शनैः स्वप्न-कंप वात।'

('घनीभूत ीड़ा')

यह पद्यांश शमशेर की कविता की सघन ऐन्द्रियता का एक अन्य उदारण है जिसमें कवि सुबह को शाम यानी नायिका के साथ देखने की बात करता है। यहाँ कवि पुलकित और फिर शिथिल गातों, तप्त माथा और पसीने से तर-बत देखते हुए उसे 'मिलन' से जोड़ देता है। ऐन्द्रियता केवल शमशेर के देह-चित्रण में ही नहीं होती, उन क्षणों में भी होती है जहाँ वे दृश्यों को आँकते हैं औ उसके

घटनात्मक विवरणों में जाते हैं। नायिका का एक क्षण पुलकित होना और दूसरे ही क्षण शिथिल गातों के साथ दिखना, बताता है कि वह प्रिय से एकाकार हो गयी है। नायिका की प्रिय से परस्परता को, उसके लक्षणों से देह को जोड़ते शमशेर 'रति' को नहीं दिखाते, वरन् बाद के लक्षणों से उसे मिलाते हैं। इस कविता में 'देह' अनुभूति के राग और जीवन के एक महत् अवलम्ब के रूप में अंकित है। शमशेर देह और उसके सौन्दर्य को आँकते हुए भी उसे वैयक्तिक आग्रह से अधिक समाज का आग्रह बनाते हैं–

'लजाओ मत अभाव की परेख ले :
समाज आँख भर तुम्हें न देख ले।'

नायिका को अभाव की परेख लेकर लजाने से मना करते शमशेर उसे चेतावनी देते हैं कि समाज उसे आँख भर देख लेगा। अभाव में लाज के अवगुंठन से भले भ्रम में रह लें कि अपने अंगों को छुपाया जा सकता है, पर समाज की आँखें लाज की ओट भेद डालती हैं और हर अंग उनके आगे नाचने लगता है। यहाँ अभाव की पीड़ा हमें भी सालती है केवल नायिका को नहीं। देह ढकने को वस्त्र नहीं है, लाज आती है; पर समाज शायद देह में ही अधिक रुचि लेता है, अभाव तो उसे दिखता नहीं–पद्यांश में ऐन्द्रियता के अंकन के साथ यह व्यंग्य भी द्रष्टव्य है। दूसरी तरफ यह कविता 'घनीभूत पीड़ा' रात्रि का मानवीकरण करती है जो प्रभात की प्रतीक्षा कर रही है। प्रतीक्षा में वह दुःख से बोझिल हो गयी है और गुमसुम बैठी है। प्रभात और विभा यानी भोर और रात्रि के प्रतीकों के बहाने उन्हें सहज मानवी रूपों में अंकित करते शमशेर प्रेम, प्रतीक्षा, रति और विरक्ति के अनेक भावों को व्यक्त करते हैं। इस अभिव्यक्ति में आवेग तो है और किंचित् मांसलता भी; पर शमशेर कहीं भी अपना संयम खोते नहीं दिखते। उनके आवेग और संयम को उनकी कविता 'न पलटना उधर' में बखूबी देखा जा सकता है–

'न पलटना उधर
कि जिधर उषा के जल में
सूर्य का स्तंभ हिल रहा है
न उधर नहाना प्रिये।'

शमशेर उषा के जल में नायिका को नहाने से रोक रहे हैं जहाँ सूर्य का स्तम्भ हिल रहा है। नायिका की देह प्रत्यक्ष है और प्रकृति के आलंबन से ऐन्द्रियता के बावजूद हम देख पाते हैं कि कवि संयम की डोर नहीं छोड़ता। नायिका की देह से कहीं सूर्य का मन न बदल जाये; इसलिए 'उधर न पलटने' की नसीहत देते हुए शमशेर आगे कहते हैं–

'उन सँकरे छन्दों को न अपनाना प्रिये
(अपने वक्ष के अधीर गुन-गुन में)
जो गुलाब की टहनियों से टेढ़े-मेढ़े हैं
चाहे कितने ही कटे-छँटे लगें, हों।'

अपने वक्ष के अधीर गुन-गुन में नायिका उन सँकरे छन्दों को न अपना ले जहाँ इन्द्र और विष्णु एक होकर यूनानी अपोलो के स्वरपंखी कोमल बरबत से धरती का हृदय कँपा रहे हैं; शमशेर नायिका को सावधान करते हैं, उन गुलाब की टेढ़ी-मेढ़ी टहनियों से; जो भले कटी-छँटी हैं, पर उलझकर कष्ट में डाल सकती हैं। यह ऐन्द्रिय आवेग की उदात्तता है जिसका संयम शमशेर में है। इस कविता को दूसरे सन्दर्भों में भी समझने की कोशिश की गयी है। कविता का दूसरा सन्दर्भ इस कविता में शमशेर द्वारा एक ऐसी युवती को सम्बोधित मानता है जो कविता लिखने की ओर प्रवृत्त होना चाहती है। नंदकिशोर नवल का इस कविता से आशय यही है। वे 'न पलटना उधर' को शमशेर की तरुणी को मनाही के रूप में देखते हैं और कहते हैं कि उषा के जल में पलटना जहाँ सूर्य का स्तम्भ हिल रहा है, व्यर्थ है। 'उषा के जल में सूर्य का स्तम्भ' 'महाकवियों का काव्यलोक' है। इससे विरत करते हुए शमशेर नयी कवयित्री को सर्वथा मौलिक रचने की सलाह देते हैं। नंदकिशोर नवल के ही शब्दों में—

"यह (यानी ' न पलटना उधर' कविता) एक तरुणी को सम्बोधित है, जो कविता लिखना चाहती है। इसका संकेत 'उन सँकरे छन्दों को न अपनाना प्रिये' से मिलता है। शमशेर उसे पुराने महान कवियों का अनुकरण करने और इस तरह पीछे लौटने से मना करते हैं और इस क्रम में उन कवियों की कविता या कविता-संसार का अनूठा चित्र प्रस्तुत करते हैं। अन्त में वे उससे कहते हैं कि तुम सबसे हटकर मौलिक ढंग से, अपनी क्षमता को पहचानते हुए, एक सर्वथा नवीन, कविता लिखो।"

('कसौटी'—3, सं. नंदकिशोर नवल, पृ. 111)

कविता का यह भाव भी प्रसंगानुकूल है, पर इस भाव में भी शमशेर प्रकृति के अवलम्ब से नायिका यानी तरुणी को अमूर्त के आश्रय से मूर्त की कल्पना करते उसकी देह को आँकते हैं, यह यथार्थ और प्रतिरूप की कल्पना भी शमशेर के काव्य को महत् बनाती है। कविता में 'देह' अपने सौन्दर्य के साथ उपस्थित है, पर कवि सावधान करते हुए प्रकृति के उपादानों के समानान्तर रखकर नायिका को 'अपनी देह' पर नजर रखने को कहता है। यह इस कविता का दूसरा भाव भी है। ऐन्द्रियता की ऐसी सघनता और कविता में उसके निर्वाह की कुशलता कम ही

देखने में आती है। धनंजय वर्मा लिखते हैं–

"शमशेर में रूमानी ऐन्द्रियता के साथ जो क्लासिकी संयम है, वह निराला के टक्कर का है। शमशेर में रोमानी आवेग है और रीतिकाल की मांसलता भी है, उर्दू की इश्किया शायरी की शोखी और लताफत भी है लेकिन इनका संयोग जिस क्लासिकी संयम और लगभग सूफी तन्मयता से होता है वह उन्हें मानवीय सघनता भी देता है।"

('शमशेर : आधुनिकता का समावेशी चरित्र', ठंडी धुली सुनहरी धूप, सं. विश्वरंजन, पृ. 103)

निश्चय ही शमशेर के काव्य की ऐन्द्रियता संयम और तन्मयता का प्रमाण है जहाँ आवेग की रूमानियत के बावजूद कहीं कोई ऐसी फाँक नहीं दिखती जहाँ अंकन में भोंडापन दिखाई दे। आवेग और मांसलता के बावजूद कवि की अनुरक्ति में विरक्ति का द्वैत हमें विस्मय में डाल देता है; तब और भी जब वे अपनी वेदना के साथ भी निरपेक्ष हो उठते हैं–

'नशा मुझे नहीं होता
मुझे पीने वालों को होता है
अगर वे उठाकर पी सकें
एक घूँट।'

('एक नीला दरिया बरस रहा')

सचमुच शमशेर की ऐन्द्रियता उन्हें अपने आगोश में ले लेती है जो उसमें डूबता है, पर वे स्वयं उससे निरपेक्ष ही बने रहते हैं; गोया उन पर इसका कोई असर ही न हो। वे तो अलमस्त रहते हुए कविता को मादक दृश्यों में बाँधकर जैसे विरत ही हो जाते हैं, फिर उनकी अनुरक्ति लौटती है और वे उदास होते हैं। उनकी प्रेयसी का उदास चेहरा सामने आ पड़ता है जिसको 'पीली पतझड़ी उदास शाम' के प्रतीक से वे दिखाते हैं और एक गहरे विषाद में डूब-से जाते हैं–

'एक पीली शाम
पतझर का ज़रा अटका हुआ पत्ता
शान्त
मेरी भावनाओं में तुम्हारा मुखकमल
कृश म्लान हारा-सा
(कि मैं हूँ वह
मौन दर्पण में तुम्हारे कहीं?)'

प्रेयसी का 'मुखकमल कृश म्लान हारा-सा' देखकर कवि का उदास होना

स्वाभाविक है; क्योंकि 'मौन दर्पण' में उस प्रेयसी का ही चेहरा है जो उदास है। 'पतझर का ज़रा अटका हुआ पत्ता' की तरह कवि के आँसू 'सांध्य तारक-सा' अटके हुए हैं, वे गिर नहीं रहे और कवि के विषाद को अधिक गहरा रहे हैं। नामवर सिंह के शब्दों में–

"स्वर में दर्द है। निसन्देह। ओह–आह भी कम नहीं।...अजीब दर्द है यह। प्रेम की पीड़ा, लेकिन वही नहीं। अकेलेपन का अवसाद, लेकिन कुछ और भी। रोमांटिक विषाद से अलग। रुलाता नहीं, सोच में डाल देता है।"

('प्रतिनिधि कविताएँ', भूमिका)

प्रेयसी के म्लान चेहरे से कवि की उदासी एक टीस पैदा करती है और हमारी इन्द्रियाँ जाग उठती हैं। शमशेर ने प्रकृति को कविता में नाना रूपों में आँका है और उसके उपादानों से अनेक काम लिए हैं। प्रकृति के ऐसे उपादानों में है एक–धूप। हाँ, धूप। यह धूप शमशेर की कविता की ऐन्द्रियता का बड़ा प्रबल पक्ष है। धूप यहाँ अनेक रूपों में आती है और अपनी प्रखरता से चकित करके चली जाती है। धूप कैसे एक स्त्री की तरह खेल करती है, देखें–

'अपनी अजब-सी खनक और चमक लिए
गोरी गुलाबी धूप
एक शोख आँख मारती-सी गिरती है।'

('भुवनेश्वर')

और यही धूप जब केले से खेल करती है, तो देखिए क्या होता है–

'धूप थपेड़े मारती है थप् थप्
केले के हाथों से पातों से
केले के थम्बों पर
खसर-खसर एक चिकनाहट
हवा में मक्खन-सा् घोलती है।'

('धूप')

केले का समग्र स्तम्भ धूप में नहा उठा है। यकायक केले के धूप भरे पत्ते उसके थम्बों को पीटने लगते हैं। धूप को 'रस' मानकर शमशेर उससे (उसके केले के साथ घर्षण से) हवा में मक्खन-सा घुला देखते हैं। इसका दूसरा भाव यह भी सम्भव है कि धूप और केले के संयोग से रसोद्रेक हुआ है जो हवा में मक्खन-सा घुल गया है। विशुद्ध प्राकृतिक उपादानों के प्रयोग से शमशेर ने यहाँ एक संयत, पर सघन ऐन्द्रियता को सम्भव किया है।

प्रकृति का अवलम्ब लेकर अनेक कवियों ने कविता में ऐन्द्रियता लाने की कोशिश की है, पर शमशेर की ऐन्द्रियता उनकी अनुभूतियों की तीव्रता से अनायास आती है; इसलिए उसमें प्रभाव भी अधिक होता है। प्रकृति के अवलम्ब से तो कहीं उसका मानवीकरण कर शमशेर 'देह' को अपरिमित आकर्षण के वृत्त में बाँध लेते हैं और उनका प्रेम उसके सौन्दर्य में उतर जाता है—

'सूना-सूना पथ है, उदास झरना
एक धुँधली बादल-रेखा पर
टिका हुआ
आसमान
जहाँ वह काली युवती
हँसी थी।'

('सूना-सूना पथ है, उदास झरना')

सड़क सूनसान पड़ी है और पास में बहता झरना उदास है। एक धुँधली-सी बदलियों की शृंखला ने आसमान को थाम रखा है; सब कुछ निस्पन्द है, समय-चक्र जैसे रुक गया है। इसका कारण है वह काली युवती, जो वहाँ हँसी थी (और अब न जाने कहाँ चली गयी है)। उसकी एक हँसी ने सब कुछ को जैसे रोक दिया है और मानो सब उसकी राह तक रहे हैं। यह शमशेर की काव्यात्मकता की एक बड़ी विशिष्टता है कि वह कविता को कार्य-कारण से अधिक मन के गहरे भावों के प्रवाह से चलाते हैं और प्रकृति को चित्रों की भाँति टाँग देते हैं। ग़ौर करें तो पायेंगे कि उस काली युवती की हँसी परोक्ष में कहीं गूँजती है जिसकी अनुगूँज हम अपने भीतर महसूस कर सकते हैं।

एक समय था जब ऐसी बिम्बात्मक कविताओं को संदिग्ध दृष्टियों से देखा गया था और सपाटबयानी को एक काव्यमूल्य के रूप में स्थापित करने की कोशिश की गयी थी। तर्क दिया गया था कि—

"इधर की अधिकांश बिम्बवादी कविताओं को देखते हुए यह आशंका एकदम असंगत नहीं लगती।...(यही कि...कवियों का सम्भवतः कुछ ऐसा विश्वास हो चला है कि बिम्ब-विधान सीधे सत्य-कथन के लिए बाधक है।) ...इसे विरोधाभास ही कहना चाहिए कि जब से कविता में बिम्बों की प्रवृत्ति बढ़ी, सामाजिक जीवन के सजीव चित्र दुर्लभ हो चले। सुन्दर बिम्बों के चयन की ओर कवियों की ऐसी प्रवृत्ति हुई कि प्रस्तुत गौण हो गया और अप्रस्तुत प्रधान!"

('कविता के नये प्रतिमान—' नामवर सिंह, पृ. 125)

कविता की बिम्बवादिता पर नामवर सिंह की उपर्युक्त टिप्पणी बिम्बों की अतिशयता पर है जिसमें वे सामाजिक जीवन की उपेक्षा देखते हैं। लेकिन अब जबकि सपाटबयानी सही मायनों में कविता का मूल्य ही बन गयी है, यह तय कर पाना ही कठिन हो गया है कि कविता कहें तो किसे? बिम्बों के सही चयन में प्रस्तुत की प्रधानता हो सकती है, पर प्रश्न यही है कि कवि का लक्ष्य क्या है। शमशेर ने कविता और कविता (?) के भेद को स्पष्ट करते हुए अपने बिम्बों में जीवन-जगत् के द्वैतों सहित प्रेम और सौन्दर्य को आँका। उनकी कविता में ऐन्द्रियता उनके जीवन-राग का प्रमाण है जिसमें वे देह को समग्रता में आँकते हैं और अपने मनोभावों में उसे इस तरह घुलाते हैं जैसे उसमें अपने प्राण को विन्यस्त कर रहे हों। ऐसी अर्थपूर्ण बिम्बधर्मिता हो तो कविता अर्थवान ही बनेगी अर्थहीन सपाटबयानी ने कविता को कहाँ पहुँचा दिया है, यह कहने की बात नहीं।

बहरहाल, रंगों में साँवला रंग शमशेर को बेहद प्रिय है। देखिए कवि की आँखों में अँज गयी सुर्मई साँवलापन में उसकी प्रियतमा को, जिसने उसे अपने बादल में घेर लिया है–

'फिर भी क्यों मुझको तुम अपने बादल में
घेर लेती हो?
मैं निगाह बन गया स्वयं
जिसमें तुम आँज गई
अपना सुर्मई साँवलापन हो।'

अपनी ही आँखों में बसी प्रियतमा का घेरा कवि को तड़पाता है। उसकी आँखें उसकी जान हैं और बादल की मानिंद उसमें बसकर उसे घेर लेना कवि को तकलीफ देता है। यह है ऐन्द्रियता का एक अन्य पक्ष जो परोक्ष में अवस्थित संवेदना की तरलता से हमें अचम्भित करता है। इस प्रेम में उपालम्भ है तो प्रिय रूठ न जाये, इसकी चिन्ता भी है। 'फिर भी क्यों' की ध्वनि यही दर्शाती है। शमशेर तो मानो उम्र के उसी पल को खोजते आ रहे हैं जिसमें तड़प हो–'वही उम्र का एक पल कोई लाए, तड़पती हुई-सी ग़ज़ल कोई लाए', लेकिन यह तड़पना कोई खेल तो नहीं–

'धरो शिर
हृदय पर
वक्ष-वह्नि से–तुम्हें
मैं सुहाग दूँ–
चिर सुहाग दूँ!

प्रेम-अग्नि से–तुम्हें
मैं सुहाग दूँ!
विकल मुकुल तुम
प्राणमयि,
यौवनमयि,
चिरवसंत-स्वप्नमयि,
मैं सुहाग दूँ :
विरह-आग से,–तुम्हें
मैं सुहाग दूँ!'

('गीत')

इस कविता में कवि की पुकार है जिसमें प्रिय को सुहाग देने का संकल्प है और यह सुहाग उसे 'विरह की आग' में जलकर देना है। हृदय पर सिर को धारण कर, बिंधे हुए वक्ष से, प्रेमाग्नि से विकल उस चिरवसंत, स्वप्नमयी, प्राणमयी, यौवनमयी प्रियतमा को सुहाग देना है जिसे वह अपना जीवन मानता है। इस कविता को भावान्तर कर देखें तो मालूम होगा कि इसमें समग्र जगत् के प्रति सम्बोधन है। अपने को जैसे गला-तपाकर, दाहकर ही जगत् को सँवारा जा सकता है और अपने जीवन का अर्थ भी पाया जा सकता है शमशेर की ऐन्द्रियता से आपूरित प्रेम तब व्यापक हो जाता है जब वे अपने 'निज' को विस्तार देते हैं और अपने को उस 'सर्वस्व' में तिरोहित कर डालते हैं जिसमें अपना और जगत् का 'अर्थ' छुपा होता है। यह प्रेम की विराट् आकांक्षा का प्रमाण है। प्रेम जब 'निज' के विस्तार से बढ़ता है तो समूचे जगत् को आच्छादित कर लेता है और यह विस्तार शमशेर के प्रेम में है। इस प्रेम में कवि का जीवन भी है तो उसका समूचा जगत् भी; जो उसके स्वरों, ध्वनियों, छन्दों, लयों और रूपकों में विन्यस्त है; गोया यह सब उसके जीवन को व्यक्त करने के उपकरण हैं और उस 'प्रेम' को भी; जिसे कवि अपना जीवन मानता है। विख्यात रूसी कवि ब्राड्स्की ने कहा भी था–

"एक कवि का जीवन उसके स्वरों, ध्वनियों, छन्दों, लयों और उसके रूपकों में छुपा होता है।"

आश्चर्य है कि यह उद्धरण शमशेर पर अक्षरशः लागू होता है; क्योंकि शमशेर के जीवन को उनके प्रेम और उनके संघर्ष को उक्त तत्त्व व्यक्त ही नहीं करते, उन्हें साक्षात् भी कर देते हैं। प्रेम स्वयं शमशेर के लिए जीवन का ही पर्याय है।

शमशेर अपनी कविता में आस्था-अनास्था के प्रश्न को किनारे करते हुए कविता से स्वयं की संलग्नता और समर्पण का आदर्श उपस्थित करते हैं और उस

तर्क को खारिज कर देते हैं जिसमें एक द्विधा के तहत कवि तथा उसकी रचना को देखा जाता है। शमशेर अपने समूचेपन में रचना की इयत्ता में शामिल कवि हैं जिसमें प्रेम उसके जीवन का उत्स है और प्रियतमा स्वयं जीवन। प्रेम में समर्पण के बिना जैसे प्रेम स्वयं प्रेमी के लिए एक पहेली बना रहता है, उसी तरह यदि कविता में कवि की आसक्ति नहीं दिखती तो उसमें ऐन्द्रियता की खोज व्यर्थ है। शमशेर तो प्रेम और स्वयं कविता में डूबे हुए कवि हैं जो अपनी प्रियतमा को सदैव ही अपने-से लिपटा हुआ पाते हैं और उसके मुख में आनन्द का स्थायी ग्रास बनकर खुश हैं—

'ऐसा लगता है जैसे
तुम चारों तरफ से मुझसे लिपटी हुई हो
मैं तुम्हारे व्यक्तित्व के मुख में
आनन्द का स्थायी ग्रास हूँ
मूक।'

('तुमने मुझे')

प्रेम की यह ऐन्द्रियता कवि को मूक बना रही है— उसकी प्रियतमा 'एक ही सुनहरी आभा-सी' सब चीज़ों पर छा गयी' है और कवि 'अकेला' हो गया है। वह अपनी अनुरक्ति में जैसे-जैसे डूबता जाता है, वैसे-वैसे उसे लगता है कि वह अकेला होता जाता है। कहते भी हैं कि वास्तविक प्रेम बँधता नहीं, इसलिए उसे सहना पड़ता है और उसे सहने में व्यक्ति अकेला ही होता है। ऐसे ही क्षणों में शमशेर 'देह' को उठाते हैं और उस पर रीझते हैं—

'चिकनी चाँदी-सी माटी
वह देह धूप में गीली
लेटी है हँसती-सी।'

('चिकनी चाँदी-सी माटी')

चिकनी चाँदी-सी माटी में एक देह, जो धूप में गीली है और हँसती-सी लेटी है। यह एक चाक्षुष बिम्ब है जिसकी ऐन्द्रियता बरबस ही हमें आकृष्ट करती है और हम 'धूप में गीली देह' को देखकर चकित हो उठते हैं और 'चिकनी चाँदी-सी माटी' की मूर्ति सामने जीवंत हो उठती है। अपने भाव में सर्वथा स्वतन्त्र कवि शमशेर 'कला को आत्मा का संघर्ष मानने वाले' कवि भी हैं जो कहते हैं—

'कला सबसे बड़ा संघर्ष बन जाती है
मनुष्य की आत्मा का
प्रेम का कँवल कितना विशाल

हो जाता है
आकाश जितना
और केवल उसी के दूसरे अर्थ
सौन्दर्य हो जाते हैं
मनुष्य की आत्मा में।'

('कला')

प्रेम का कँवल आकाश जितना विशाल होता है, हो जाता है और उसी का दूसरा अर्थ मनुष्य की आत्मा में सौन्दर्य हो जाता है। इस कथन के मायने समझें तो पायेंगे कि शमशेर का प्रेम बहुधा वृहदतर मानवीय प्रेम बनता है जो विराट् स्वरूप लेकर मनुष्य की आत्मा तक पहुँचता है और जगत् के सौन्दर्य को उसमें शामिल कर लेता है। कवि में रूप-विरूप की कोई सीमा नहीं है। कवि के सौन्दर्य की परिधि में अप्रेम है, प्रेम उसके केन्द्र में है जिसमें सुन्दर-असुन्दर जैसी कोई सीमा-रेखा नहीं है—सब में समभाव और सब को अपना लेने की वत्सलता इस कविता में है— जैसे आमन्त्रण उस हरेक से, जो जड़-चेतन में मौजूद है, प्रेम का आमन्त्रण और सभी वर्जनाओं से मुक्त होकर प्रेम करने का आमन्त्रण। यह प्रेम इतना सहज नहीं है जितना समझ में आता है। इसे बताते शमशेर अपने को एक उदाहरण के तौर पर भी रखते देखे जा सकते हैं और कहते हैं—

'सरलता से भी गूढ़, गूढ़तर
तत्त्व निकलेंगे
अमित विषमय
जब मथेगा प्रेम सागर
हृदय।'

('चुका भी नहीं हूँ मैं')

यानी हृदय प्रेम के सागर को मथेगा तो विषमय तत्त्व भी बहुत निकलेंगे।

ऐसे विषमय तत्त्व शमशेर के यहाँ भी निकले हैं। क्योंकि उन्होंने अपने हृदय के प्रेम-सागर को मथा है और बार-बार मथा है। इसी अमित विषमय तत्त्वों ने उन्हें उदास किया है, अवसाद और विषाद में डाला है, उन्हें मृत्यु की आशंकाओं ने घेरा है, पर सबसे लड़ते हुए शमशेर ने जीवन की उम्मीदों को ज़िन्दा रखते हुए प्रेम को भी ज़िन्दा रखा और उसमें अपने को जैसे समो दिया और कहा—

'वह जो हमारे हृदय में बज रहा है
मैं उस साज में चाँद
देखता हूँ :

उसको पकड़ना चाहता रहा हूँ:
मेरी इस चाह के अलावा मैं
कुछ नहीं–
कुछ नहीं।'

('सौन्दर्य')

शमशेर के हृदय में साज बजता है जिसमें वे चन्द्रमा को देखते हैं और उसे पकड़ने की चेष्टा करते हैं। वे कहते ही हैं कि इस चेष्टा के अलावा वे कुछ नहीं हैं। यानी उनके हृदय में एक राग सदैव जिस साज पर बजता है, उस साज पर चन्द्रमा को देखते शमशेर उसी को पाने का प्रयत्न करते हैं। यह 'चाँद' उनके लिए प्रेम है, जीवन का स्वत्व है और समूचे जगत् को अपने में पा लेने की ज़िद भी है। 'प्रेम' भी कुछ और नहीं, वह अपने को ही व्यापक बना लेने की प्रक्रिया ही है। यह शमशेर जैसे मूर्धन्य कवि की विशिष्टता का प्रमाण है। उनके कवि-व्यक्तित्व में प्रेम की जैसी तरलता है, वह यह सिद्ध करने के लिए काफी है कि उसकी अनुभूति में एक ऐसी गहराई है जो अपनी अजस्रता में ठोस को भी पिघला दे। प्रेम की अतीवता और उसको लेकर स्पन्दित होते हृदय में शमशेर की अमूर्त यात्रा चलती रहती है। यहाँ देखिए उनका 'मैं' किस तरह अनवरत अमूर्त यात्रा करता है और यह यात्रा अन्तर की है–

'एक नीला आइना बे-ठोस
बेठोस-सी यह चाँदनी
और अन्दर चल रहा हूँ मैं,
उसी के महातल मौन में।'

('एक नीला आइना बेठोस')

एक नीला आइना जो बेठोस यानी तरल है और चाँदनी में भी तरलता है। कवि शमशेर चाँदनी की तरलता में चल रहे हैं, उनकी यात्रा उसी 'महातल के मौन' में जारी है। चाँदनी की तरलता और नीला आइना के बीच एक बड़ा शून्य है, उसी शून्य से सृजित मौन में कवि की यात्रा, प्रेम की अन्तर्यात्रा है। कविता में प्रेम की अनुगूँज है और कवि के हृदय में वही स्पन्दित हो रहा है–उसमें प्रिय की तलाश है, उसे पा लेने की एक आस भी; पर अचरज यह भी है कि प्रिय तो पास होकर भी 'नहीं' की तरह दिखती है–'वह जल में समाती हुई चली गयी है/लहरों की बूँदों में/करोड़ों किरनों/की ज़िन्दगी का नाटक-सा' और कवि पुकारता है उसे अहरह, पुकारता ही जाता है, अनवरत!

शमशेर की कविता अपने विन्यास में आनुभूतिक तीव्रता की कविता है जिसमें उन क्षणों को पकड़ने की चेष्टा है जो क्षण कवि की रागात्मकता को जगाते हैं या जिन क्षणों में कवि स्वयं राग में अपने को समर्पित कर देता है। एक सतत प्रक्रिया के भीतर घटित ऐसे क्षणों को वे कवि ही पकड़ पाते हैं जो जीवन के भीतर और बाहर की यात्रा में समान रूप से शामिल होते हैं। शमशेर की कविताओं में आयी ऐन्द्रियता इसीलिए सायास नहीं होती, वरन्, उनके उस उत्कट राग से आकार लेती है जिसे वे अपने जीवन का 'उत्स' मानते हैं। कवि की दृष्टि में उसकी संचेतना उस स्वाधीनता में है जो वह अपने लिए समाज से और स्वयं साहित्य से अर्जित करता है। कवि प्रेम को 'सत्व' बनाकर अपनी काव्यचेतना को उस प्रखर रागात्मकता से जोड़ देता है जिसमें वह अपना समूचा जीवन देखता है। ज्यां पाल सार्त्र ठीक ही कहते हैं–"Consciousness of being is the being of consciousness."

('बिंग एंड नथिंगनेस,' पृ. 31)

यानी संचेतना वह सत्व है जिसका धर्म है अपने सत्व के प्रति सचेत होना। कवि शमशेर अपने सत्व के प्रति सचेत हैं और इस हद तक सचेत कि उन्हें अपनी काव्यात्मकता और स्वयं अपनी व्यक्तिता के सत्व पर कोई सन्देह नहीं है। वे तो जीवन की सच्चाई और सौन्दर्य को अपनी कला में सजीव से सजीव रूप देते जाने को ही अपनी साधना कहते हैं और कदाचित् यही उनका अपने सत्व के प्रति सचेत होना भी है–

> *"अपनी कविताओं में मेरी खास कोशिश यह रही है कि हर चीज़ की, हर भावना की जो अपनी भाषा होती है, जिसमें वह कलाकार से बात करती है, उसको सीखूँ।...कविता में हम अपनी भावना की सच्चाई खोजते हैं। उस खोज में उस सच्चाई का अपना खास रूप भी हमें मिलना चाहिए, जिस हद तक भी मुमकिन हो।...जीवन की सच्चाई और सौन्दर्य को अपनी कला में सजीव से सजीव रूप देते जाना, इसी को मैं साधना समझता हूँ।"*

('दूसरा सप्तक', वक्तव्य)

जीवन की सच्चाई और सौन्दर्य को सजीव रूप देते शमशेर एक तरफ अपने को समर्पित करते हैं तो दूसरी तरफ तटस्थता से प्रकृति और प्रेम की लीला को अपलक निहारते बेसुध कर देते हैं। प्रेम की उत्कण्ठा और प्रकृति के उपादानों में उठाते प्रिय को प्रश्नाकुलता से देखते शमशेर प्रिय की आँखों के काजल को घने मेघ के प्रतीकार्थ में उठाते कहते हैं–

'छिप गया वह मुख
ढँक लिया जल आँचलों ने बादलों के
(आज काजल रात-भर बरसा करेगा क्या?)'

('छिप गया वह मुख')

जल आँचलों ने बादलों को जैसे ढँक लिया है, उसी तरह काजल ने प्रिय की आँखों को ढँका है, चेहरा इस कालिमा में खो-सा गया है। रात-भर घने-काले मेघ बरसेंगे, ऐसी आशंका है और प्रिय की आँखों में बसे काजल प्रिय पर बरसेंगे, उन अजस्र मुक्तादलों की तरह न्योछावर होंगे जो प्रिय की बाट जोहते अटक-से गये हैं। शमशेर की कविता अपने सन्दर्भों की व्याप्ति में वहाँ पूरी तरह खुल जाती है जहाँ उसे कवि की रागात्मकता से जोड़ने की कोशिश की जाती है। इस रागात्मकता में ही वह ऐन्द्रियता भी सम्भव होती है जो अपनी सघनता से हमें विस्मित करती है–

'ये नीले होंट
जो शाम का पूरब है आज
क्या कहते हैं
सावन की पलकें क्यों
भारी होती जाती हैं? यह मौन
टंकार
जो क्षितिज-भौंह से कँपती-सी है
दहला-दहला देती मेरा हृदय।'

नीले होंट की मानिंद शाम के पूरब का क्या कहना! सावन की पलकें भारी होती जाती हैं, उसमें नशा उतर आता है और एक मौन टंकार उभरता है। यहाँ क्षितिज-भौंह का काँपना प्रिय के भौंहों का ही फड़कना है जो मन में उठे राग की तीव्रता का परिचायक है; कवि के हृदय को दहला दे रहा है और वह अनागत के भय से काँप उठता है। प्रेम की तीव्र उत्कण्ठा से नीले पड़ते होंठ और पलकों के भारी होने में प्रिय की उत्कट लालसा की अभिव्यक्ति के साथ भौंहों का फड़कना उस अधीर प्रेम-वेग को बढ़ा देता है जो मन में एक साध की तरह बसा है। यहाँ अप्रस्तुत में भी हम सहजता से उस प्रस्तुत भावदशा को समझ सकते हैं जो ऐन्द्रिय है।

एक स्तर पर यह शमशेर के काव्य-वैशिष्ट्य का उदाहरण भी है जो उनकी प्रकृति-परक कविताओं के माध्यम से भी प्रकट होता है। प्रकृति को अपने व्यापक

अनुभव संसार में शामिल करते शमशेर उसे प्रेम के ताने-बाने में बाँध देते हैं और रागात्मक तीव्रता को आनुभूतिक प्रवाह में मिलाते हुए प्रकृति पर प्रिय का आरोप करते हैं। यह आरोप या प्रकृति का मानवीकरण वे अपने अन्तर के भावों से तादात्म्य कर करते हैं और इस तरह प्रदत्त अनुभव-सीमा का अतिक्रमण भी करते हैं। प्रकृति की व्यापकता और उसके परिवर्तन कवि की आनुभूतिक तीव्रता से एकमेव हो ऐसी छवियों को रचते हैं जो अपूर्व ही नहीं होतीं, उनका चित्रण भी अपूर्व होकर आता है। यह गहन प्रकृति-बोध शमशेर की कविता की भूमि को विस्तार तो देता ही है उसके बोध को भी अर्थमय बनाता है। प्रकृति की यह अनन्यता कवि का हृदय-विस्तार करती है, उसके वत्सल-भाव को समृद्ध करती है और उसकी अन्तरंगता को अपनी पारदर्शी आभा से दीप्त करती है। प्रकृति शमशेर की कविता में 'डरावनी शक्ल' लेकर नहीं आती वरन् आत्मीय-सी छवियों में उतरती है और मधुर स्मृतियों से लेकर अनेक भावदशाओं का वाहक बन जाती है। ऐन्द्रियता की सघनता शमशेर की कविता को प्रकृति के उपादानों से ही मिली है; क्योंकि वह स्थिर प्रतीक है और अपने स्वरूप में मांसल दीप्ति से युक्त भी। इन पंक्तियों को देखें–

'गीली मुलायम लटें
आकाश
साँवलापन रात का गहरा सलोना
स्तनों के बिम्बित उभार लिए
हवा में बादल सरकते
चले जाते हैं मिटाते हुए
जाने कौन से कवि को...'

('गीली मुलायम लटें')

गीली मुलायम लटें आकाश के मानिन्द हैं। रात का गहरा सलोना साँवलापन स्तनों का बिम्बित उभार लिये हुए है जिसे मिटाते हुए हवा में बादल सरकते जा रहे हैं। ध्यान दें तो शाम के समय स्तनों की शक्ल में उभरते आकाश में बादल के टुकड़े विचरते दिखेंगे जिसे हवा मिटाती जा रही है और कवि का उन गोलाइयों में डूबा मन भी डूबता जा रहा है जो रात के मानिन्द किसी सलोनी युवती की गीली लटों से आच्छादित स्तनों की गोलाइयों में खो-सा गया है। यह प्रकृति में नारी देह और उसके सौन्दर्य का प्रतिरूपण है जिसकी ऐन्द्रियता चकित करती है। 'रघुवंशम्' में देखिए कालिदास ने समुद्र का कैसा वर्णन किया है जिसमें उन्होंने सूर्य की किरणों का जलमय गर्भ-धारण दिखाया है–वसूनि।

'गर्म दघल्यर्कमरिचयो स्माद्धिवृद्धि मत्राश्नुवते वसूनि।
अबिन्धनं बह्निमसो बिभर्ति प्रह्लादनं ज्योति रजन्यनेन।'

शमशेर की यह यह ऐन्द्रियता जिस तरह प्रकृति के उपादानों में आती है और उससे वे जिस तरह की बिम्बमयता सम्भव करते हैं वह उनके प्रकृति-प्रेम के साथ-साथ उनके संवेदनशील जीवन के संस्कार का प्रतिफल है। कदाचित् टी. एस. इलियट ने इसी को लक्ष्य कर कहा है कि ऐसी बिम्बधर्मिता बचपन से लेकर प्रौढ़ वय तक के संवेदनशील जीवन के भीतर से सम्भव होती है—

> "Only a part of an author's imagery comes from his reading. It comes from the whole of the his sensitive life since early childhood. Why, for all of us, out of all that we have heard, seem, felt, in a life time, do certain images recur, changed with emotion, rather than others."

('सेलेक्टेड प्रोज', पृ. 95)

प्रकृति के आरोपण से ऐन्द्रिता का यह उत्सव यदि शमशेर ने रचा, तो यह देह राग से अधिक उस प्रेम-राग का परिणाम था जो उनके जीवन में बचपन से मौजूद था। शमशेर अपनी कविताओं में प्रकृति को ठीक उसी तरह बरतते हैं जैसा वे चाहते हैं। प्रकृति के 'स्पर्श' से भी मनचाहा रूप देकर उसे अपने अनुकूल बना लेना और उसमें ऐन्द्रियता सम्भव करना जैसे सिर्फ उन्हीं के वश की बात हो—

'एक फूल ऊषा की खिलखिलाहट पहनकर
रात का ..ता हुआ काला कंबल उतारता हुआ
मुझसे लिपट गया।
उसमें काँटे नहीं थे—सिर्फ एक बहुत
काली, बहुत लम्बी ज़ुल्फ थी जो ज़मीन तक
साया किये हुई थी...जहाँ मेरे पाँव
खो गये थे।'

('टूटी हुई, बिखरी हुई')

इन पंक्तियों में एक फूल का ऊषा की खिलखिलाहट पहन लेना, फूल की सुगन्ध का हवा में बस जाना और उसकी मादकता में पूरे वातावरण का डूब जाना; जैसे सब कुछ ध्वनित है। फूल ने ऊषा की खिलखिलाहट पहन ली है, मायने यह कि फूल में ऊषा-सी ताजगी, नूतन आशा-भाव और उसकी अलख निरभ्र सुगन्ध से भरी मुस्कान खिल उठी है। रात का काला कम्बल उतारकर कवि उसे किनारे रख देता है जो उसे चूभ रहा है। दूसरे शब्दों में कहेंगे कि फूल को रात की अँधियारी चुभती है और उसके कोमल तन पर गड़ती है। कवि को काले कम्बल

की चुभन रात के बढ़ने पर अधिक त्रास देती है। लेकिन कविता की इन पंक्तियों में शमशेर फूल के बहाने उस 'अदृश्य मुखड़े' की बात कर रहे हैं जो फूल की शक्ल में है या उसका प्रतिरूप है–उसी फूल या मुखड़े की जुल्फों ने कवि को लिपटा रखा था–रात भर उन्हीं जुल्फों के आगोश में रहा कवि मुखड़े को देख ही नहीं पाया; क्योंकि जुल्फ लम्बी थी और ज़मीन तक उसका घना साया पसरा था। इसी घने साये में कवि के पाँव खो गये थे और वह निष्क्रिय-सा हो गया था।

इतना ही नहीं–

'वह गुल मोतियों को चबाता हुआ सितारों को
अपनी कनखियों में घुलाता हुआ, मुझ पर
एक जिन्दा इत्रपाश बनकर बरस पड़ा।
और तब मैंने देखा कि मैं सिर्फ़ एक साँस हूँ जो उसकी
बूँदों में बस गयी है। जो तुम्हारे सीनों में फाँस की तरह ख़ाब में
अटकती होगी, बुरी तरह
खटकती होगी।'

('टूटी हुई, बिखरी हुई')

अब हम फिर उसी फूल पर लौटते हैं। यह चमत्कारिक फूल है जिसने कवि को असंयत कर दिया है। इस फूल में मोती का रंग है, वही आभा है और वही विलक्षणता है जो किसी फूल को या ऐसा फूल किसी को भी आसानी से मयस्सर नहीं होता। उसमें सितारों-सी आभा भी है जो कनखियों में घुल चुकी है–वह सितारों जैसा ही दुर्लभ है, मनुष्य उसे पाने की कामना भले कर ले, पा नहीं सकता। वही फूल कवि पर 'जिन्दा इत्रपाश' बनकर बरस पड़ता है। कवि उस इत्रपाश की मदहोश कर देने वाली खुशबू से बल्कि उसके बरस जाने से किंकर्त्तव्यविमूढ़ हो जाता है। उसे सूझता ही नहीं कि वह क्या करे। वह तो बस खुशबू की बूँदों में बस जाने वाली एक साँस भर रह गया है। यहाँ ध्यान दें तो पायेंगे कि इस कविता में विलक्षण रत्यात्मकता है जो प्रियतम से कवि के भावाकुल संयोग में घटित हुई है। यहाँ चेतना का लोप है, हैं तो बस सुगन्ध की बूँदें और उसमें समायी चन्द साँसें। अदृश्य देह की यह परस्परता और भावाकुल संयोग की ऐसी घटनात्मक विलक्षणता कहीं और विरल है। जो लोग प्रस्तुत वर्णनों में ही शमशेर की ऐन्द्रियता देखते हैं, उन्हें इन कविताओं को भी देखना चाहिए; क्योंकि इनमें अप्रस्तुत रत्यात्मकता का जैसा संयत, शालीन और भावप्रवण संयोजन है, वैसा हिन्दी की आधुनिक कविता में अन्यत्र पाना सम्भव नहीं। सच तो यह है कि

शमशेर की कविताओं के मिज़ाज़ में ही यह ऐन्द्रियता है जो प्रस्तुत या प्रस्तुत दोनों ही स्थितियों में उपस्थित रहती है। आप चाहें तो 'चेहरे की शामों में होंठों की कश्तियों का हौले-हौले खिलना' देखें या 'सूरज को आईना जैसे नदियाँ' मानें या 'डूबते सूरज को अँधेरे की मिठास' में चखें—सब तरफ मादक रत्यात्मकता है जिससे आप आह्लादित ही नहीं होते, साँसें थाम लेते हैं, क्योंकि—

'सूरज का गोल-पाल संध्या के
सागर में अहरह
दोहरा है
ठहरा है।'

('एक मौन')

अब यहाँ संध्या के सागर में सूरज के गोल पाल (वैसे पाल तिकोना होता है) के स्थापित होने और स्थापित होकर दोहरा हो जाने से क्षितिज में सूरज के डूबने से शाम का बोध होता है। इसका एक भाव यह है कि संध्या रूपी समुद्र में, प्रतिबिम्बित होते हुए सूर्य का डूबना उसे दोहरा कर देता है। समय जैसे थम गया है और सूर्य भी डूबते हुए दोहरा होकर ठहर-सा गया है। इस कविता में भी दैहिक संयोग का बिम्बात्मक चित्रण है जिसमें आसानी से हम प्रेम से विह्वल, उत्कट आवेग से भरी छवियों के संयोग को देख सकते हैं।

शमशेर की कविता एक अर्थ में एक ऐसे व्यक्ति की कविता है जो हमेशा उदास रहता है, कुछ है जिसे वह खो चुका है और कुछ है जिसके खोने का डर उसे बेतरह सताता है। वह गहरे तनाव और अन्तर्द्वन्द्व में है। स्त्री और प्रकृति की परस्परता और आलंबन में वह अपने मन की कहता है। उसे प्रेम है, यह नहीं पता; यह भी नहीं कि कोई उसे प्रेम भी करता है। पर उसे यह मालूम जरूर है कि कोई है जो उसके साथ-साथ है। यहाँ शमशेर की डायरी और उनके पत्र से दो उदाहरण अवश्य देखे जाने चाहिएं—

"न जाने क्यों एक खिसियानापन। फिर मुताबातिर एक कमजोरी का भारीपन थकावट। खुश होने की महज़ कोशिश। हाथ से हर वक्त कोई कीमती चीज़ (हर वक़्त) छूट रही हो जैसे।"

('शमशेर की कुछ और गद्य रचनाएँ,' पृ. 327)

अब 'लहर' की सम्पादिका मनमोहिनी को लिखे पत्र का एक अंश—

"सुनो मोना! दुनिया में कोई किसी को प्यार-व्यार नहीं करता है (यह मैं अपनी कह रहा हूँ, तुम्हारी नहीं जानता)। मेरा तजुर्बा यही है। तुम बहुतों से न जाने कितनी उम्मीदें रखती होगी। स्त्री जात हो न! मुझे अगर मेरे दिल की

पूछती हो, मुझे किसी से कोई उम्मीद नहीं रही है।...मगर फिर भी कोई है जो मेरे साथ-साथ है, मगर मैं उसे कतई नहीं जानता, ईश्वर की सौगन्ध। अजब बात है, मैं कभी सौगन्ध नहीं खाता। कोई तो साथ मेरी बेखुदी में था/कैसे मैं अपने होश में आया जवाब दो।"

(वही, पृ. 336)

यानी शमशेर की कविता और उनकी व्यक्तिता में कोई फाँक नहीं है। एक संघर्षशील व्यक्ति अपनी युवा पत्नी को खोने के बाद, व्यवस्था की चक्की में पिसने के बाद, जिस बेतरह उदासी और एकान्त में जीता है, लगातार संघर्ष करते हुए अपने सपनों को बुनता है—शमशेर की कविता उसी संघर्षरत औसत भारतीय की कविता है जो हर तरफ़ से बेज़ार है पर मन की उमंग जिन्दा है और उसके किसी कोने-अँतरे में बैठा निश्च्छल प्रेम भी; जो निरन्तर उसके साथ चलता है और कई बार रूप भी धरता है, पर उसका रूप प्रकृति में प्रतिरूपित होता है। कोई स्पष्ट-सी छवि नहीं है उसकी, पर है वह अनुपम, वर्णनातीत—और कवि उसे अपनी विविध कल्पनाओं में आकार देता, स्वयं अपने को जिन्दगी देता है।

हकीकत यह भी है—

'तुमसे बातें रात भर करता रहा;
यह न समझा दिल, कोई मेहमान है।'

या—

'एक क़लम है और सौ मजमून हैं
एक क़तरा ख़ूने-दिल तूफ़ान है।'

('क़ते और शे'र')

गरज़ यह कि शमशेर की ऐन्द्रियता उस प्रेम की उपज है जो उनके भीतर बसा हुआ है जिसे वे नाना विधियों, यत्नों और रूपों में आँकते हैं। इसमें प्रेम की भावुकता के साथ-साथ अप्रतिम सौन्दर्य की छवियाँ दिखेंगी तो ऐन्द्रियता और मांसलता का प्रस्तुत-अप्रस्तुत रूप हमें चकित कर जायेगा। लेकिन चाहे जिस तरह देखें प्रेमातिशयता ही दिखेगी जो समूचे जगत् को भी समाविष्ट करती है। शमशेर प्रेम में समर्पण के कवि हैं, पर मन में यह साध नहीं कि प्रिय उसका हो जाये या वे उसे अपने बन्धन में बाँध लें। यद्यपि यह प्रेम अपने दीवानेपन में भी प्रिय की परवाह करता है कि उसे कोई शिकायत न हो। शमशेर के प्रेम की व्यग्रता और अतीन्द्रियता की तुलना कबीर की इस साखी से की जा सकती है जिसमें आत्मसमर्पण के बाद भी अपने प्रेम-रस पर भरोसा नहीं कि वह प्रिय को सन्तुष्ट कर सका होगा—

'मन परतीति न प्रेम रस,
ना इस तन में ढंग।
क्या जाणौं उस पीव-सूँ,
कैसी रहसी रंग।'

('कबीर ग्रन्थावली', पृ. 20)

यह प्रेम तो वैसे ही विलक्षण है जिसका विश्लेषण किया जाये तो वह अन्तर्ध्यान हो जाता है न कीजिए तो समझ में ही नहीं आता–

'प्रेमा हि कोऽपि पर एव विवेचनेत्यन्तर्दधात्यलम सावविवेचनेपि।'

रूप गोस्वामी के प्रेम के बारे में उपर्युक्त कथन को देखें और उसका अवगाहन करें तो पायेंगे कि प्रेम हमेशा ही एक अबूझ पहेली की तरह रहा है। उसे चाहे जीवन में देखें या चाहे सृजन में, वह हमेशा ही जटिल रहा है। प्रेम को अपने-अपने ढंग से हर युग के कवियों ने परखा है और उस तक पहुँचने की कोशिश की है। शमशेर ने भी अपने तईं इस प्रेम को परखने और अपने जीवन को उसके साथ बर्ताव की विभिन्न सम्भावनाओं तथा अवस्थाओं में देखा है। यह ध्यान देने की बात है और हम पीछे इस पर विचार करके भी दिखा चुके हैं कि यह प्रेम और प्रेम की अतीवता ने ही शमशेर की कविताओं में ऐन्द्रियता की सम्भावना पैदा की है। गहरे 'प्रेम-राग' या कबीर के शब्दों में कहें तो 'प्रेम-रस' ने ही ऐन्द्रियता की शक्ल ली है जिसमें हम ऐसे-ऐसे बिम्बों से गुजर पाते हैं जो हमारे संज्ञान में पहले कभी नहीं आये। यह ऐन्द्रियता शमशेर की कविताओं में कहीं एक उत्सव का रूप लेती दिखाई देती है तो कहीं गहरी वेदना के रूप में भी फूटती है। यह हर तरह की जड़ता से मुक्त है, हर तरह के विधि-निषेधों को चुनौती देती है और सारी वर्जनाओं को परे करती है। आचार्य हजारीप्रसाद द्विवेदी 'सौन्दर्य' पर विचार करते हुए लिखते हैं–

"यह प्रश्न सौन्दर्यशास्त्रियों में बहुत दिनों से वाद-विवाद का विषय बना हुआ है कि आँखों को प्रीतिकर लगने वाला वह कौन-सा तत्त्व है जिसे हम साधारणतः 'सौन्दर्य' कहा करते हैं। इसका एक उत्तर यह दिया जाता है कि मनुष्य के भीतर जो प्रेमतत्त्व है, वही वस्तुओं को सुन्दर या असुन्दर बनाने का हेतु होता है। जैविक धरातल पर यह प्रेमतत्त्व वस्तुतः काम तत्त्व है। हमें वही चीज़ें सुन्दर लगती हैं जो हमारी इन्द्रियों को काम सुख के लिए प्रेरणा, उत्तेजना या बढ़ावा देती हैं।"

('लालित्य तत्त्व'–हजारीप्रसाद द्विवेदी, पृ. 58)

यानी 'सौन्दर्य', वस्तुतः वह प्रेमतत्त्व ही है जो वस्तुओं को सुन्दर या असुन्दर बनाता है। और यह प्रेमतत्व; काम तत्त्व ही है, कुछ और नहीं। यही कामतत्त्व जब रचना में इन्द्रियों को सुख देने के निमित्त प्रयुक्त होता है तो रचना ऐन्द्रियता से सम्पन्न होती है, पर यह बलात् बरती जाने वाली प्रक्रिया नहीं है—यह रचना में प्रेमतत्त्व की गहनता के कारण स्वयं आकार लेती है और पाठकों की संवेदना में उतर जाती है। ऐन्द्रियता चूँकि भौतिक है और उसका सम्बन्ध किसी न किसी रूप में देह से होता है, इसलिए जैविक धरातल पर घटित होने के कारण वह प्रेमतत्त्व से परे होता ही नहीं है। शमशेर की कविताएँ, विशेषकर प्रेमपरक कविताएँ रूप, रस, गन्ध, स्पर्श जैसे भावों को ऐन्द्रिय प्रतीतियों के जरिए व्यक्त कर एक भावलोक का सृजन करती हैं। इस भावलोक में लालित्य-बोध का आवेगात्मक पहलू ही काम करता है। प्रसिद्ध लालित्य-शास्त्री जी. सान्तायन ने लिखा है—

> *"हमारे लालित्य-बोध का जो आवेगात्मक पहलू है जिसके बिना लालित्य प्रयास केवल धारणात्मक और गणितिक ही बने रहते हैं, लालित्य-परक नहीं, वे केवल हमारी काम-वासनाओं को स्फूर्ति देने वाले शारीरिक संगठन को प्रभावित करने से ही आविर्भूत होते हैं।"*

(—'द सेन्स ऑफ ब्यूटी', पृ. 59)

कहना न होगा कि लालित्य-बोध के बिना, उसके आवेग के बिना रचना में वह 'प्राणतत्त्व' नहीं आ पाता जो पाठक के चित्त को आकर्षित करे, उसके अन्तर्मन को झकझोर सके। 'ललिता स्तवराज' में भी कहा गया है—

'क्रीड़ा ते लोकरचना सखा ते चिन्मयः शिवः
आहारस्ते सदानन्दो वासस्ते हृदये सताम्।'

अर्थात् शिव की लीला सखी होने के कारण ही उन्हें ललिता कहते हैं। लोक-रचना उनकी क्रीड़ा है। चिन्मय शिव उनके सखा हैं, सदानन्द उनका आहार है, सत्पुरुषों का हृदय ही उनका निवास-स्थान है। दूसरे शब्दों में कह सकते हैं कि इस 'ललिता' की शक्ति से ही सर्जक रचना करने की ओर प्रवृत्त होता है और उसके द्वारा रचित सौन्दर्य को 'लालित्य' कहा जाना चाहिए। सृजन में यह 'लालित्य-बोध' या 'लालित्य' ही प्रेम-सौन्दर्य को आँकने का कारण बनता है। लालित्य के बिना नीरस वर्णनों में आवेग नहीं होता, इसलिए उन्हें पाठक अपने चित्त में जगह भी नहीं देता।

यह लालित्य सर्जक के गहरे मनोभाव से उपजी गहरी आसक्ति भी हो सकता है तो हार्दिक वेदना भी, अपने ही भीतर की आकुलता को ठौर देता रूप भी हो

सकता है तो भावाकुल प्रेम की अधीर पुकार भी। यह तराश पर निर्भर नहीं करता, सर्जक के स्वतःस्फूर्त मानवीय संवेगों पर निर्भर करता है—उसकी मानसिक और हार्दिक अवस्था के आयतन पर निर्भर करता है कि उसमें अपनी 'वस्तु' के प्रति कितनी संसक्ति है।

शमशेर की प्रेमपरक कविताओं में यह हार्दिकता और संसक्ति इतनी सघन है कि बहुधा हमें यह तय करना कठिन जान पड़ता है कि हम कोई कविता पढ़ रहे हैं या कोई 'हृदयलेख', जिसमें एक गहरी प्रार्थना है, श्रद्धा से की गयी पुकार है और एक दर्द-भरी आह है—रूप को आँकते भावचित्रों में या मांसल देहयष्टि के अंकन में भी हृदय की धड़कन मौजूद है। देह साँस लेती है और पृथ्वी उस देह की वन्दना में प्रस्तुत हो जाती है। एक शून्य से पसरे समय के मध्य उस देह और कवि की प्रार्थना के बीच यदि कोई होता है तो वह केवल पृथ्वी होती है और उसी को साक्ष्य मानकर कवि 'हृदय-लेख' बाँचता है—

'गंदुमी गुलाब की पाँखुड़ियाँ
खुली हुई हैं
आँखों की शबनम
दूर चारों तरफ
हँस रही है
यह मीठी हँसी
जो मेरे अन्दर घुलती जा रही है
तुम हो।'

('प्रेयसी')

प्रियतमा की मीठी हँसी को महसूस कर कवि उसकी देह पर उतर आता है—

'तुम्हारा सुडौल बदन एक आबशार है
जिसे मैं एक ही जगह खड़ा देखता हूँ
ऐसा चिकना और गतिमान
ऐसा मूर्त सुन्दर उज्ज्वल।'

('प्रेयसी')

प्रियतमा की सुडौल देह को जल-प्रपात मानता कवि एक ही जगह से देखता है और देह से फिसलती नज़र को थामने की कोशिश करता है; क्योंकि शरीर का लावण्य उसकी दृष्टि को ठहरने नहीं देता। ऐसी सुन्दर, प्रभामय उपस्थिति उसको चकित कर देती है—वह उस सौन्दर्य में डूब-सा जाता है। वह गतिमान, चिकनी देह कैसी है, यह भी देखें—

'यह पूरा
कोमल काँसे में ढला
गोलाइयों का आईना
मेरे सीने से कसकर भी
आज़ाद है
जैसे किसी खुले बाग में
सुबह की सादा
भीनी-भीनी हवा
यह तुम्हारा ठोस बदन
अजब तौर से
मेरे अन्दर बस गया है।'

('प्रेयसी')

कोमल काँसे में ढला गोलाइयों का आईना यानी प्रियतमा का वक्ष कवि के सीने से कसकर भी आज़ाद है। ठीक उसी तरह जैसे किसी खुले बाग में सुबह की भीनी-भीनी सादा हवा आज़ाद होती है। लेकिन यह क्या। यह समूची ठोस देह कवि के भीतर उतर जाती है और कवि इसे विस्मय से देखता रह जाता है। भावाकुल प्रेम और समर्पण के बीच, इस पूरी प्रक्रिया में कवि के शब्द प्रार्थना-से फूटते हैं। कवि और प्रेयसी के बीच द्वैत नहीं है, द्वैत तो प्राकृतिक अवलम्बों में है जो अन्तिम पंक्तियों तक आते-आते अद्वैत में बदल जाता है। प्रेम मीठी हँसी में है जो कवि के अन्दर घुल गयी है और उसका साकार रूप वह देह है जो कवि में अवस्थित हो जाती है। 'काँसे का यह चिकना बदन' जो हवा में हिल रहा है, झरने की तरह निरभ्र, पारदर्शी और गतिमान है। उसकी आभा चित्त में बस जाती है और बदन आँखों में टँग जाता है। स्त्री-देह का यह वर्णन उर्दू शायरी में तो विरल ही है, आधुनिक हिन्दी कविता में भी ऐसे चित्रण नहीं दिखते। शरीर-सौन्दर्य की तुलना यहाँ फिर कालिदास से ही की जा सकती है जिन्होंने नाना उपमाओं से स्त्री-शरीर को अलंकृत किया और मनुष्य के चित्त से उसे जोड़ा है। प्रकृति के अवलम्ब से स्त्री को आँकना और उसकी उपस्थिति को फूलों के बीच दिखाना संस्कृत काव्य-परम्परा में ही दिखता है। कालिदास ने तो 'अभिज्ञान शाकुन्तलम्' में शकुन्तला को देखकर दुष्यन्त से यौवन को पुष्प के समान कहलवाया है—

'अधरः किसलयरागः कोमलविटपानुकारिणौबाहू
कुसुमिव लोभनीयं यौवनमंगेषु सन्नद्धम्।'

(110, 1.20)

शमशेर देह के उत्सव को रचते और सजाते प्रियतमा के 'तन के छन्द' और 'गत-स्पर्श' से पुलकित हो उठते हैं। उसके अंग-प्रत्यंगों में अतिशय नूतन आशाएँ देखते हैं। इस देह ने कत्थई गुलाबों को दबा लिया है और उसका केसरिया साँवलापन; जो बेहद नर्म है, को अपने में मिला लिया है—ऐसा लगता है मानो यह देह न हो शाम की अंगूरी रेशम की झलक हो जिसने कोमल कोहरिल बिजलियाँ-सी लहरा दिया हो। उस देह ने आकाश गंगा के झिलमिलेपन को ओढ़ लिया है। देखें—

'कत्थई गुलाब
दबाए हुए हैं
नर्म-नर्म
केसरिया साँवलापन मानो
शाम की
अंगूरी रेशम की झलक,
कोमल
कोहरिल
बिजलियाँ-सी
लहराए हुए हैं
आकाशीय गंगा की
झिलमिली ओढ़े
तुम्हारे
तन का छन्द
गत स्पर्श
अति अति अति नवीन आशाओं भरा
तुम्हारा बंद बंद।'

('कत्थई गुलाब')

यहाँ देह के उत्सव में रंगों का मेला लगा है। 'कत्थई गुलाब', 'केसरिया साँवलापन', 'शाम की अंगूरी रेशम' और 'आकाश गंगा की झिलमिलाहट' जैसे रंग मादकता उत्पन्न करते हैं। यह वे रंग हैं जो शमशेर को बहुत प्रिय भी हैं और उनकी कसक का कारण भी। कवि दृश्य बिम्बों से एक दृश्य रचता है और उसमें से मानो देह फूट पड़ती है। कविता में देह उसी तरह आती है जैसे सीप में स्वाति की बूँद गिरती है। कवि की कविता में आयी यह देह आमन्त्रण नहीं देती, आमन्त्रित नहीं होती, कवि के द्वारा अभिमन्त्रित होती है—उस प्रिया के रूप में जो है तो सदा उसी में, उसी के साथ, पर जो रह-रहकर शून्य में टँग जाया करती है

और कवि उसे विभिन्न रूपों में पाकर हत्प्रभ होता रहता है। यह प्रभाववादी चित्रकला का एक उदाहरण भी है जिसे चित्रफलक की छवियों की तरह भी देखा और पढ़ा जा सकता है। शाम और उषा की लालिमा से उद्‌बुद्ध ऐन्द्रियता से शमशेर प्रकृति और स्त्री के सौन्दर्य को आँकते हुए डूब-से जाते हैं। वे दोनों को परस्परविद्ध करते हुए एक 'माया' भी रचते हैं। यह 'माया' मन को भरमाती ही नहीं है, मुक्त भी करती है और हमारे बोध को जाग्रत भी करती है। यह आसुरी माया नहीं जो हमें स्वर्ग-च्युत कर दे या मोक्ष के मार्ग से भटका दे। यह तो अपनी ही कोई 'ज्योति है' जो अन्तर से निःसृत होकर बाहर के उजास में दमक उठती है और हम उसे देखते ही ठगे-से रह जाते हैं। अपने अन्तर में इस ज्योति को हम देख नहीं पाते, इसलिए श्रद्धा और आस्था की शक्ति से विरत हो हम केवल वासना के पुतले भर रह गये हैं। शमशेर की ऐन्द्रियता को देखने का यह एक अलग पाठ हो सकता है और इस तरफ हमारी नज़र अवश्य जानी चाहिए।

सच मानें तो कहना चाहिए कि शमशेर आधुनिक हिन्दी कविता में निराला के बाद ऐसे समग्र प्रेम के कवि हैं जिनके यहाँ अपने 'आत्म' को 'परम' बना देने का दिव्य भाव है। शमशेर यूँ ही प्रेम की स्वाभाविक चेतना को 'व्यक्तित्व का अदृश्य सागर' नहीं कहते। इस कथन के पीछे उनका एक भरा-पूरा प्रेम-दर्शन है जिसे आप 'मनुष्यता का दर्शन' भी कह सकते हैं। जिस व्यक्ति में प्रेम का उच्छल ज्वार नहीं और जिसमें अपने तथा अपने से परे को अपने ही अन्तःकरण में मिला लेने की सामर्थ्य नहीं, उसमें 'अदृश्य सागर' कहाँ ठहरेगा और वह जगत् को अपनी हिंसा से अधिक क्या देगा। शमशेर 'प्रेम के अदृश्य सागर' के रहस्य को जानते हैं। उनमें प्रेम की शक्ति का गहरा अहसास है। उन्हें पता है कि प्रेम है तो हम हर तरह की असहायता, विवशता और विपत्तियों से बाहर आ सकते हैं। यह भी कैसी विडम्बना है कि कवि ने प्रेम से मुक्त होने की बार-बार कोशिश की, पर यह प्रेम तो जैसे छूटने का नाम ही नहीं लेता--

'सब विधि था जीवन असहाय
किन्तु न मुझसे छूटा प्रेम
सब कुछ साधा जप, तप, मौन
किन्तु न मुझसे छूटा प्रेम
कितना घूमा देश-विदेश
किन्तु न मुझसे छूटा प्रेम'

उससे प्रेम नहीं छूटता या कवि उसको अपनी शक्ति मानता है? शक्ति ही है वह; क्योंकि उसने उसके असहाय जीवन को आश्रय दिया और जप, तप, मौन से

जो हासिल नहीं किया जा सका, उसे प्रेम ने दे दिया। इस कविता को प्रेम के प्रतिकार के रूप में नहीं, बल्कि स्वीकार के रूप में देखना ही शमशेर के कवि को जानना है; क्योंकि 'प्रेम की स्वाभाविक रागात्मिका वृत्ति ने ही शमशेर के व्यक्तित्व को 'अदृश्य सागर' बनाया है।

शमशेर की ऐन्द्रियता उस 'परम प्रेम' का प्रतीकार्थ और साकार रूप है जो उनके जीवन का अर्थ ही बन गया है। प्रेम का आवेग ही है जो उन्हें 'देह' को उसकी समग्रता में उठाने और उसमें डूब जाने को प्रेरित करता है। वर्जना वहाँ होती है जहाँ संशय होता है, जहाँ अपने को घुला-मिला देने और मिटा देने का आवेग हो, वहाँ वर्जना कैसी! यही कारण है कि जब शमशेर देह को उसकी पूरी निर्मिति में उठाते हैं और उसके अंग-प्रत्यंग को आँकते हैं तो वे सिर्फ देह को नहीं आँकते, वे उस प्रेम को आँकते हैं जिसमें डूबते हुए उसके अवलम्ब पर रीझते हैं। देह, प्रेम का अवलम्ब ही तो है, केवल देह नहीं—इसलिए वर्जना देह की हो सकती है, उस प्रेम की कहाँ जिसमें विलीन होकर कवि जीवन की मुक्ति का रहस्य जान पाता है। शमशेर तो प्रकृति को भी देह के अवलम्ब से परे नहीं देखते। वे स्त्री-देह के अंगों से प्रकृति के संचरण को आँकते हुए भी उसी में डूब जाते हैं। गोया देह एक मन्दिर हो और उनके शब्द मन्दिर में बैठे देव की आराधना—

'आँख योनि गुलाब दरिया का भँवर
खुलती हुई शाम
डूबता सूरज
अँधेरी की मिठास में।'

('शाम-सुबह')

अब इन पंक्तियों पर आइए। सूरज आँख की छवि की तरह गुलाब जैसा दिखाई देता है। यह सूरज डूबने को है, पर जिस दिशा (पश्चिम) में उसे डूबना है, उसमें बादल के टुकड़ों का घेरा है जो आँख की तरह की आकृति में बदल गये हैं और उसमें सूरज पुतली की तरह बैठा दिखता है। इन पंक्तियों का दूसरा सन्दर्भ कदाचित् अधिक ग्राह्य है, वह यह कि पूरा आकाश एक नदी बन गया है जिसमें गतिमान सूर्य एक भँवर की तरह दिखता है। अब मूलार्थ को देखें—आँख के मानिन्द योनि में, गुलाब की नदी-सा ताम्बई सूरज-समा जाता है जिसमें अँधेरे की मिठास यानी संयोग की मधुरता है। कहने का आशय यही है कि शमशेर की कविता में प्रकृति का अवलम्ब देह को बरतने और प्रेम को जीने का माध्यम है, कोई भी आरोपित सन्दर्भ-जो देह से उसे अलगा दे, इस कविता को समझने में कारगर नहीं होगा। ठीक इसी तरह 'वसन्त' के बहाने शमशेर कहते हैं—

'एक ही ऋतु हम
जी सकेंगे
...यही सब कुछ है
इसी ऋतु में।
इसी युग में
इसी
हम में।'

('होली : रंग और दिशाएँ')

और चुपके से उसके बहाने उस क्षण को ही जी लेने की घोषणा करते हैं। 'यही सब कुछ है' की घोषणा में स्पष्ट है कि जीवन इससे परे कुछ नहीं है। ऋतु 'प्रेम' ही है और 'हम' संयोगवाची शब्द है दो जनों का; जिनके परस्पर संयोग से इस प्रेम का घटित होना और इस प्रेम को जी सकना सम्भव है। एक संयोग यह भी देखें—

'नायकता की दो भवें
मिलीं; दो पलकें मिलीं;
स्थिर, सोई
वीतराग जीवन की गहरी
भूलों की
अधर-पंखुड़ियों-सी,
मौन-सुप्त।
सिर्फ दो ममियाँ।
हम, तुम।'

('साथ, सम, शान्त')

स्पष्ट है, शमशेर की कविताओं में प्रेम एक भाव की तरह नहीं आता, जीवन के आस्वाद की तरह आता है, इसलिए यहाँ केवल प्रेम कह देने भर से काम नहीं चलता। इसी तरह 'मकई-से वे लाल गेहुँए तलवे' शीर्षक कविता में अपनी ऐन्द्रिय चेतना को जगाते हैं और 'मर्दाना रानों की चमक' को 'सूरज को आईना जैसे नदियाँ' कहते हैं। सूखी-भूरी झाड़ियों में देह नहीं दिखती, जाँघें दिखती हैं जहाँ ध्यान शान्त ज्योति में लय होता है। जाहिर है, अपनी इन कविताओं में शमशेर शुद्ध रूप से ऐन्द्रिय प्रेम के कवि ठहरते हैं और उनकी ऐन्द्रियता कविता में रत्यात्मक वर्जनाओं को भी चुनौती देती है। उनकी प्रेम कविताओं में सर्वत्र एक अतृप्ति, असन्तोष और चाह का प्रबल भाव है जिससे इनकार करना शमशेर को न

समझना है। प्रेम यह अशरीरी अवश्य है, पर केवल भाव तक सीमित नहीं है; इसमें एक कामावेग है और यह ऐन्द्रियता उस आवेग के कारण ही इतनी सघन हो पायी है। ऐसी अनेक कविताएँ हैं जिनको उदाहरण के रूप में रखा जा सकता है जिनमें 'चुका भी हूँ मैं नहीं', 'हार-हार समझा मैं', 'सावन', 'टूटी हुई, बिखरी हुई' आदि अनेक कविताएँ शामिल हैं। 'जमाना तुम हो–जहाँ तुम हो–ज़िन्दगी तुम हो' कहते शमशेर की कविताओं में प्रेम जीवन का कारण बन जाता है और प्रेम को अपने मन-प्राण में बसाता कवि अपनी अन्तरात्मा की आकांक्षाओं में देह को उस प्रेम का आधार बनाकर ऐसी ऐन्द्रिय सघनता सम्भव करता है। ऐसी कविताओं में जहाँ प्रेम है, प्रेम की कामना है या अपने को कहीं विलीन कर देने की निश्च्छल अधीरता है, उनमें देह को अलग करके देखा ही नहीं जा सकता; प्रकृति भी वहाँ देह या युगल संयोग की क्रियाओं में ही घटित होती है–दरिया, गुलाब, सूर्य, शाम, अँधेरा, भँवर, इत्रपाश, कनखियाँ, आँख, सुबह, चाँद, आकाश, झरना, धूप, केला, स्तम्भ, ऊषा, जल, प्यास, पहाड़, ओस, रोशनाई जैसे शब्द, महज शब्द नहीं हैं, ये वे प्रतीक हैं जिनके माध्यम से शमशेर प्रेम की ऐन्द्रियता को देह और उसकी क्रियाओं में उठाते हैं जहाँ प्रेम तो होता ही है, उसकी अधीर कामना में वह देह भी होती है जिस पर कवि निसार हो जाता है और उसे अपनी हद कहता है–

'तुम मेरे लिए
मेरी हद हो मेरी हद हो
तुम
मेरे
लिए... ।'

('सावन')

सही मायनों में शमशेर की सघन ऐन्द्रियता देह के आकर्षण और उसकी आकांक्षा की प्रबलता की ही देन है। ठोस बदन अष्टधातु का-सा, जिसकी दो ठोस दरिया जैसी जंघाएँ, ठोस वक्ष कपोल, जो चारों ओर से उभरे हुए हैं एक चुनौती-सा आमन्त्रण देते हैं और कवि को लगता है कि वह पूरा बदन उसके 'अदृश्य सागर' में उतर जा रहा है। यह देह का उत्सव अप्रतिम है, अप्रतिम उसकी निर्मिति और अंकन भी है, पर शमशेर उस देह से जुदा नहीं हैं। देह उनमें उतर रही है और वे उसके आमन्त्रण को स्वीकार करते हैं। उनकी ऐन्द्रियता का रहस्य देह से परे नहीं है और जो लोग ऐसा नहीं मानते, वे शमशेर को समझना ही नहीं चाहते; इसलिए यह कहने में कोई संकोच नहीं होना चाहिए कि शमशेर का प्रेम ऐन्द्रिय प्रेम ही है, केवल प्रेम नहीं। इस प्रेम में देह से बाहर जाने की न तो कामना है और न

जरूरत। देह का सौन्दर्य और उस देह को चाहने, पाने या उसमें डूब जाने की आकांक्षा से जन्मा प्रेम ही शमशेर को ऐन्द्रिय चेतना देता है जिसके सहारे वे उसे समग्रता में उठाते हैं और प्राकृतिक अवलम्बों के माध्यम से उसे, उसकी रत्यात्मक क्रियाओं सहित आँकते हैं। प्रिय की स्मृति भी कवि को देह से विलग नहीं करती जैसे देह अपने आप में सौन्दर्य तो है ही, वह प्रेम भी हो जिससे जीवन का अर्थ पाया जा सके–

'दिन
किशमिशी रेशमी गोरा
मुस्कुराता...
गोद यह
रेशमी गोरी, अस्थिर
अस्थिर
हो उठती आज।'

('दिन किशमिशी, रेशमी गोरा')

शमशेर जब 'दिन' का किशमिशी रेशमी गोरापन देखते हैं तो प्रियतमा की गोद का स्मरण करते हैं, हालाँकि उन्हें पता है कि यह रेशमी गोद अस्थिर है, चंचला है, आज है कल नहीं है, फिर भी वह है; क्योंकि उसके बिना कवि का वजूद नहीं है। यह है शमशेर का ऐन्द्रिय प्रेम; जो देह-राग का कारण है; यह अलग बात है कि इसकी नश्वरता का बोध भी कवि को है, पर जीवन का वर्तमान ही सार्थक है, भविष्य की चिन्ता में 'आज' की उपेक्षा का कोई मतलब नहीं।

(चार)

ढीली इस जीवन की कमान कसनी है...

(सामाजिक चेतना)

ढीली इस जीवन की कमान कसनी है...

(4)

शमशेर की कविता का एक महत्त्वपूर्ण पक्ष सामाजिक चेतना का भी है। वैसे तो उनकी काव्य-प्रकृति में मानवीय करुणा, जन-पक्षधरता और पर-दुःख-कातरता के भाव परस्पर-गुँथे हुए हैं पर उनकी कविताओं का बड़ा हिस्सा चूँकि प्रेम और सौन्दर्य पर अवलम्बित है, इसलिए उन्हीं कविताओं को यहाँ देखना उचित है जिनमें उनकी सामाजिक चेतना स्पष्टता के साथ सामने आती है। इसमें तो कोई सन्देह नहीं है कि शमशेर अपने समूचे विन्यास में मानवीय कवि हैं जिनकी कविताओं में समरस समाज की कामना है और व्यवस्था की जनविरोधी गतिविधियों पर गहरा क्षोभ भी है;, पर मूलतः रोमान की कविताओं के अतिशय प्रभाव के कारण बहुधा उनकी प्रतिबद्ध कविताओं पर विचार नहीं हो पाता। इसका एक कारण यह भी है कि शमशेर अपनी प्रकृति में वैसी प्रतिबद्धता के कायल हैं भी नहीं जैसी उनके समवयसियों में है। लेकिन यह तय है कि शमशेर की कविंताओं में एक स्पष्ट समाज दर्शन है और मानवीय करुणा से भरा तीव्र प्रतिरोध भी जो समाज की असमानता के विरुद्ध व्यवस्था को ललकारता है।

शमशेर अपने मानस में भले ही स्वच्छन्दता का वरण करते हों, पर सामाजिक दायित्वों से पलायन करना न तो उनके स्वभाव में है और न उनकी कविताओं के स्वभाव में। यही कारण है कि वे संघर्षशील जनता का पक्ष लेते हैं और उसकी दयनीयता पर दुखी भी होते हैं—

'छिन्न-दल कर कागजी विस्मय
सत्य के बल शूल हूलूँ मैं!
शाम-निर्धन की न भूलूँ मैं!'

('शाम होने को हुई')

यह कविता आज़ादी के पहले की, 1945 की है। पराधीन भारत में किसानों की ज़िन्दगी का चित्र उपस्थित करती यह कविता आज के आज़ाद भारत के किसान पर भी उसी तरह प्रासंगिक है जैसे वह 1945 में प्रासंगिक थी। एक चित्र और देखिए–

'तू न चेता काम से थक कर
फटे-मैले वस्त्र में कमकर
लौट आए खोलियों में मौन।
चेतनेवाला न तू–है कौन?'

(वही)

इस पूरी कविता में शमशेर किसान जीवन की दुर्दशा को चित्रित करते हैं, उसकी लाचारी पर तड़पते हैं और इसी के समानान्तर शहरी जीवन की नफासत पर प्रहार भी करते हैं। इन शहरी लोगों की ज़िन्दगी से गाँव की अभावों से भरी ज़िन्दगी की तुलना ही क्या है! शाम जहाँ किसान की ज़िन्दगी पर बेबशी बनकर टूटती है, वहीं शहराती बाबुओं, लड़कियों और निठल्ले युवकों के लिए शाम स्फूर्त-मन से सिनेमा जाने का बहाना बन जाती है। चित्रपट पर उनके उमड़ते-घुमड़ते हृदय के भाव नग्न होकर बिखर जाते हैं। एक तरफ यह अय्याशी भरी ज़िन्दगी तो दूसरी तरफ़ अभाव और दरिद्रता के बीच फँसी ज़िन्दगी! शमशेर उन गरीबों को सचेत करते हुए उनका आह्वान करते हैं–

'एक ही आह्वन : आ जाएँ!
आज आ जाएँ हमारे ऐन!'

(वही)

यह आह्वान किसानों की एकता का है जिनके सामूहिक संकल्प के बल पर समाज को समरस बनाया जा सके। यह आह्वान साम्यवाद के लिए है; क्योंकि कवि को लगता है कि 'वाम दिशा' ही असल दिशा है और उसी में हीनभाव से भरी सामाजिक दीनता से मुक्ति सम्भव है–

'वाम वाम वाम दिशा,
समय साम्यवादी।
पृष्ठभूमि का विरोध अन्धकार-लीन। व्यक्ति...
कुहाऽस्पष्ट हृदय-भार, आज हीन।
हीनभाव, हीन भाव
मध्यवर्ग का समाज दीन।'

('वाम वाम वाम दिशा')

इस कविता में शमशेर भारत का भूत, भविष्य और वर्तमान देखते हैं और मानते हैं कि समय का मान मार्क्स के मान में तुला हुआ है। मार्क्सवाद को 'पथप्रदर्शिका मशाल' मानते हुए शमशेर अपने समय को ही साम्यवादी कहते हैं और वीर-बलिष्ठ युवकों से अपील करते हैं कि वे आगे आकर एकता-समन्वय का परिचय दें; क्योंकि वे मुक्ति के धनंजय हैं और ध्येय-धीर सेनानी हैं, जो अनथक बिना विश्राम किये संघर्ष कर सकते हैं–

'एकता-समन्वय वह
मुक्ति का धनंजय वह
चिरविजयी वय में वह
ध्येय-धीर
सेनानी
अविराम
वाम पक्षवादी है...
समय : साम्यवादी।'

(वही)

1941 में लिखी गयी कविता 'लेकर सीधा नारा' में भी शमशेर समाजवादी मार्ग का ही अनुसरण करते हैं और अपने एकाकी, अकेलेपन को भी उस समाज के लिए भूल जाते हैं जिसमें से कोई सीधा नारा लेकर 'अन्तिम आशाओं की सन्ध्याओं से' उन्हें पुकारता है। वे कह उठते हैं–

'मैं समाज तो नहीं; न मैं कुल
जीवन;
कण-समूह में हूँ केवल
एक कण।'

यह शमशेर की वर्गीय चेतना है। कण समूह में एक कण होने के बावजूद उनकी प्रतिबद्धता उस समूह, उस समाज के लिए है जो अभावग्रस्त है, बेसहारा है और जीवन के सुख से कोसों दूर है। किसान-मजदूर और अभावग्रस्त भारतीय जनता के सुख-दुःख और उनके दर्द में शामिल होते शमशेर ने ऐसी अनेक कविताएँ लिखी हैं जो उद्वेलित करती हैं तथा उन शक्तियों पर करारा प्रहार भी; जो शक्तियाँ जनता को अपने सुख के लिए दुहती हैं। ऐसी ही एक प्रसिद्ध कविता 'य' शाम है; जिसके बारे में कविता के पहले एक टिप्पणी में स्वयं शमशेर ने लिखा है–"ग्वालियर की एक खूनी शाम का भावचित्र। लाल झण्डे, जिन पर रोटियाँ टँगी हैं, लिये हुए मजदूरों का जुलूस। उनको रोटियों के बदले मानव-शोषक शैतानों ने ग्वालियर की

सामंती रियासती सरकार ने गोलियाँ खिलाईं। उसी दिन—12 जनवरी, 1944—की एक स्वर स्मृति।"

कविता है—

''य' शाम है
कि आसमान खेत है पके हुए अनाज का।
लपक उठीं लहू-भरी दराँतियाँ,
—कि आग है :
धुआँ-धुआँ
सुलग रहा
ग्वालियर के मजूर का हृदय।'

ग्वालियर के मजदूरों के सुलग रहे हृदय की आग को महसूस करते शमशेर मानव-द्रोही सत्ता पर प्रहार करते हैं और 'लहू-भरी दराँतियों' से उसे सावधान भी करते हैं। धरती सामंती क्रूरता से कराह उठी है, गरीबों की हाय से हवा विषाक्त हो उठी है और वह उनके रिक्त हृदय को सोख रही है। मजदूरों के जुलूस के लाल झण्डों पर टँगी रोटियाँ सर्वहारा के संघर्ष का प्रतीक हैं जिन्हें अपना समर्थन देते शमशेर समतामूलक समाज का आह्वान करते हैं। लेकिन ऐसी कविताएँ उनके यहाँ अधिक नहीं हैं जिनमें वे सीधे-सीधे आह्वान पर उतर आते हों। ध्यान दें तो पायेंगे कि ऐसी कविताएँ भी उन्होंने 1950 के पहले और उसमें भी आज़ादी के पहले; जब एक तरफ़ स्वाधीनता का संघर्ष व्यापक रूप से चल रहा था तो दूसरी तरफ राजनीतिक और विचारधारात्मक बहसें तेज हो रही थीं। प्रगतिशील कविता अपने अस्तित्व में आ गयी थी और वह भारतीय आज़ादी को जनता के मुक्ति-संघर्ष के रूप में देख रही थी—प्रगतिशील कविता के उसी दौर में शमशेर ने इन कविताओं को लिखा जिनमें स्पष्टतः साम्यवादी उद्घोष है और सर्वहारा की मुक्ति का आह्वान भी; पर बाद के दौर में यद्यपि वे सामाजिक दायित्वों के प्रति सचेत रहे, पर प्रगतिशीलता और प्रतिबद्धता का पहले जैसा भाव नहीं दिखता। बाद के दौर में सामाजिक चेतना से सम्बन्धित उनकी दृष्टि वैयक्तिक संघर्षों में विन्यस्त कविताओं में ही दिखती है। अपने जीवन के संघर्ष, स्वप्न और आकांक्षाओं को व्यक्त करते शमशेर अपने द्वन्द्वों को रूपायित करते हैं तथा स्वयं की वेदना के साथ रखते हैं। ऐसी ही उनकी एक प्रसिद्ध कविता है 'बैल'। इस कविता में शमशेर ने अपने को 'बैल' कहते हुए, उन सबको उसका प्रतिरूप बना दिया है जो परवश होकर एक ही धुरी पर अभाव-भरी जिन्दगी काटने को विवश हैं—

'मैं वह गुट्ठल काली कूब वाला बैल हूँ
जो अकेला धीरे-धीरे छह मील खींचकर
ले जाते हुए
ठेले पर ऊपर तक लदा हुआ माल
स्टेशन से दूर गोदाम तक
चुप-चाप धीरे-धीरे, आँखें बाहर को
निकली हुईं,
त्यौरी चढ़ी हुई, कांधे जोर लगाते हुए
सीना और छाती आगे को झुककर,
जोर लगाते हुए
रानें भरी हुई गर्म पसीने से तर,
मगर ज़ोर लगाती हुईं,
नथुने फूले हुए, साँस और दम
अपनी ज़ोर आज़माई में लगे हुए
क्यों और किसके लिए?'

यह लम्बी कविता है और अपनी निर्मिति में बैल की यातना के, उसके अभिशप्त जीवन के और उसके अविराम संघर्ष के बहाने शमशेर ने उन असंख्य जनों के संघर्ष को चित्रित किया है जो हाड़-तोड़ मेहनत कर दो जून की रोटी जुटाते मर-खप जाते हैं।

इसी कविता में विन्यस्त इस अंश को देखें—

'मुझे वह इस तरह निचोड़ता है
जैसे पानी में एक-एक बीज कसकर दबाकर
पेरा जाता है
मेरे लहू की एक-एक बूँद किसके लिए
समर्पित होती है
यह तर्पण किसके लिए होता है?'

(वही)

वेदना की यह अभिव्यक्ति शमशेर की करुणा-जनित काव्य-संवेदना का प्रमाण है। वह मनुष्य की दीनता और संघर्ष को समझते हैं। उन्हें शोषकों की नीयत और पाखण्ड की खरी पहचान भी है, पर आक्रामकता जिस तरह उनके स्वभाव में न थी, उनकी कविता में भी नहीं है। शोषण की बेपनाह तकलीफों को दर्ज़ करते शमशेर 'तर्पण' का प्रश्न उठाते हैं। इसका उत्तर कविता में ही है—स्वयं

अपने लिए। ग़ौर करने पर एक बात बहुत स्पष्ट हो जाती है कि शमशेर की कविता, चाहे ऐन्द्रिय ही वह क्यों न हो, अपार वेदना की कविता है। बेपनाह वेदना, बेचैनी, संत्रास और अपने पर लगभग चीख पड़ने जैसी वृत्ति इन कविताओं में है और यह शमशेर के काव्य-व्यक्तित्व की पहचान भी। यह वेदनाभिव्यक्ति कायरता की निशानी नहीं है; क्योंकि इस वेदना में अजस्र करुणा है और करुणा से ही प्रतिरोध जन्मता है, प्रतिकार तथा विद्रोह भी। लेकिन इस करुणा जनित वेदना में रुदन नहीं, विलाप नहीं, बस अपनी व्यथा को पूरी तीव्रता से, कदाचित् साहस के साथ रख देने की ईमानदारी है। अनुभूति की इसी ईमानदारी और करुणा से उपजी वेदना की अभिव्यक्ति के कारण शमशेर की कविता की मार्मिकता हमें अन्दर से विचलित कर देती है। ऐसी कविता आक्रामकता से नहीं, अपनी (या जगत् की) यातना को उसकी समूची परिस्थितियों में ईमानदारी से व्यक्त करने से सम्भव होती है।

शमशेर ने एक दौर में अनेक ऐसी कविताएँ लिखी थीं जिनका राजनीतिक ही नहीं सामाजिक महत्त्व भी है और आज भी उनके प्रभाव में कमी नहीं आयी है। ऐसी कविताओं की चर्चा हम पीछे कर भी आये हैं, पर प्रसंगवश यहाँ भी उनकी चर्चा करना अनुचित नहीं है। ऐसी कविताओं में उनकी 'बंगाल का अकाल' शृंखला की कविताएँ बहुत मार्मिक हैं और वे (शमशेर) सत्ता के छल को भेदने के साथ बेकसूर लोगों के भूख से मरने पर चीत्कार भी करते हैं। इन कविताओं में निहित मार्मिकता हमें विचलित कर देती है और हम अपने पर ही प्रश्न करने को विवश हो जाते हैं कि ऐसी स्थिति में हमारी भूमिका क्या हो। इसी तरह 'बम्बई के 70 वर्ली किसानों को देखकर', 'नाविकों पर बमबारी', 'जहाजियों की क्रान्ति,' 'काश्मीर', 'फिर वह एक हिलोर,' 'निजामशाही 1948', 'कामरेड रुद्रदत्त की शहादत की पहली बरसी पर', 'सत्यमेव जयते,' 'चीन' आदि कविताएँ शमशेर ने तात्कालिक घटनाओं से प्रेरित होकर लिखीं जिनमें राजनीतिक चेतना और सामाजिक पक्षधरता का खुला स्वीकार है। शमशेर की इन कविताओं में स्पष्टता के साथ प्रगतिशीलता व्यक्त होती है और वामपंथी राजनीति को एक कारगर विकल्प के रूप में रखने का यत्न दिखाई देता है। शमशेर की इन कविताओं की संरचना एक स्तरीय है। इनमें वक्तव्यों की प्रधानता है और विवरण कविता की अभिव्यक्ति में महत्त्वपूर्ण बन गये हैं, मसलन—

'नया एक संघर्ष
नयी दुनिया का
नये मूल्यों का

नये मानव का
एशिया का नया मानव उठ रहा है
एक नया युग ला रहा है।'

या—

'देखना है मौन अक्षय वट
क्रान्ति का एक वृहद कुम्भ
क्रान्तिमय निर्माण का
एक वृहद पर्व।'

स्पष्टतः इन कविताओं में प्रखर राजनीतिक चेतना है और कवि क्रान्ति का उद्‌घोष करता है। उसे पता है कि जब तक नया युग नहीं आएगा, तब तक शोषण की प्रक्रिया नहीं थमेगी, यातना का दौर नहीं रुकेगा और अभाव-भरी दरिद्रता से पीछा नहीं छूटेगा। इन कविताओं में एक जोश है, उत्साह है, नारा भी कह सकते हैं जो सपाटबयानी की शक्ल में कविता में उतरता है। कवि को दिखाई दे रहा है कि भारत में नये संघर्ष और नये युग की सम्भावना बन रही है। याद रखें कि यह दौर सोवियत क्रान्ति का दौर है जिसने समूची दुनिया को समाजवादी व्यवस्था का सन्देश दिया था। हिन्दी में प्रगतिशील कविता का अवलम्ब सोवियत क्रान्ति ही बनी थी। जाहिर है, शमशेर ने इस व्यवस्था के समर्थन में ऐसी कविताएँ लिखीं और समाजवादी संघर्ष में अपना स्वर मिलाया। धार्मिक कट्टरता और दंगों पर भी उन्होंने व्यंग्य किया—

'जो धर्मों के अखाड़े हैं
उन्हें लड़वा दिया जाये।
जरूरत क्या कि हिन्दुस्तान पर
हमला किया जाये।'

हिन्दुस्तान के दुश्मनों के लिए यह युक्ति ही काफी है कि यहाँ धर्म के ठेकेदारों को लड़वा दें और मनमाफिक काम कर लें, हमला करना जरूरी नहीं है। शमशेर धार्मिक बँटवारे और आपसी रस्साकशी के खेल को समझते हैं; इसलिए ऐसा व्यंग्य करते हैं। उन्हें मालूम है कि धर्म के ठेकेदार अपनी-अपनी श्रेष्ठता के दम्भ में इतने चूर हैं कि उन्हें दूसरे का होना ही संदिग्ध नज़र आता है। आस्था, विश्वास और मूल्य जैसे मान की परवाह किये बगैर धर्म तो यहाँ एक प्रभुता-प्रदर्शन का सामान-भर है, इससे अधिक वह कुछ नहीं है।

इन कुछ कविताओं के अलावा शमशेर ने बाद के दिनों में ऐसी कविताएँ नहीं लिखीं। वैसे भी शमशेर के काव्य-मानस में इन जैसी कविताओं की जगह भी न थी

और वे जिन विशिष्टताओं के कारण अपनी विशेष जगह बना पाये; निःसंकोच कहा जा सकता है कि उसमें ऐसी कविताओं की भूमिका कम है। इनका महत्त्व शमशेर के काव्य-विकास में भले हो और प्रतिबद्धता की दृष्टि से इन्हें भले ही याद करने योग्य समझा जाता हो, पर शमशेर की पहचान में इनकी भूमिका शायद उतनी नहीं जितनी आत्मपरक कविताओं की रही है। अपनी ऐसी कविताओं को लेकर उनके मन में भी हमेशा सन्देह रहा और वे मानते रहे कि इनमें वह बात नहीं आ पाती, जो आ सकनी चाहिए। वे कहते हैं—

"प्रगतिशील रचनाओं के बारे में मेरे दिल में हमेशा सन्देह रहा कि ये कविता के रूप में अच्छी नहीं बन पड़तीं शायद।"

('पूर्वग्रह', अंक-12-13, पृ. 14)

इसके अलावा अपने अनेक साक्षात्कारों, कविता-संकलनों की भूमिकाओं आदि में वे कहते रहे हैं कि मूलतः रोमान ही उनका काव्य-स्वभाव है। उन्होंने यहाँ तक भी कहा है कि किसी अनुशासन को एक कवि के रूप में मान पाना उनके लिए हमेशा असम्भव रहा है। ऐसे कुछ वक्तव्यों को हमने पिछले अध्यायों में दिखाने का यत्न किया है जिसे दोहराना यहाँ उचित नहीं है। कुल मिलाकर यही है कि शमशेर स्वच्छन्द वृत्ति के कवि हैं और प्रेम उनकी कविता का केन्द्रीय पक्ष है—प्रेम है तो वेदना भी है, दुःख और बिछोह भी। अपने से लड़ते हुए टूटना और व्यथा से बोझिल होना तो जैसे नियति ही है। शमशेर की सामाजिक चेतना और उनकी मार्मिक संवेदनाएँ उन सभी कविताओं में दिखती हैं जिनमें वे अपने संघर्षों को याद करते हैं, अपनी दीनता को व्यक्त करते हैं और बेतरह यातना से क्षत-विक्षत होते हैं। 'बैल' जैसी कविता इसीलिए यादगार बनती है कि उसमें कवि स्वयं आरोपित है। वहाँ कोई शहीदी बाना नहीं है, न पक्षधरता का प्रदर्शन है—है तो बस अपनी यातना को, वेदना को व्यक्त करने की छटपटाहट। 'बैल' भारतीय जन की अनवरत दासता का प्रतीक है तो उसकी बेपनाह तकलीफों का भी; जो एक धुरी पर चक्कर मारकर हर क्षण मिट जाने को है, नष्ट होने को है। बहरहाल, इन कविताओं को भी देख लेना यहाँ उचित ही है। शमशेर की ऐसी ही एक कविता है—'फिर वह हिलोर उठी' जो 1940 में लिखी गयी थी। इस कविता में भी प्रगतिशील आह्वान है, और कविता अपनी संरचना में व्यंजक बनी है। यह इस दौर की अन्य कविताओं के मुकाबले अधिक भावप्रवण भी बनी है। इसमें कवि ने मजदूरों, किसानों के स्वर में कवियों से हृदय मिलाने की बात कही है—

'फिर वह एक हिलोर उठी—
गाओ!

वह मजदूर किसानों के स्वर कठिन हठी!
कवि है, उनमें अपना हृदय मिलाओ!
उनके मिट्टी के तन में है अधिक आग,
है अधिक ताप :
उसमें, कवि हे
अपने विरह-मिलन के पाप जलाओ!
काट बुर्जुआ भावों की गुमठी को–
गाओ!'

प्रगतिशीलता के उस दौर में विरह-मिलन की कविता के प्रति उपेक्षा का भाव है, उसे शमशेर ने 'पाप' कहा है और उस पाप को मजदूर-किसान के तन की आग में जला डालने का आह्वान किया है।

कहा जा चुका है कि शमशेर का काव्य-मानस मानवीय करुणा से आप्लावित है; इसलिए उन्हें अपनी प्रतिबद्धता दिखाने की आवश्यकता रही भी नहीं। पक्षधरता तो वे उन कविताओं में, उससे अधिक कुशलता से दिखा पाते हैं जिनमें वे आत्मपरक होकर किसी मानवीय प्रश्न पर टिकते हैं–अपने अन्दाज और अपनी ही संरचना में; जैसी कविताओं के लिए वे जाने जाते हैं, मसलन इस कविता को देखें–

'मैं जो हूँ
मैं कि जिसमें सब कुछ है..
क्रान्तियाँ, कम्यून
कम्युनिस्ट समाज के
नाना कला विज्ञान और दर्शन के
जीवंत वैभव से समन्वित
व्यक्ति मैं।
मैं, जो वह हरेक हूँ
जो तुझसे, ओ काल, परे है।'

('काल तुझसे होड़ है मेरी')

इस कविता में शमशेर का 'व्यक्ति' विराट् बनकर उभरता है और एक दाता भाव की तरह सामने आता है। सब कुछ को अपने में समाहित किये यह 'मैं' शाप और वरदान को भी अपने में समाहित करता है और इस तरह अपने से मुक्त भी होता है। व्यक्ति जब समूह में विलीन हो जाये और कुछ भी उसके पास न रहे तो इसे मुक्ति ही कहना चाहिए स्वयं से मुक्ति या आत्ममुक्ति। कवि काल को

उपालम्भ देते हुए कहता है कि मैं तो सब कुछ हूँ, पर तुम सब से परे हो, यानी अकेले हो। यह निज का समाज में विलयन कवि की आत्ममुक्ति और उसके व्यापक समाज-बोध का सुफल है—वह सब कुछ में है, सब कुछ उसमें है और काल, जो जीवन हरण करता है, वह सिवाय अकेले के कुछ नहीं है। शमशेर की मानवीयता का यह आदर्श है; क्योंकि निजता का यहाँ कोई आग्रह नहीं है और निज ही समूह का द्योतक बन गया है। शमशेर अपनी आत्मपरकता की शक्ति को तो जानते हैं और अपनी व्यक्तितता के प्रभाव को भी, पर उन्हें इस सत्य का अहसास है कि सामूहिकता में ही वह शक्ति होती है जो अप्रत्याशित सफलता दिला सके। 'सूरज उगाया जाता' कविता में वे कहते हैं—

'सूरज
उगाया जाता
फूलों में
यदि हम
एक साथ
हँस पड़ते
चाँद
आँगन बनता
आँखों में रास-भूमि यदि
सौर मण्डल की मिलती।'

एक साथ हँसने की ताकत को दिखाते शमशेर सामूहिकता का सन्देश देते हैं। समूह में वह बल है जो असम्भव को सम्भव बना दे और वह सब कुछ हो जाये जो मनुष्य के लिए जरूरी है। पर हम 'एक साथ हँस सकें' तो कैसे और 'आँखों में रास-भूमि सौरमण्डल की मिले' भी तो कैसे कि 'चाँद आँगन' बन जाये। कवि का उत्तर कविता में ही निहित है, यह हो सकता है यदि हम अपना निजी राग-द्वेष और कृत्रिम बन्धनों को तोड़कर आगे आ सकें और एक-दूसरे में मिल जायें। इस सामूहिकता में समाज की बेहतरी का संकल्प है जो कवि की सामाजिक पक्षधरता और चेतना को व्यक्त करता है। यह है निज का समष्टि में विलय और समष्टि के आह्वान से अप्रत्याशित को भी प्रत्याशित करने की ज़िद। शमशेर कविता में समाज के यथार्थ को रखते हुए अपनी उत्तरदायी भूमिका को परखते हैं और फिर एक समुच्चय बनाते हैं। इस समुच्चय में व्यक्ति से समाज के रिश्तों की पहचान तो है ही, उन विरोधों की निशानदेही भी है जो दोनों को मिलने नहीं देते।

असल बात यह है कि शमशेर की कविता अपने मूल स्वभाव में इतनी खुली हुई नहीं है कि उसमें जीवन के संघर्ष और समाज के यथार्थ का उसी तरह निरूपण हो सके जैसे वह दूसरे कवियों के यहाँ आसानी से हो जाता है। यहाँ जीवन की जटिलता के भीतर उतरना होता है, जहाँ हमें अनेक टकराहटों से साबका पड़ता है और हम देख पाते हैं कि जीवन के संकटों के बीच छटपटाता मनुष्य किस तरह अपनी इयत्ता का संघर्ष करता है। शमशेर की कविता कुछ हद तक कविता में ही निर्मित प्रति कविता को भी रचती है और दूसरी प्रति-कविता में हम व्यक्ति-समाज के आपसी तनाजे के साथ-साथ अपने समय के विरूपण की तस्वीरें भी देख लेते हैं। कविता में प्रति कविता का रचाव, कविता के निषेध के लिए नहीं होता, वरन् कविता के जगत् के समानान्तर एक ऐसे जगत् को प्रस्तावित करने के लिए होता है जो कविता में मौजूद यथार्थ को चुनौती देता है—ऐसी प्रयोगशीलता निराला की लम्बी कविताओं; खासकर 'राम की शक्तिपूजा', 'सरोजस्मृति' तथा 'युग का जुआ' आदि में देखा जा सकता है। ऐसा ही प्रयोग मुक्तिबोध की 'अँधेरे में' और 'ब्रह्म राक्षस' सरीखी कविताओं में दिखता है जहाँ उपस्थित यथार्थ के समानान्तर एक ऐसा यथार्थ उपस्थित होता है जो उपस्थित का विलोम बनकर उसकी सत्ता को चुनौती देता है। यह कवि के यथार्थ से मुठभेड़ का अनोखा तरीका है। इसे शमशेर की इस कविता में देखिए—

'बैल है : एक गंदा-सा नाटा-सा बैल
कमजोर मगर बहुत चालाक और
गीत गुनगुनानेवाला
बैल... वो गीत मुझे अच्छे लगते हैं :
मगर
कभी-कभी मैं अपने इसी श्रम में
कहाँ खो जाता हूँ, कुछ पता नहीं चलता
यह सारी दुनिया मुझे बैल मालूम होती है
बाँ... बाँ बाँ!'

'बैल' को सारी दुनिया 'बैल' मालूम होती है : क्योंकि वह भी बैल की तरह जुती रहकर अपना सुध-बुध खो देती है। 'बैल' का यथार्थ उपस्थित है। अपनी यातना और निरन्तर श्रम में एक-एक क्षण गुजारता जीवन बचाने का संघर्ष करता है, वही 'बैल' चालाक बनकर गीत गुनगुनानेवाला हो जाता है और अपने आगे दुनिया को ही बेवकूफ बना डालता है। शमशेर की यह युक्ति यथार्थ के दोनों धरातलों को परखती है—बैल तो यातना का प्रतीक ही है, पर यह दुनिया, अनचाहे,

बुझे हुए जीवन को बिना प्रतिकार किये जी रही है, उन पर एक शासन है, अमला, हुक्काम आदि का लाव-लश्कर है। वह चूँ तक नहीं करती और निरा 'बैल' ही उसे मिलता है उसे सताने या मार डालने को, वह क्यों नहीं आज़ाद होकर दिखाती। कविता में प्रति कविता को रचते शमशेर जहाँ प्रस्तुत यथार्थ को चुनौती देकर एक दूसरे यथार्थ को प्रस्तावित करते हैं, वही संवाद के जरिये वे मानवीय परस्परता बढ़ाने पर बल देते हैं। समाज के वैषम्य को मिटाकर, बन्धुत्व का सन्देश देते शमशेर प्रेम का ऐसा राग छेड़ते हैं जिसमें डूबकर चारों दिशाएँ झूम उठती हैं। 'अमन का राग' कविता (1945) में मानवता का सन्देश देकर शमशेर अपने में सबको मिला लेते हैं और जो स्वप्न देखते हैं उसमें समूची दुनिया का हित है; क्योंकि प्रेम से ही दूरियाँ मिटती हैं :

'मुझे अमेरिका का लिबर्टी स्टैचू उतना ही प्यारा है
जितना मॉस्को का लाल तारा
और मेरे दिल में पेकिंग का स्वर्गीय महल
मक्का-मदीना से कम पवित्र नहीं
मैं काशी में उन आर्यों का शंखनाद सुनता हूँ
जो वोल्गा से आए
मेरी देहली में प्रह्लाद की तपस्याएँ
दोनों दुनियाओं की
चौखट पर
युद्ध के हिरणकश्यप को चीर रही हैं।'

सब तरफ़ शान्ति, प्रेम और भाईचारा का सन्देश देते शमशेर इस महत्त्वपूर्ण कविता में अपनी विचारधारा की भी परवाह नहीं करते, उससे बाहर आते हैं और पूरी दुनिया को प्रेम की डोर में बाँध देने की कल्पना करते हैं। युद्ध से इनकार और शान्ति की कामना में कटिबद्ध शमशेर 'अमन का राग' गाते हैं। यह है शमशेर का समग्र मानववाद जो प्रेम की शक्ति से संचालित होकर पूरी दुनिया को शान्तिमय-प्रेममय बनाने का सन्देश देता है। इस कविता का भाव क्लासिकल है और इसमें जो अनुभूति की तटस्थता है, वह विरल है। इस तटस्थ अनुभूति में कवि की करुणा एक विस्तृत; पर आत्मीय जिजीविषा से तादात्म्य स्थापित कर प्रवाहित होती है और अपने में समूचे जगत् को समाहित कर लेती है। जीवन का उल्लास और निस्पृह सौम्यता को प्रदर्शित करती कविता 'अमन का राग' शमशेर की सामाजिक चेतना का भी आईना है—

'पच्छिम में काले और सफेद फूल हैं
और पूरब में पीले और लाल
उत्तर में नीले कई रंग के और हमारे यहाँ
चम्पई, साँवले
और दुनिया में हरियाली कहाँ कहाँ नहीं
जहाँ भी आसमान बादलों से ज़रा भी
पोंछे जाते हैं।
और आज गुलदस्तों में रंग-रंग के
फूल सजे हुए हैं
और आसमान इन खुशियों का आईना है।'

('अमन का राग')

जीवन रंगों से सराबोर होकर फूलों की तरह खिल उठे और दुनिया की हरियाली बादलों से पोंछे जाकर भी आसमान की तरह शुभ्र हो उठे, ऐसी खुशियों का आईना आसमान ही क्यों हो, यह दुनिया भी बन जाये। अनुभूति की ऐसी उदार करुणा-जनित संवेदना से निर्मित यह कविता शमशेर की हार्दिक उदारता का प्रमाण है और यह उनके काव्य-वैशिष्ट्य का प्रमाण भी। यह सचमुच आश्चर्य की बात है कि शमशेर जहाँ 'निज' को या 'निज' से सम्बोधित होते हैं, वहाँ अकेलापन उन्हें बेतरह सालता है और वे बहुधा भय से आक्रान्त दिखाई देते हैं। कभी प्रिय के खो जाने का भय, कभी अपनी मृत्यु का भय तो कभी सब से अलग, निपट अकेले हो जाने की डरावनी हताशा उनकी निजता को व्यक्त करती कविताओं का एक भाव है; पर जैसे ही वे समाज से या समाज को सम्बोधित होते हैं, यह हताशा, भय या अकेले पड़ जाने का भाव लुप्त हो जाता है। समाज के धरातल पर आशावाद, जीवंतता और उल्लास के भाव इतने गहरे हो आते हैं कि आश्चर्य का ठिकाना नहीं रहता। अपनी निजता को समाज में तिरोहित कर शमशेर तब एक दूसरे ही रूप में नज़र आते हैं जिसमें एक आवेग दिखाई देता है और उनका आशावादी स्वर हमारी निराशा को भी दूर कर देता है—

'यहाँ जो कुछ ठोस है
वह धड़क रहा है
और जहाँ धड़कन है वहाँ
खामोशी है
दम साधे हुए
आज-भी चीख-पुकार में

एक बहुत कोमल-तान
खो गयी है
उसे पाना है।'

('विजयसोनी के चित्र')

विजय सोनी के चित्र को देखकर शमशेर का 'कोमल तान' के खोने और उसे 'पाने' का उद्घोष उनकी आशावादिता का ही प्रतीक नहीं है, उनकी दृढ़ संकल्पभावना का भी प्रतीक है।

शमशेर की सामाजिकता का एक पक्ष आशावाद के विपरीत सामाजिक विकृति और विरूपता पर प्रहार भी है। कवि को सामाजिक विरूपता नहीं सुहाती, वह ग़ैर-बराबरी पर भी चीत्कार करता है और उस हर तरह की असमानता को ख़त्म कर देने की घोषणा करता है जिसने हमारे सामाजिक जीवन को विकृत कर डाला है। उसमें भी यह भेद, दुराव और सामाजिक संरचना में जहर-सी घुल गयी साम्प्रदायिकता को शमशेर ने भरे मन से अंकित किया है–

'कौन के पीतम
कौन का पाती
आस लगाये
दिया ना बाती
होली का भय
दीवाली का आतंक
ईद मुहर्रम एक ही भाँति
पर्व के दिन और ऐसे भयानक
छलनी-छलनी रे देश की छाती।'

('प्रेम की पाती')

'प्रेम की पाती' में कवि की करुणा साम्प्रदायिक आतंक को चित्रित करती अत्यन्त तरल हो आती है। इस कविता में कारुणिकता के साथ ध्वनित आक्रोश 'देश की छलनी होती छाती' का रूपक खड़ा कर यह सन्देश देना चाहता है कि ऐसी ही स्थिति रही तो 'छलनी छाती' विदीर्ण भी हो सकती है। शमशेर सामाजिक विरूपता को जनता के बिखराव में देखते हैं। उन्हें पता है कि जब तक जनता में एकता नहीं आयेगी, तब तक उसे भेड़ की ही तरह हाँका जायेगा। उसकी दरिद्रता और दुःख को राजनीतिक दल अपनी विभिन्न पताकाओं में लपेटकर उड़ाते रहेंगे और यह विपत्ति की क्रूर स्थिति बनी रहेगी। एकता का सूत्र ही उन्हें इससे मुक्ति दिला सकता है–

'एक जनता का
दुःख एक।
हवा में उड़ती पताकाएँ
अनेक।
दैन्य दानव। क्रूर स्थिति।
कंकाल बुद्धि। मजूर घर भर।
एक जनता का-अमर वर :
एकता का स्वर।
अन्यथा स्वातंत्र्य इति।'

('बात बोलेगी')

अपनी प्रसिद्ध कविता 'बात बोलेगी' में कवि को सत्य और असत्य के रहस्य का पता है। वह 'सत्य का मुख' और 'झूठ की आँखें' देखने के साथ ही 'समय के रुख' को पहचान लेते हैं। 'सत्य के रंग' को 'एक संग' का रंग कहते हुए शमशेर एकता को एक ऐसे समाधान के रूप में देखते हैं जिसमें हर तरह की असमानता के प्रतिरोध की क्षमता है। दैन्य को दानव कहते शमशेर मजदूरों से भरे घर पर चीत्कार करते हैं। इस दीनता में 'बुद्धि' कंकाल यानी निर्जीव हो चुकी है। एकता के साथ संघर्ष का आह्वान करते शमशेर को यह भली-भाँति पता है कि–

"समस्याओं को उनके सामाजिक यथार्थ के परिप्रेक्ष्य में ही समझा और सुलझाया जा सकता है, अन्य किसी प्रकार नहीं। बौद्धिक दृष्टिकोण, तार्किक दृष्टिकोण की अपनी सीमाएँ तो हैं ही, मगर इन सीमाओं को गरीब जनता ही, जो अपने अधिकारों के प्रति अधिक जागरूक हो गयी है, तोड़ सकती है और स्वतन्त्र-चेतना से वह दृष्टिकोण ग्रहण कर सकती है जो उसके जीवन के यथार्थ से पैदा होता है। और इस तरह सामाजिक, आर्थिक बदलाव सम्भव है।"

('शमशेर : कवि से बड़े आदमी' में महावीर अग्रवाल के साथ बातचीत, पृ. 277)

शमशेर की कविता की यह एक बड़ी विशेषता है कि वह 'सामाजिक' या 'आत्मिक' कथ्य में अपनी लय नहीं बदलते। उनकी वह 'लय' हमेशा बरकरार रहती है जो उनकी अपनी दीनता और अभाव से जुड़ी है। अपनी 'निजता' में भी 'सामाजिकता' को व्यक्त करते शमशेर निज के यथार्थ को समाज के यथार्थ में विलीन कर देते हैं और एक औसत भारतीय जन की वेदना को व्यक्त करते हैं। इसमें कहीं मनुष्य का अवलम्ब होता है तो कहीं प्रकृति का; पर वेदना तो अपने

'आत्म' की ही होती है। इस वेदना को प्रदर्शित करने का भाव कवि में नहीं दिखता, उसे अधिक से अधिक तरल और हृदयस्पर्शी बनाते शमशेर अपनी तड़प को भी कोई मुद्रा बनाकर प्रस्तुत नहीं करते, वरन् उसे पाठक के संवेदनात्मक मर्म से मिलाते हैं। इस तरह 'निज' और 'समाज' की चिन्ता को परस्पर मिलाते शमशेर कविता को जीवन की संहिता बनाते हैं जिसमें कुछ भी कविता के बाहर नहीं होता—न जीवन, न उलझन, न अभाव, न संघर्ष और न अपना समय। यही कारण है कि यह कविता हर तरह की दुविधा से परे एक ईमानदार अभिव्यक्ति बन जाती है जो सीधे मन पर उतरती है और पाठक इस वेदना में शामिल होने पर विवश हो जाता है—

'ओ मेरे घर
ओ हे मेरी पृथ्वी
साँस के एवज़ तूने क्या दिया मुझे
—ओ मेरी माँ?
तूने युद्ध ही मुझे दिया
प्रेम ही मुझे दिया क्रूरतम कटुतम
और क्या दिया
मुझे भगवान दिए कई-कई
मुझसे भी निरीह मुझ से भी निरीह।'

('ओ मेरे घर')

'ओ मेरे घर' कविता में शमशेर की निजता सार्वजनिक हो जाती है। अपनी पृथ्वी और अपने घर से प्रश्न करते शमशेर अपनी साँस के एवज़ में पाये गये युद्ध पर आहत हैं। यह युद्ध जीवन का युद्ध है। अभाव, लाचारी और अस्तित्व का युद्ध है जो निरन्तर जारी रहा। यह स्वयं अपने से भी युद्ध है—जी पाने भर का युद्ध; जिसे लड़ते हुए कवि थक जाता है। उसे तो वह प्रेम भी न मिला जिसके सहारे इस युद्ध को लड़ा जा सकता। वह मिला भी तो क्रूरतम और कटुतम ही मिला। कवि को उन निरीह देवताओं पर भी आपत्ति है जो उसे मिले। ऐसे निरीह भगवान को तो खुद रक्षा की जरूरत है, भला वे कवि की क्या सहायता करते। यह कविता कवि के संघर्षों की नहीं, उसकी आत्म-वेदना की अभिव्यक्ति है जो निज की वेदना न होकर समाज की वेदना बन जाती है; उस समाज की वेदना—जिसमें उसने जन्म लिया है और जीवन-भर जी-पाने का संघर्ष ही उसका लक्ष्य रह गया है। अपनी ज़िन्दगी पर अफ़सोस करते, 'अँधेरे की तलवारें' थामे लोरियों से वंचित रहे 'कटु-तक्त कवित्व का बीज' पाकर शमशेर एक ही साथ कई ज़िन्दगियाँ जीते

रहे। यह उनकी वेदना नहीं है, न केवल उनके संघर्षों का बयान है। यह अपनी व्यवस्था, समय और अपने तन्त्र पर प्रहार भी है—अपने पर हँसकर, अपनी दीनता को प्रदर्शित कर, स्वयं अपने पर रोकर। मुझे लगता है कि यह कविता अपने होने पर ही एक शोक मनाती है; 'निराला' की 'सरोज-स्मृति' की ही तरह—

'दुःख ही जीवन की
कथा रही,
क्या कहूँ आज जो
नहीं कही।'

यहाँ निराला और शमशेर एक साथ खड़े हैं, अपनी दीनता में भी, अपना उपहास करके भी अविचल। अपनी अभागी व्यवस्था पर लानत भेजते शमशेर और निराला अपनी वैयक्तिक वेदना को समाज की वेदना बनाते हैं। अपनी धरती, अपने घर, अपने समाज और अपने देश की धन्यता का उपहास करतीं उपर्युक्त पंक्तियों में रुदन है, पर हाय नहीं। अपने स्वाभिमान का उग्र भाव है, जीवन को अपनी ही तरह जी लेने का गर्व, इसे समाज की चेतना न कहें तो क्या कहें।

निराला और शमशेर के व्यक्तित्व में और उनके संघर्ष में साम्य है। परिस्थितियाँ भी उनकी एक हैं तो स्वाभिमान का भाव भी एक है; शायद इसीलिए अपने संघर्ष के क्षणों में शमशेर को निराला याद आते हैं—

'भूलकर जब राह—जब-जब राह...
भटका मैं
तुम्हीं झलके, हे महाकवि,
सघन तम की आँख बन मेरे लिए,
अकल क्रोधित प्रकृति का
विश्वास बन मेरे लिए—
जगत् के उन्माद का
परिचय लिए—
और आगत-प्राण का संचय लिए,
झलके प्रमन तुम,
हे महाकवि! सहजतम लघु एक
जीवन में
अखिल का परिणय लिए...।'

('निराला के प्रति')

'सघन तम की आँख' बनकर 'अकल क्रोधित प्रकृति का विश्वास' बन निराला ने

शमशेर को थामा। जब-जब राह से भटकने की नौबत आयी, तब-तब कवि शमशेर को निराला ने अपनी झलक दिखाई। जगत्-प्रपंच में घिरे शमशेर को निराला की स्मृति ने थामा, सहारा दिया और जीवन के थपेड़ों से बचाया। यह आर्त्तनाद नहीं, शमशेर की पारदर्शिता है जो उनके निश्च्छल आत्म को दिखाती है और उनकी दीनता में व्यक्त स्वाभिमान को आँकती है।

कविता अपने समग्र भाव में चेतना का विस्तार होती है, वह चेतना चाहे सामाजिक हो या आत्मिक। शमशेर की कविता ने अपनी आत्मिक चेतना का विस्तार कर उसे सामाजिक चेतना में विन्यस्त किया। शमशेर चूँकि कविता को अपने स्वच्छन्द मन का भाव मानते रहे, इसलिए उनके सरोकार का दायरा मानवता के विस्तार तक है। कविता आत्मा की पुकार ही होती है और यदि आत्मा में कलुष न हो तो वह पुकार सबकी होती है। शमशेर की कविता का सामाजिक पक्ष उनके आत्म से बाहर कम है और वह बाहर दिखता भी है तो उसका अधिकांश हिस्सा आज़ादी के पहले और मार्क्सवाद के प्रभाव का है। उनके आत्म या उनके निजी संसार में ही समाज का दाय भी है और स्वयं कवि का समाज से वास्ता भी। एकाकी वे हैं, पर समाज से बाहर नहीं; इसीलिए अपने निजी अनुभवों को भी वे सामाजिक यथार्थ का हिस्सा बना देते हैं और हम चकित होकर उनके कौशल को देखते रह जाते हैं। 'देश के एकाकी हाथ' कविता में देखिए वे किस तरह चापलूस-पसन्द व्यवस्था पर व्यंग्य करते हैं और गिरवी होते स्वाभिमान का बयान करते हैं–

'किस [illegible] के हाथ दबाऊँ मैं...
किस-किस की उँगलियाँ चंचल
चटकाऊँ मैं
किस-किस की उँगलियों का दर्द
हौले-हौले सहलाऊँ मैं।'

('देश के एकाकी हाथ')

यह चापलूस-पसन्द व्यवस्था का आलम है। यहाँ बिना चापलूसी के कुछ भी मयस्सर नहीं होने वाला। कवि किसका-किसका हाथ दबाये, उँगलियाँ चटकाए या किस-किस की उँगलियों का दर्द हौले-हौले सहलाये। यह केवल एक कवि का दर्द नहीं है, समूचे समाज का दर्द है जो किसी तरह अपनी नियति को काट रहा है और किसी तरह जी रहा है। इस कविता में शमशेर जहाँ एक व्यक्ति के संघर्ष को व्यक्त करते हैं, वहीं समूचे समाज की लाचारी और उसकी विडम्बना को भी व्यक्त करते हैं। इसमें एक तीखा व्यंग्य भी है जो शासन की निरर्थकता को उजागर करता है।

इस कविता का एक अन्य अंश देखिए—

'शासन के लिजलिजे हाथ
लिजलिजे हाथ आ जाते हैं
मैं क्या करूँ?
और मैं क्या कर सकता?
ये लिजलिजे झीने पर्दे के समान
झीने पर्दों जैसे
आगे फैलाकर सबके आगे
फैलते जाते हैं।'

(वही)

शासन के लिजलिजे हाथ बरबस आगे आ जाते हैं जिसमें न अपना स्वत्व है, न स्वाभिमान है, बस एक ही लक्ष्य है—भेड़ हुई जनता को हाँकते जाना और देश को खोखला बनाना। झीने पर्दों के समान फैलते हाथ भीख की तरह समर्थन जुटाने के लिए बढ़ते हैं, ये हाथ किसी को कुछ दे नहीं सकते। इस व्यवस्था में मिलता उसे ही है जो अपनी आत्मा को गिरवी रखकर चापलूसी करता है और भ्रष्टाचार का हिस्सा बन जाता है।

शमशेर की कविता में इस सामाजिक-व्यवस्था की खरी पहचान है और उसकी निरर्थकता का गहरा संज्ञान भी। पर यह कविता निज को सामाजिक इयत्ता में देखती है, इसलिए अपने ही आत्म से समष्टि को सम्बोधित होती है। जीवन यहाँ निज का होकर भी समाज का है, जीवन का दाय भी व्यष्टि से समष्टि की ओर उन्मुख है, इसलिए इसमें एक ताप है, गहरी बेचैनी है और सामाजिक व्यवस्था के प्रति तीखा असन्तोष भी है। समाज का यथार्थ यहाँ निज के यथार्थ से अनुस्यूत है—यही कारण है कि वैयक्तिकता की वेदना सामूहिकता के संकल्प में प्रकट होती है और हम अपनी ही नियति पर क्षुब्ध हो उठते हैं। यह शमशेर की कविता की सामाजिकता का सबसे ध्यातव्य पक्ष है।

शमशेर की कविता अपनी निजता में भी सार्वभौमता को लेकर चलती है, इसलिए इस कविता को सार्वभौम भाव की कविता भी कह सकते हैं। यह सार्वभौम भाव कविता की यथार्थपरकता में उतनी नहीं है जितनी कि निजता में तिरोहित करुणाजनित जागतिक संवेदना में। इस मायने में शमशेर की कविताएँ अपने मूल्यांकन के लिए नये मानकों की खोज की दिशा में भी पहल करती प्रतीत होती हैं। क्या कविता में यथार्थपरकता ही कोई मूल्य हो सकती है या होती है जो उसकी श्रेष्ठता का निर्धारण करे? मेरा ख़याल है कि कविता, सच्ची कविता बहुधा

यथार्थ की विरोधी ही हो सकती है, उसका सहचर नहीं। इसका कारण स्पष्ट है, कविता व्यंजना में प्रतीकात्मक ढंग से ही जीवन-यथार्थ को व्यक्त करने में अधिक प्रभावकारी होती है और हो भी सकती है। पाब्लो नेरूदा ने तो कविता में यथार्थवाद के विरोध तक की बात की है—

"जहाँ तक यथार्थवाद का सवाल है तो मैं यथार्थवाद को पसन्द नहीं करता। कविता यथार्थवाद की विरोधी होती है। उसके यथार्थवाद के विरोधी होने के अनेक कारण हैं।"

('मेमोरीज', पाब्लो नेरूदा, पृ. 294)

नेरूदा जब यह कहते हैं तो उनके मस्तिष्क में यह तथ्य स्पष्ट है कि कविता में निजी अनुभूतियों में भी समाज की अपेक्षाएँ और उसकी आकांक्षाएँ व्यक्त होती हैं। उसमें निजता, वैयक्तिकता या नितान्त इकहरी कामना होती ही नहीं है; इसलिए नहीं होती कि कविता जितना निज का व्यापार है, उतना ही समाज का व्यापार भी। यही कारण है कि कविता और अच्छी कविता निज में समाज के विलय से सम्भव होती है जिसकी अनुभूति में समाज का यथार्थ, उसकी आनुभूतिक आकांक्षाओं में व्यक्त होता है। शमशेर की कविता को जब हम इस तरह पढ़ने का प्रयत्न करेंगे तो समझ में आयेगा कि उनकी निजता में भी समाज की आकांक्षा व्यक्त होती है। जाहिर है, ऐसी कविताएँ शमशेर के यहाँ अधिक नहीं हैं, पर जो हैं, उनमें हमें यह भाव सहजता से मिलता है।

इस विचार के आधार पर शमशेर की एक बिल्कुल अलग ढंग की कविता—'टूटी हुई, बिखरी हुई', को देखें। 'आईना' शमशेर का प्रिय प्रतीक है। वे बार-बार उसे लाते हैं, उस पर रीझते हैं और उसकी छाया में अपने को टिकाते हैं—

'आईनो, रोशनाई में घुल जाओ
और आसमान में
मुझे लिखो और पढ़ो।
आईनो, मुस्कुराओ और मुझे मार डालो।
आईनो, मैं तुम्हारी ज़िन्दगी हूँ।'

यहाँ 'आईना' से मतलब 'आप' से है और आप अकेला नहीं, बहुसंख्यक यानी पूरा समाज। यहाँ शमशेर पूरे समाज को सम्बोधित करते हैं—समाज से वे चाहते हैं कि वह उनको यानी उनके दुःख, जीवन-संघर्ष और सपने को पढ़े, जाने। उनका निज भी समाज का ही है, उनका नहीं है। स्वयं को समाज की 'ज़िन्दगी' कहते शमशेर दरअसल समाज से खुद को पहचानने और उठ खड़े होने का ही आह्वान करते हैं। याद करें तो पायेंगे कि मायकोवस्की ने अपनी प्रसिद्ध कविता

'लेनिन' में रूसी जनता को 'नावें' कहा है—

"PEOPLE
are boats
although on land."

यह कहने की आवश्यकता नहीं है कि शमशेर को पाब्लो नेरूदा प्रिय हैं। नेरूदा की कविताओं ने शमशेर को बहुत प्रभावित किया था। यह अकारण नहीं है कि शमशेर ने नेरूदा पर कविता लिखी। जिस तरह नेरूदा मानवीय अनुभूति की धड़कन के कवि हैं, उसी तरह शमशेर भी। शमशेर ने अपनी 'मानवीय अनुभूतियों को' 'मेरी एकान्त धड़कनें' कहा है। सच्चाई यह है कि शमशेर उसी तरह अपनी अनुभूतियों में साधारण जनता को लाते हैं जिस तरह नेरूदा लाते हैं या जिस तरह मायकोवस्की की जनता ज़िन्दगी में भटकती, बलखाती और थपेड़े खाती नाव बन जाती है। शमशेर स्वयं उस साधारण को अपनी साधारणता में विलीन कर उसके संघर्षों को स्वर देते हैं। वे 'साधारण के सौन्दर्य के कवि' भी हैं, इसलिए नितान्त बहिष्कृत और शोषित जन के आन्तरिक सौन्दर्य को देखकर शमशेर उसे ही असली कला कहते हैं जो धरती के इन जनों की सुधि लेती है—

**'...चारों तरफ की सच्ची वास्तविक धरती
के जीते-जागते सीधे सादे कर्मठ
संघर्षशील, बज़ाहिर, बेतुके से लगते
लेकिन जिनके ऊपरी आवरण के अन्दर
अपार सौन्दर्य कर्म और कर्मठता का है
और जिसकी नीवें बहुत गहरी और काफी पुरानी हैं
और जो दरअसल पूरी धरती की
बस्तियों को
एक साथ
बाँधे हुए हैं...।'**

('अलादीन का चिराग')

शमशेर इसी साधारण के विशिष्ट कवि हैं जो साधारणता के सौन्दर्य को खोजते हैं, उसकी कर्मठता को पहचानते हैं और जिसकी नीवों की गहराई का उन्हें पता है। उन्हें मालूम है कि यह देश भी इन्हीं साधारण जनों का है जिनकी असाधारण कर्मठता ने ही इसे टिका रखा है। 'बस्तियों को एक साथ बाँधे' रखकर इन साधारण मनुष्यों ने इस देश को ही नहीं, समूची धरती को टिका रखा है, पर मायकोवस्की और नेरूदा की ही तरह शमशेर तब ग्लानि से भर उठते हैं जब उनके

सामने इन साधारण जनों का चेहरा आ जाता है। तब अपने चेहरे में उन्हें देखते शमशेर छल-छला उठते हैं–

'मेरी बाँसुरी है एक नाव की पतवार–
जिसके स्वर गीले हो गए हैं,
छप्-छप्-छप् मेरा हृदय
कर रहा है...
छप्-छप्-छप्।'

('टूटी हुई, बिखरी हुई')

अब ध्यान दीजिए तो पहचान पायेंगे कि 'बाँसुरी' यहाँ स्वयं शमशेर का प्रतीक है और 'नाव' है–साधारण जनता। लेकिन विडम्बना यह है कि 'बाँसुरी के स्वर' यानी शमशेर की आस्था-अनुभूति और अभिव्यक्ति का समुच्चय, उन दीन-जनों की वेदना से भींग गया है और कवि का हृदय लगता है जैसे पानी में उतरकर 'छप्-छप्-छप्' कर रहा है। यह जितनी निज की अभिव्यक्ति है, उतनी ही समाज की भी। इस कविता में यथार्थ अभिप्रेत नहीं है, अभिप्रेत है मानवीय अनुभूति की अभिव्यक्ति और उसकी आकांक्षा का सम्प्रेषण, जाहिर है, यथार्थ परोक्ष रूप से इस जीवन की छवि दर्शाता है और कविता में भी प्रतीकात्मकता के साथ वह उपस्थित है, पर उसका कोई आग्रह न तो यह कविता करती है न शमशेर करते हैं। सच्ची और खरी कविता इसी तरह अप्रस्तुत के बहाने प्रस्तुत को व्यक्त करती है और जीवन के गहरे क्षणों को उसकी धड़कनों के साथ पकड़ती है। शमशेर की कविता में समाज और समाज से सम्बन्धित चेतना इन्हीं रूपों में मौजूद है। कहना न होगा कि इस मौजूदगी में समाज अपनी विडम्बनाओं और अपनी अभिशप्त नियति के साथ आ खड़ा होता है और हम ठगे-से रह जाते हैं। यहाँ समाज और स्वयं शमशेर परस्पर-विद्ध हैं–शमशेर की करुणा समाज को भिंगोती है और समाज की दीनता शमशेर को विचलित-द्रवित करती है। यह इस कविता की समाज-सापेक्षता का विचारणीय तत्त्व है। असल बात यह है कि शमशेर भाषिक व्यंजना में संघर्ष को लगातार रूपायित करते हैं और संघर्ष तथा विरोध की मनोदशा को भी संकेतों में निरूपित करते हैं–

'शरीर लड़े जा रहा है
धरती के मनुष्य सा...
निरन्तर-निरन्तर...'

यानी उनके निज का संघर्ष, स्वयं अपने शरीर से उसी तरह संघर्षरत है जिस तरह धरती का मनुष्य अपने अस्तित्व के लिए निरन्तर संघर्ष करता है। यह स्वयं

से लड़ना, विरोध करना व्यवस्था से ही लड़ना है, उस तन्त्र से लड़ना है जिसने अस्तित्व का संकट उपस्थित कर दिया है। कवि का पूरा संघर्ष जीवन का संघर्ष है, अपने को मजबूती से टिकाये रखने का संघर्ष है, इसलिए चेतना के धरातल पर प्रस्तुत नहीं दिखते हुए भी शमशेर की आत्मपरकता में भी हम आसानी से उन तत्वों को खोज पाते हैं जिसमें वे समाज की चिन्ता करते दिखाई देते हैं। 'जब भूख लगती है हमें/तब इन्क़लाब आता है।' या 'शहीद/हुए हैं कहीं...लोग/अपने लोग' जैसी पंक्तियाँ तो सीधे-सीधे उनकी मानवीय करुणा के साथ प्रतिरोध को भी व्यक्त करती हैं। कामरेड रुद्रदत्त की शहादत पर लिखी गयी यह कविता जितनी रुद्रदत्त पर भावांजलि है, उससे अधिक क्रान्ति का स्वीकार–

'देखता है मौन अक्षयवट!
क्रान्ति का एक वृहत् कुम्भ!
चमकती असिधार सी है,
धार गंगा की।
हरहराकर उठ रहा
नव-जन महासागर!'

शमशेर को युवा-शक्ति से बहुत-सी उम्मीदें हैं। वे 'नव-जन महासागर' को देख रहे हैं जिसमें क्रान्ति का उद्घोष है और गंगा की धारा भी असिधार जैसी चमक उठी है। एक बात तो अवश्य ही ग़ौर करने वाली है कि शमशेर की कविता के समूचे वितान में एक आग है, बेशक वह आग दहक न रही हो, सुलग जरूर रही है। अपनी निजता में भी एक असन्तोष, खीझ या अकुलाहट से भरी उनकी कविताएँ दरअसल एक मानवीय व्यवस्था की माँग से उपजी दिखाई देती हैं। अगर ऐसा न होता तो शमशेर को बार-बार स्वयं से लड़ना न होता। 'नज़रूल इस्लाम' पर लिखी गयी कविता में भी उनकी बेचैनी साफ पढ़ी जा सकती है। यह बेचैनी नजरूल पर लिखी पूरी कविता में इस उपमहाद्वीप की समृद्धि की कामना से प्रेरित है। भारत, बांग्लादेश और पाकिस्तान की जनता की एकता, उनका विद्रोह और उनकी संघर्षशीलता को आवाज़ देते शमशेर लिखते हैं–

'तीन देशों के विप्लवी
एकता में
कहीं चित्त बसाएँ
हमारे लिए तीन
जो तुम्हारे लिए 'एक'।'

'बात बोलेगी' कविता में शमशेर अपनी क्रान्ति-चेतना को समाहित कर 'सुर्ख

गुलाब' के प्रतीक से इस तरह व्यक्त किया है कि यह कविता ही क्रान्ति की गतिशीलता और निरन्तरता का प्रतीक बन गयी है। 'सुर्ख गुलाबों का उभरता दरिया' ही मानो सब दुःखों का समाधान है, उसी में 'प्यारी मासूम धरती' को सुखी बनाने और उसे 'छोरहीन दरिया' बना देने की ताकत है—

'दोनों देशों के
अक्षांशों के
अपनी सुगन्ध से मस्त बनाए हुए
सुर्ख गुलाबों का एक
उभरता दरिया
सुर्ख गुलाबों के शिशु-मुख
उल्लास से तमतमाए हुए
ऊर्जाओं की
हारमनी के संगीतमय, मानो
अपने नृत्य दोल में
प्यारी मासूम धरती को
उद्वेलित किए हुए
दूर तक गुलाबों का
एक ओर छोरहीन दरिया!'

('बात बोलेगी')

सुर्ख गुलाब या दरिया छोरहीन है। यह समय का प्रतिरूप तो है पर असीम है। इस 'सुर्ख गुलाब' में ही शिशु-मुख का उल्लास है जो ऊर्जा की संगीतमय हारमनी में, नृत्य दोल में प्यारी मासूम धरती को उद्वेलित किये हुए है। यानी शमशेर की काव्य-चेतना में सर्वजन के हित का भाव अन्तर्भूत है और यही कारण है कि अपनी निजता में भी शमशेर जिस स्वप्न और संघर्ष की बात करते हैं, वह व्यापक हित में विन्यस्त हो जाता है। एक सोच है और एक चिन्ता है जो हमेशा उन्हें सालती है। यह चिन्ता अपनी विवशता की तो है ही, समाज की विवशता की भी है और उस समाज में रहने वाले दीन-दुखियों की चिन्ता भी है। इस चिन्ता में सहानुभूति नहीं है, समानुभूति है—एक ही धरातल पर सबको महसूस करने और जीने का भाव, क्योंकि शमशेर को भी यही जीवन मिला है जिसे वे प्रेम के बल पर जी पाते हैं अन्यथा जी पाना भी क्या सम्भव होता?

यहाँ आकर हमें लगता है कि अपने रोमानीपन के बावजूद शमशेर का काव्य-मानस द्विधा और विघटन से बचता है तो उसका खास कारण यही है कि

शमशेर ने जीवन के उस असल 'सत्य' को जान लिया है जिसके लिए उन्हें स्वयं को तैयार रखना है। अपने एकान्त में, अकेलेपन में जिस तरह की द्विधा या विघटन को शमशेर दर्शाते हैं, वह उनकी समाज-सापेक्ष कविता के स्वभाव में नहीं है और न ही उस कविता के स्वभाव में; जिसमें वे समाज को सम्बोधित होते हैं। कई बार यह भ्रम भी होता है कि कवि के इन दो रूपों में असल रूप किसे मानें? दोनों रूप अपनी जगह सही हैं और स्वीकार्य भी; क्योंकि आप 'एकाकी शमशेर' को भी उतना ही महत्त्व देंगे जितना 'सार्वजनिक शमशेर' को, बल्कि उससे अधिक। रोमान के आवेग में जीवन और संघर्ष की आकांक्षा में समाज को सम्बोधित इस कवि में दो परस्पर-विरोधी भावों, स्थितियों और तत्त्वों को साधने तथा उन्हें सन्तुलित कर समन्वित करने की असाधारण क्षमता है। यही कारण है कि उन्हें 'कवियों का कवि' कहा गया, हालाँकि यह 'कवियों का कवि' वाली उपाधि अपने में एक व्यंग्य ही प्रतीत होती है और शमशेर को एक ऐसे कवि के रूप में देखती है जो कवियों का कवि तो हो सकता है, जनता का नहीं। सच तो यह है कि शमशेर सही मायनों में हिन्दी के वह कवि हैं जो अपनी पूरी निर्मिति में मौलिकता की नयी परिभाषा देते हैं। उनको अधिक मौलिक होने की वज़ह से ही 'कवियों का कवि' कहकर दुर्बोधता के खाते में डाल दिया जाता है जो सर्वथा अनुचित है। नामवर सिंह ठीक ही कहते हैं–

> *"...इसलिए शमशेर के लिए इतना ही काफी है कि वे कवि हैं–सिर्फ कवि। न 'शुद्ध' कविता का कवि' न 'कवियों का कवि', न प्रयोग का कवि और न प्रगति का ही कवि। कुछ कवि ऐसे होते हैं जिन्हें हर विशेषण छोटा कर देता है।"*

('प्रतिनिधि कविताएँ', भूमिका)

शमशेर सचमुच ऐसे ही कवि हैं जिनके आगे सभी विशेषण छोटे पड़ जाते हैं, उन्हें हम एक समग्र कवि कहकर ही सन्तोष कर लें तो अच्छा है, क्योंकि कविता की असल परख और परीक्षण करते शमशेर निश्चय ही उसे जितना अपना बनाते हैं, उतना ही समाज का भी और यही कवित्व की कसौटी है। शमशेर की कविता आदमी पर सबसे अधिक भरोसा करने वाली कविता है। आदमी पर भरोसे से ही परिवर्तन हो सकता है और यह दुनिया रहने लायक बन सकती है। यह आदमी दृढ़ संकल्प और परिवर्तन का पुरोधा है जो अपनी कुहानियों से दो पहाड़ों को ठेलता बढ़ रहा है–

'एक आदमी दो पहाड़ों को कुहनियों से ठेलता
पूरब से पच्छिम को एक क़दम से नापता

बढ़ रहा है
कितनी ऊँची घासें चाँद-तारों को छूने-छूने को हैं
जिनसे घुटनों को निकालता वह बढ़ रहा है
अपनी शाम को सुबह से मिलाता हुआ
फिर क्यों
दो बादलों के तार
उसे महज़ उलझा रहे हैं?'

('एक आदमी दो पहाड़ों को कुहनियों से ठेलता')

मनुष्य की दृढ़ता और उसके आत्मबल का यह एक विराट् रूपक है। 'मनुष्य अपने पौरुष से दो पहाड़ों को अपनी कुहनियों से ठेल सकता है' इस भाव को दर्शाती यह कविता दिखाती है कि कैसे एक आदमी दो पहाड़ों को कुहनियों से ठेलकर पूरब से पश्चिम की ओर बढ़ रहा है। पहाड़ों पर उगी घास आसमान से टकरा रही है और वह उनसे अपने घुटनों को निकालता अपनी शाम को सुबह से मिलाता बढ़ रहा है। दैन्य है उसकी शाम और सुबह आशा का सूर्य है जिसके मिलन में दो बादलों के टुकड़े उलझा रहे हैं, पर उसकी दृढ़ता के आगे उनकी बिसात ही क्या है कि उसका रास्ता रोक लें और उसे लक्ष्य-विमुख करें! यह कविता मनुष्य पर भरोसा तो करती ही है, उसकी संकल्प-चेतना को भी अप्रतिम बनाती है। इस तरह एक विराट रूपक निर्मित करते शमशेर इस कविता को एक अमूर्त चित्रकृति (एब्सट्रैक्ट पेन्टिंग) की शक्ल देते हैं। आदमी की कुहनियाँ दिखती हैं या घुटने, उसका चेहरा सहित पूरा शरीर पहाड़ों की छाया में छुपा है–और बादलों के टुकड़ों से टकराते पहाड़ों से वे एक दृष्टि केन्द्र बनाते हैं। इस कविता को एक चित्र की तरह देखने पर लगता है कि पूरे चित्रफलक पर छाये पहाड़ एक आदमी के प्रयत्न से काँप रहे हों।

इस तरह हम देख पाते हैं कि शमशेर जहाँ भी समाज-सापेक्षता की दिशा में बढ़ते हैं, वहाँ उनका वह रोमान एक परिवर्तित शक्ल में आ जाता है जो तड़प और आकुलता का अपना स्थायी भाव भूल-सा जाता है। दूसरे शब्दों में कह सकते हैं कि शमशेर का निजी रंग भी समाज के रंग में तिरोहित होकर मनुष्य के बलाबल का रंग बन जाता है। यह वैशिष्ट्य शमशेर की कविता को अपार सम्भावनाओं से भरी कविता बनाता है जिसमें प्रेम, श्रद्धा, दीनता, पौरुष, हताशा और परिवर्तन की धधकती आग एक साथ मौजूद हैं। अकेलापन भी तब इस कविता में एक मूल्य बनकर उभरता है–जगत् के कोलाहल से दूर अपने से निरन्तर संवाद करने की तन्मयता से उपजा यह वांछित अकेलापन शमशेर को जीने की शक्ति देता है और

निज से पर में मिला देने की हिकमत भी। हालांकि इस बात से इनकार कर पाना कठिन है कि शमशेर की कविता, स्वयं शमशेर की दृष्टि में संशयवादी कविता है—

"मैं कोई दार्शनिक नहीं, मार्क्सीय भी नहीं, दार्शनिक। पर मैं अक्सर मन ही मन सोचता रहा हूँ कि कैसे कॉलरिज का अद्भुत कवि प्रारम्भ में ही बुझ-सा जाता है और फिर उसकी कला-मूल्यों सम्बन्धी दार्शनिक बातें ही रह जाती हैं। वह मुझे अपने अन्दर एक छाया-सा डोलता आज भी कहीं न कहीं महसूस होता है—कल्पना और भावना का विश्लेषण करता, दार्शनिक, कुबलाखानी प्रसुप्त लोक का सजीव स्वप्न निर्माता 'दार्शनिक' कवि (खोया-खोया) और जब वो खो गया, तो खो ही गया। यह मेरा अपना गहरा गुप्तभावबोध है जो मेरे भीतर से निकलता नहीं। बरबस उसका इमेज मेरे सामने तैर जाता है। उसकी संगति यहाँ है या नहीं, मैं ठीक-ठीक नहीं जानता। मगर एक यथार्थ है वह मेरी प्रतिक्रिया की पृष्ठभूमि में।"

('एकान्त संघर्ष : एक मूल्यांकन,' एक लम्बा नोट से पृ. 67)

शमशेर में अपनी कविताओं को लेकर और उनमें विन्यस्त विचारों को लेकर बराबर संशय बना रहा है। लेकिन इस संशय को एक क्षण के लिए किनारे रखकर सोचें तो समझ में आयेगा कि शमशेर चाहे जितना अपने को लेकर संशय में रहें, यह स्पष्ट है कि उनकी कविता में कल्पना और भावना की अपनी जगह है और उनकी प्रतिक्रिया के यथार्थ की भी अपनी जगह है। वे अपने को मार्क्सीय न मानें या दार्शनिक न मानें यह उनकी बात है, पर उनकी कविताओं का जगत् संशय का जगत् नहीं है। अपनी निजता में भी वे संशयमुक्त हैं—कुछ स्थलों को छोड़कर जहाँ उन्हें मृत्यु आदि का भय सताता है, और उन कविताओं में भी जिसमें वे समाज की चिन्ता करते हैं। शुद्ध प्रगतिशील कविताओं में तो इसकी गुंजाइश ही नहीं है। बहरहाल, 'तुम्हारी चोटें होनी हैं; हमारा सीना होना है' कहने वाले कवि में संशय हो भी तो क्यों?

शमशेर की आत्मपरकता विख्यात है और जाहिर है, अपनी आत्मपरक कविताओं के कारण ही वे हिन्दी की आधुनिक कविता में अपनी विशिष्ट जगह बनाते हैं। प्रगतिशील कविताओं के कारण वे बहुत जाने जाते हों या जाने जायेंगे, यह कहना सचमुच नादानी ही होगी। हाँ, यह कहने में कोई हर्ज़ नहीं है कि उनकी कविताओं में मनुष्य पर जो भरोसा है और अपने समय को लेकर जिस तरह की तड़प है, उसमें हम एक सकारात्मक समाज-सापेक्षता देख पाते हैं जिसमें कवि की निजता भी जुड़ जाती है। ऐसी ही कुछ कविताओं में वे व्यंग्य भी करते हैं, हालाँकि उनकी कविता के मिजाज में व्यंग्य नहीं है। व्यंग्य की तुर्शी तो प्रगतिशील कविता के

अग्रणी कवियों में दिखती है जहाँ वह कविता का स्वभाव ही बन जाता है, जैसे नागार्जुन की कविता में। पर शमशेर के यहाँ भी व्यंग्य दिखता है भले ही वह कम क्यों न हो। ऐसा ही एक मारक व्यंग्य एक ग़ज़ल में है जिसे देखना यहाँ दिलचस्प होगा—

'राह तो एक थी हम दोनों की
आप किधर से आए-गए!
हम जो लुट गए पिट गए, आप जो
राजभवन में पाए गए।'

जाहिर है, यह ग़ज़ल शमशेर ने एक ऐसे राजनेता पर लिखी है जो लम्बे समय तक उनके साथ रहा है, पर अचानक कहीं राज्यपाल बन गया है। यह राजनीति की महिमा है जो पता नहीं, कब किसको क्या से क्या बना दे। इस ग़ज़ल में शमशेर आगे कहते हैं—

'किस लीला युग में आ पहुँचे,
अपनी सदी के अन्त में हम।
नेता, जैसे घास-फूस के,
रावन खड़े कराए गये।'

अपने युग को लीलायुग कहते कवि को पता है कि यह नेता घास-फूस के ही हैं, पर उन्हें रावण की तरह खड़ा कर दिया गया है। यह ग़ज़ल आज की राजनीतिक-व्यवस्था पर चोट करती है। इसी तरह एक कविता है—'अभाव के व्यंग्य से'। इस कविता में कुत्ते के प्रतीक के माध्यम से कवि ने उन लोगों की ख़बर ली है जो सारी सुविधाओं के साथ ठाट कर रहे हैं। पर उनकी मूल प्रकृति कुत्ते की ही है; क्योंकि उसे ही सब कुछ मयस्सर है—

'अभाव के व्यंग्य से
जूते चबाता हुआ-सा मानो
कुत्ता था जब मैं
टकराता बार-बार अपने हवाई दाँत
नोकीले।'

शमशेर को अपने समय की विरूपता डराती है, उन्हें विचलित करती है और वे खुली आँखों से उसे देखकर उसकी सड़ान्ध को ताड़ते हैं। अपनी कविता में व्यंग्य के जरिये इसी सड़ान्ध पर वे प्रहार करते हैं और हमारी सामाजिक और राजनीतिक विडम्बना पर चोट करते हैं। शमशेर की कविताओं में, जैसा कि हम पीछे देख आये हैं; एक सार्वभौम भाव है और इसी भाव के कारण वे बहुधा स्थानीयता का अतिक्रमण भी करते हैं। उनकी कविता में दायरा नहीं बँधता, वे

अपने विस्तार में सारी हदें तोड़ देती हैं और जीवन के बुनियादी मूल्यों की परवाह करती हैं। कुँवर नारायण ने ठीक ही कहा है कि–

"शमशेर की साहित्यिक चेतना में कला के सार्वभौमिक आदर्शों (यूनीवर्सल आइडियल्स) की व्याप्ति है। वे भारतीयता के नाम पर स्थानीयता या प्रादेशिकता के संकुचित दायरे नहीं बनाते बल्कि दोनों के अर्थ को विस्तृत करने की कोशिश करते हैं, एक ऐसी कला में जिसके सन्दर्भ बुनियादी जीवन-मूल्यों और रचनात्मकता के नियमों का स्पर्श करते हों।"

('आज और आज से पहले', पृ. 186)

यानी बुनियादी जीवन-मूल्यों और रचनात्मकता के नियमों का स्पर्श करते हुए शमशेर अपनी कविता को विस्तार देते हैं। यही कारण है कि उनके 'व्यक्ति' में भी हमें एक ऐसा व्यक्ति नज़र आता है जो एक दायरे में आबद्ध नहीं हो पाता। एक विस्तार, एक अपनी ही तरह की बड़ी दुनिया और एक बिल्कुल अपनी पसन्द का राग छेड़ती कविता क्या स्थानीयता के दायरे में बँध भी पायेगी? एक खुली उड़ान में शमशेर की कविता सारी सरहदें तोड़कर समूची मानवता को सम्बोधित होती है और अपनी स्थानीय सीमाओं का अतिक्रमण भी करती है। कदाचित् इसीलिए हमें उनकी नितान्त वैयक्तिक अनुभूतियों में भी एक ऐसी आत्मीयता दिख पड़ती है जिसमें निज का विस्तार है। यह कवितांश देखिए–

'एक लय ऐसी लिये हुए जिसमें
अनेक वर्षों की पर्तें
झूम रहे हैं पीड़ा से हर्ष से
उदास मौन समझ लिये
अनगिनत आइनों को
न जाने कितने कोणों से प्रतिबिम्बित किए हुए
ग़ौर से देखो तो हम सबका एक
धुँधला इन्द्रधनुष बनाते
हाँ, कोई एक क्लासिक अन्दाज़।'

('गोया वो')

यह है शमशेर का सृजनात्मक वैशिष्ट्य जिसमें वे अपने 'आत्म' को घुलाते हैं ऐसी लय में जिसमें अनगिनत आईना हैं और अनेक कोणों से प्रतिबिम्बित होते हुए वह 'हम सबका' एक धुँधला इन्द्रधनुष बनाते हैं। शमशेर इस अर्थ में सामाजिक चेतना को तरल आत्मीयता में भिगोने वाले कवि बनते हैं जिनके यहाँ सम्बन्ध का धरातल भी अपनी निजता बिसारकर सामूहिकता का धरातल बन

जाता है। जीवन के बुनियादी मूल्यों की परवाह और उनकी चिन्ता से उपजी यह मार्मिकता अपने आँसुओं में पीड़ा के साथ-साथ हर्ष का भी संचार करती है; क्योंकि यह जीवन वेदना ही तो नहीं है, कल की आशा में हर्ष भी तो वह है। शमशेर की कविता निरीहता के प्रतिकार की कविता भी है जो मनुष्य के बलाबल को थाहती है, उसे अधिक प्रखर और मजबूत बनाती है। प्रेम की शक्ति से उनका मनुष्य हर तरह की चुनौतियों को झेल लेता है और हर तरह की विपदा का मुकाबला करता है। कहते हैं कि कविता अकेले पड़ते व्यक्ति को अकेला नहीं होने देती। वह उसके अन्तर में असंख्य अनुगूँजों के साथ ध्वनित होती है। शमशेर की कविता इसका जीवंत उदाहरण है। वह उदास झरनों में भी जीवन का उल्लास भर देती है तो दरिया को लाल गुलाबों से पाटकर उत्फुल्ल जीवन का सन्देश देती है। जीवन के प्रत्येक क्षण को जीते हुए कवि शमशेर ने उसके जितने रंग देखे; उनकी कविता उन सभी रंगों का खूबसूरत आईना बनकर उभरती है—विषाद और उदासी, अकेलेपन की बेतरह बेचैनी और कवि के अन्तर में घिर आते अँधियारे के बावजूद कहीं गहरी रोशनी दिखातीं इन कविताओं में अपने समय को अतिक्रमित करने की ताकत है। काल यहाँ निरवधि है, प्रेम सभी विधि-निषेधों से परे है और कामना समूची मानवता को शान्ति-समृद्धि से सम्पन्न करने की है। मानवता का आदर्श परम भाव है, वह प्रतिक्षण कवि के चित्त को आह्लादित करता है और ऐसे ही क्षण में वे गा उठते हैं—

'यह सुख का भविष्य शांति की आँखों में ही वर्तमान है
इन आँखों से हम सब अपनी उम्मीदों की आँखें
सेंक रहे हैं
ये आँखें हमारे दिल में रोशन और हमारी पूजा का
फूल हैं
ये आँखें हमारे कानून का सही चमकता हुआ मतलब
और हमारे अधिकारों की ज्योति से भरी शक्ति हैं
ये आँखें हमारे माता-पिता की आत्मा और हमारे बच्चों का दिल हैं
ये आँखें हमारे इतिहास की वाणी और हमारी कला का सच्चा सपना हैं
ये आँखें हमारा अपना नूर और पवित्रता हैं
ये आँखें ही अमर सपनों की हकीकत और
हकीकत का अमर सपना हैं
इनको देख पाना ही अपने आपको देख

पाना है, समझ पाना है।
हम मनाते हैं कि हमारे नेता
इनको देख रहे हों।'

('अमन का राग')

'अमन का राग' गाते शमशेर—'शान्ति की आँखों में सुख का भविष्य' देखते हैं। इन आँखों को 'अमर सपनों की हकीकत' और 'हकीकत का अमर सपना' कहते शमशेर चाहते हैं कि देश के नेता जनता की आँखों को देखें और उनके मर्म को समझने का प्रयत्न करें। वे जब तक जनता की आँखों में देखने की कोशिश नहीं करेंगे तब तक जनता के दुःख-दर्द को जानना उनके लिए सम्भव नहीं है। उन आँखों में बसे सपनों की हकीकत से अनजान व्यवस्था की सच्चाई भी वे जानते हैं, इसीलिए आदर्श और यथार्थ के द्वैत को मिटाकर वे बार-बार जनता की एकता का स्वर बुलन्द करते हैं और सामाजिक ग़ैर-बराबरी पर खीझते हैं। उन्हें निर्धनों की तकलीफ सालती है और 'संकुचित हृदय' भी बेधता है। उन्हें इस बात की भी तकलीफ है कि दुखियों के साथ समाज का सम्पन्न वर्ग खड़ा नहीं है। वे एक मुक्तक में अपनी पीड़ा कुछ इस तरह से व्यक्त करते हैं—

'नाज पकने पर खुले आकाश से
बिजलियाँ गिरती हैं निर्धन के लिए।
संकुचित है आज जीवन का हृदय,
व्यक्ति-मन रोता है जन-मन के लिए।'

शमशेर की कविता का जगत् हृदय का जगत् है जिसमें करुणा का सजल स्रोत है और समानुभूति की पवित्रता का ताप भी; यही कारण है कि यहाँ कोई दिखावा नहीं है। खुले हृदय से जगत् को अपना बना लेने और जगत् में अपने को तिरोहित कर देने का भाव ही शमशेर का काव्य-भाव है। इस कविता-समय में आकांक्षा मनुष्य की मुक्ति में निहित है। जब तक उसके दुःख से निवृत्ति नहीं होती, तब तक न तो जगत् में शान्ति आयेगी और न ही समृद्धि। मानव से मानव को लड़ाकर मिटा देने वाला युद्ध भी तब तक ख़त्म नहीं होगा। शमशेर की कविता अपने इस रूप में मानवतावादी कविता है—समूचे जगत् को शान्ति, समृद्धि और प्रेम से भर देने वाली समग्र मानवतावादी कविता। बर्टेन्ड रस्सेल अपने दर्शन में इसी मानवता का सन्देश देते हैं और अपने को सदा पीड़ित मानते हैं। जिसमें पर-दुख-कातरता न हो और समाज के वंचितों के जीवन को बदल देने की छटपटाहट न हो, उसे हम कैसे बौद्धिक मान लें। रस्सेल का बौद्धिक गाँधी का 'वैष्णवजन' ही है और शमशेर का कवि इस शर्त्त पर खरा उतरता है। रस्सेल कहते हैं—

"Echoes of cries lines of pain reverberate in my heart. Children in femine, victims of tortured by oppressors, helpless old people, a heated burden to their sons and the whole world of loneliness, poverty and pain makes a mockery of what human life should be. I long to alleviete the evil, but I can not, and I too suffer."

('ऑटोबायोग्राफी', पृ. 9)

शमशेर के काव्य-जगत् में समानुभूति और गहरी छटपटाहट का भाव प्रबल है और दुखियों के साथ खड़े होने की प्रबलता भी। वे अपने जीवन में स्वयं इस अभाव के प्रतीक हैं, किसी आभिजात्य के नहीं। यही कारण है कि उनका कवि-मानस जिस व्यक्ति को रूपायित करता है, वह व्यक्ति वंचित है—प्रेम, सुख और समृद्धि से सर्वथा, सर्वदा वंचित। बार-बार दुःख से कातर होते हुए, पर अपने स्वाभिमान में अटल पर्वत सरीखा। अपने अकेलेपन, अपने अभाव और अपनी निर्धनता में भी अलमस्त। कवि शमशेर में वंचित जनों की सुधियों का हुंकार है और सत्ता को कँपा देने वाला उद्घोष भी—

'ढीली इस जीवन की कमान
कसनी है :
छूटेंगे जिस पर कड़े प्राण के
तीर, जो कि
भेदेंगे
सातों आसमान।

टूटेंगे अरि-दल के पहाड़
के पहाड़
जब जन-बल का सागर
दहाड़ कर उठेगा,
करता विचूर्ण फासिस्ट हाड़।'

('जीवन की कमान')

जनता के 'बल के महावाण' पर कवि को भरोसा है। उसे भरोसा है कि इसी से मध्ययुगीन दासता से उसे मुक्ति मिलेगी और यह नवयुग का ज्वलंत प्रमाण बनेगा। शमशेर की कविता की सामाजिकता का दर्शन जन-जन के परित्राण का दर्शन है। यह उस कवि का दर्शन है जो स्वयं वंचित रहकर वंचितों की सुधियों में बसा रहा। 'जीवन की ढीली कमान' को कसने का आह्वान करते शमशेर की कविता का यह मानववाद निश्चय ही हिन्दी की आधुनिक कविता की एक उपलब्धि है।

(पाँच)

पूरा आसमान का आसमान

(उपसंहार)

पूरा आसमान का आसमान

(5)

शमशेर की कविता जीवन के सहज उल्लास और अचानक उभरते विषाद के बीच अपने को ही पा लेने और अचानक खो देने की कविता है। अनुभूति के सहज उच्छलन में अपने को विलीन कर देने वाली यह कविता व्यक्ति-रूप में मनुष्य के जीवन और जगत्-रूप में समाज की चिन्ता करने वाली वह कविता है जिसमें कोई फाँक नहीं है। जीवन के गहरे राग-विराग, हर्ष-विषाद, यन्त्रणा और मुक्ति तथा जीवन-मृत्यु जैसे भाव इस कविता के केन्द्र में हैं। कहना न होगा कि शमशेर ने इन विषयों पर रचित कविताओं में अपने को समो दिया है। इनमें शमशेर का व्यक्ति नहीं दिखता, उसकी साँसों की आवाजाही सुन पड़ती है, उसकी धड़कनों का स्पन्दन सुनायी पड़ता है। यहाँ कविता और प्राण का अभेद है, अद्वैत है और यही कारण है कि जब तक हम उसमें डूब नहीं जाते, उसके निहितार्थों तक पहुँचना तो दूर, सन्दर्भों तक भी पहुँचना हमारे लिए सम्भव नहीं होता। आप शमशेर को पढ़ते हुए अचानक एक अन्तर्यात्रा करने लगते हैं और कविता की अनुभूति में निहित वेदना आपको हिला डालती है। कविता सचमुच कैसे हृदय की तड़प है या कि उसका मुक्त गान, कैसे वह अन्तर में बसे एक भरे-पूरे लोक का पुनर्वास है—इसका उदाहरण शमशेर की कविता का अपना संसार है। ग़ालिब का यह शे'र शमशेर की कविता और उनके कवि-मानस पर सौ फ़ीसदी खरा उतरता है—

'रगों में दौड़ते फिरने के हम नहीं कायल,
जो आँख ही से न टपका तो फिर लहू क्या है।'

शमशेर की कविता में यही वेदना, तड़प और मर्मबेधिनी संवेदनशीलता है जो हिन्दी कविता में निराला से होकर आयी है। इस कविता में सुरुचि का संस्कार नहीं, अपने आत्म के सजल भाव का विस्तार है। यही भाव भारतीय जन की गहरी

करुणा में मिलता है, उसके आत्मीय संस्पर्श और संसक्ति में मिलता है। यहाँ हृदय की वाणी है, इसका बुद्धि के तार्किक वैभव से सीधा विरोध है। प्रचलित अर्थों में हम नागर जिसे कहते हैं, वह नगरीयता शमशेर की कविता में न है, न ऐसी कोई कामना कभी शमशेर ने की ही। गाँव, कस्बा चाहे इस कविता में सीधे-सीधे न दिखते हों, पर यह कविता गाँव की सीधी, सच्ची और तरल आत्मीयता में ही पगी हुई है। एक निश्छल, पारदर्शी भारतीय जन की तड़प ही शमशेर की कविता है—चाहे वह प्रेम की अधीरता हो, अपने को ही उसमें होम कर देने की तड़प हो या अपने अभावों में ही रहकर, खुद पर हँसकर शान से जी लेने की खुद-मुख़्तारी हो; शमशेर की कविता का रंग नागर कविता का रंग नहीं है, ठेठ देसी ठाट की कविता का रंग है। यही कारण है कि शमशेर अज्ञेय की नागर 'सुरुचि' पर व्यंग्य कर कहते हैं—

'अस्थिर क्यों होना
फिर?
जो है
उसे ही क्यों न सँजोना?
उसी के क्यों न होना?
जो कि है।'

('अज्ञेय से')

यह कविता इस प्रश्न से ही आरम्भ होती है—

'जो नहीं है
जैसे कि 'सुरुचि'
उसका ग़म क्या?
वह नहीं है।'

(वही)

यह केवल 'सुरुचि' पर प्रश्न नहीं, स्वयं अपने से संवाद है—आत्मालाप। अपने से बार-बार सम्बोधित होते और संवाद करते शमशेर कविता को जितना जीवन-राग बनाते हैं, उतना ही अपने जीवन को कविता; और इस तरह दोनों एक-दूसरे के पूरक होकर एक दूसरे में समाहित हो जाते हैं। बूँदें बादलों से गिरती हैं, पर क्या उन्हें जल से विलग उसी रूप में देखना सम्भव है जैसे वह जल में गिरती हुई दिखती हैं? नहीं, बिल्कुल नहीं। ठीक इसी तरह शमशेर की कविता और उनके जीवन का सम्बन्ध है—परस्परबिद्ध। इसमें राग का न तो कविता के बाहर अस्तित्व है न जीवन के बाहर। जीवन में कविता एक राग है तो कविता में जीवन

एक राग है—भावनाओं में बसी मूरत का रंग जीवन के रंग से मिलकर निखर उठता है और तब उससे उद्भूत अनुभूति कवि के हृदय को विगलित करने लगती है। ऐसे ही क्षणों में यह कविता जन्म लेती है और उसमें समाया कवि-समय समूचे काव्य-आस्वाद को चुनौती देने लगता है। इस कविता का आसमान विराट् और अनन्त भले न हो व्यापक तो है ही और जीवन के अनेक गहरे क्षणों का साक्ष्य भी। कैसे जीवन हमेशा एक अबूझ पहेली की तरह रहा है और कैसे हम उसे अपनी ही तरह जी लेने की खुशफ़हमी में खोते जाते हैं, यह शमशेर की कविता हमें बताती है; क्योंकि वह जीवन की कविता है और जीवन के लिए कविता है इसलिए यह जीवन अपने भाव में इतना खुलता भी यहीं है। तो क्या कविता अपने जीवन से भागती भी है? क्या वह कवि के जीवन और उसकी अनुभूतियों से हमेशा उद्बुद्ध हो; ऐसा नहीं है? इस प्रश्न पर बहुत-सी बहसें हुई हैं। कवि की आस्था, उसकी अनुभूति की प्रामाणिकता पर न जाने कितना कुछ लिखा गया है। सच यही है कि कविता अपने को छुपा लेने की भी एक विधा है, वह हमेशा कवि की अनुभूति की प्रामाणिकता का दस्तावेज़ प्रस्तुत नहीं कर पाती। कवि के व्यक्तित्व की ईमानदारी से यह तय होता है कि उसकी कविता का उसकी अनुभूति से कितना रिश्ता है और है तो उसका प्रतिशत कितना है। यह बेहद असुविधाजनक प्रश्न है जिसका उत्तर खोजने चलें तो न जानें कितने लोग संदिग्ध नज़र आने लगेंगे। पर कवि के रूप में शमशेर की ईमानदारी खरी है जो उनकी अनुभूति की प्रामाणिकता का साक्ष्य देती है और हम उसके प्रति विश्वस्त हो उठते हैं।

इस कविता की ईमानदारी इसके खरा होने में है, बिना किसी बनावट, छद्म और सतर्कता के व्यक्त होने में है—उन इच्छाओं, लाचारियों और अपने दैन्य में व्यक्त होने में है, जहाँ कवि का हृदय पूरी तरह खुला दिखता है—

'द्रव्य नहीं कुछ मेरे पास
फिर भी मैं करता हूँ प्यार
रूप नहीं कुछ मेरे पास
फिर भी मैं करता हूँ प्यार।'

'प्रेम' कविता की उपर्युक्त पंक्तियों में असाधारण ईमानदारी है और अनुभूति की प्रामाणिकता की कसौटी भी। सातवें दशक के पहले चरण की कविता में व्यक्त ईमानदारी को नामवर सिंह ने 'साहस' कहा है। उन्हीं के शब्दों में—

"इस बार ईमानदारी 'विद्रोह' का पर्याय बनकर प्रकट हुई, जिसमें ईमानदारी का मतलब था साहस। साहस आत्मान्वेषण का नहीं और न आत्म-साक्षात्कार

का; बल्कि साहस अप्रिय-से-अप्रिय वास्तविकता के साक्षात्कार का। इस दौर के कवियों का ख़याल है कि सत्य कहीं सात पर्दे के अन्दर छिपा हुआ कोई रहस्य नहीं है, जिसे खोजने के लिए 'प्रामाणिक अनुभूति' की आवश्यकता हो।"

('कविता के नये प्रतिमान', पृ. 191)

शमशेर की कविता में 'ईमानदारी' साहस का पर्याय तो है, पर विरोध का या 'विद्रोह' का नहीं है। अपने को खोल देना और स्वयं अपनी ही लाचारियों में प्रकट होने का साहस कर पाना, जाहिर है; 'ईमानदारी' के साथ-साथ 'साहस' का काम भी है। शमशेर की कविता के प्रसंग में यह 'ईमानदारी भरा साहस' या 'ईमानदार साहस' है। 'अनुभूति की प्रामाणिकता' को एक समय में एक बड़े काव्य-मूल्य की तरह देखा गया, पर बाद में उसे संदिग्ध भी करार दे दिया गया। यह माना गया था कि यह काव्य-मूल्य यानी 'अनुभूति की प्रामाणिकता' की धारणा का सम्बन्ध 'नयी कविता' से था। नयी कविता के रोमान से अनुभूति की प्रामाणिकता का साथ चोली-दामन जैसा था। जब स्वयं 'नयी कविता' का सातवें दशक की वास्तविकताओं से साबका पड़ा तो यह धारणा तो संदिग्ध हुई ही, स्वयं नयी कविता भी संदिग्ध हुई। नामवर सिंह मलयज को उद्धृत करते हुए इस धारणा को ही संदिग्ध बना देते हैं–

"...इस प्रकार विश्लेषण-क्रम में मलयज को भी अब दृष्टिगत हो गया कि नयी कविता के दौरान निरपेक्ष मूल्य के रूप में प्रचारित 'अनुभूति की प्रामाणिकता' जैसे शब्द वस्तुतः शीत-युद्ध की उपज थे, जिनके मूल में कम्युनिज़्म का अन्धविरोध भाव था।"

('कविता के नये प्रतिमान', पृ. 190)

इसको लेकर बहस करने का न तो मेरा कोई इरादा है और न ही इसकी यहाँ कोई जरूरत ही है, पर यह कह देना अनुचित नहीं जान पड़ता कि 'नयी कविता' में व्यक्त 'ईमानदारी' और 'अनुभूति की प्रामाणिकता' को जिस तरह 'आत्म-साक्षात्कार' के बजाय 'आत्म-रति' कहा गया और नयी कविता के कुछ कवियों को लक्ष्य कर उनकी कविता को 'रहस्यपरक आत्मोपलब्धि' तथा 'मौन की आराधना' के खाते में डाला गया, उससे नयी कविता पर कम आलोचना पर सन्देह का साया अधिक गहराया। शमशेर स्वयं नयी कविता के कवि हैं, रोमांटिक आवेग के कवि भी वह हैं, पर उनकी 'ईमानदारी' 'साहस' ही कहलाएगी; क्योंकि वे भले अपनी प्रगतिशीलता पर सन्देह करते हों, प्रगतिशीलता का विरोध तो नहीं करते। आलोचना की इस दृष्टि ने कविता का ही नहीं, समूची साहित्यिक प्रक्रिया को खासा नुकसान पहुँचाया है। आत्यन्तिक रूप से किसी रचनाकार की रचना में ईमानदारी की

कसौटी स्वयं उसकी रचना ही होती है, अलग से तय की गयी कोई भी कसौटी उसका ईमानदार परीक्षण नहीं कर सकती। असल चीज़ है कथ्य की पारदर्शिता और अनुभूति की सच्चाई और उसकी पवित्रता। दोनों के परस्पर-संयोग से निर्मित कविता में 'ईमानदारी' संदिग्ध नज़र नहीं आ सकती। अपने कथ्य या अपने विषय के प्रति सच्चा वही रचनाकार होगा जिसने उसे जिया है या जिसने उसे अपनी समग्रता में अनुभूत किया है। विषय और अनुभूति के समन्वय से बनी रचना भाषा के जिस रूप में विन्यस्त होती है, वह भाषा भी रचनाकार के व्यक्तित्व को ही व्यक्त करती है। नित्यानन्द तिवारी इसे 'कहने' की प्रक्रिया में भाषा और विषय का टकराव कहते हैं। वे कहते हैं—

"कहने की प्रक्रिया में भाषा और विषय टकराते हैं—एक-दूसरे में अन्तर्प्रवेश करते हैं, तब वस्तु का निर्माण होता है। इसी टकराहट और अन्तर्प्रवेश की प्रक्रिया में भाषा और विषय दोनों मुक्त होते हैं और अर्थ के मानवीय तथा सर्जनात्मक विन्यास में संगठित होते हैं।"

('सृजनशीलता का संकट,' पृ. 104)

भाषा और विषय का टकराव, तदन्तर अन्तर्प्रवेश से वस्तु का निर्माण होता है—यह वस्तु ही रचना का कथ्य और उसकी संवेदना है—इसी की प्रक्रिया में यानी वस्तु निर्माण की प्रक्रिया में भाषा और विषय मुक्त होकर अर्थ के मानवीय तथा सर्जनात्मक विन्यास में संगठित होते हैं। यानी इसी वस्तु-निर्माण की प्रक्रिया में कवि की 'ईमानदारी' की परख भी हो सकती है; क्योंकि वह जिस हद तक अपने विषय के प्रति गम्भीर होगा, उसी हद तक उसकी भाषा भी काम करेगी और दोनों के टकराव और अन्तर्प्रवेश से 'वस्तु' का 'सत्य' भी कवि के गाम्भीर्य के 'मान' का ही प्रतिफल होगा। रघुवीर सहाय ने 'कविता' शीर्षक कविता में ही कहा है—

'कविता तभी होती है जब विषय से दूर
और वस्तु के निकट होती है
कविता अकेला करती है
और जब हम बहुत तरह के अन्य काम करते हैं तो
उनसे कविता में बाधा इसलिए नहीं पड़ती
कि वे दूसरे प्रकार के काम हैं
बल्कि इसलिए कि वे हमेशा बाध्य करते हैं
कि हम दूसरों के साथ काम करें
जबकि कविता अकेले ही काम
करने का तकाज़ा करती है।'

'विषय से दूर होने' और 'वस्तु के निकट होने' के मध्य कवि का अकेला होना, उसकी अपनी 'वस्तु' के प्रति ईमानदारी ही है, कुछ और नहीं। ईमानदारी रचना की एक महत्त्वपूर्ण शर्त्त है अवश्य, पर उसको जाँचने-परखने का काम आसान नहीं है। रचनाकार की व्यक्तिता, भाव, जीवन-जगत् के प्रति उसकी आस्था और अपने समय में उसके 'आत्म' तथा 'पर' के बीच अद्वैत में ही इसे परखा जा सकता है—इसकी एक पहचान है रचनाकार की भाषा, दूसरे कथ्य और तीसरी है—वस्तु; इनसे शायद ही कोई रचनाकार छुपा सके अपने को; हालाँकि यह कहना फिर भी शेष रह जाता है कि अगर इससे भी हम तय करने में असमर्थ होते हों, तो इसके बाद सिर्फ अनुमान ही लगा सकते हैं क्योंकि इसकी कोई आत्यन्तिक कसौटी नहीं हो सकती। शमशेर की कविताएँ अपने दोनों ही रूपों में; चाहे वे आत्मपरक हों या चाहे वे समाजपरक हों—अपनी निश्च्छलता तथा पारदर्शिता से हमें आश्वस्त करती हैं। इनमें कवि का 'सहज मन' प्रतिबिम्बित होता है और उनमें एक पुकार-सी सुनाई पड़ती है। यह पुकार अनेक रूपों में ध्वनित होती है। कभी उसमें राग सुन पड़ता है, कभी विषाद भरी आह, कभी मन की कोई प्रबल आकांक्षा तो कभी अपने पर ही हँसकर खुद को लुटा देने की मस्ती; इस ईमानदारी के लिए किसी भी दूसरी कसौटी की दरकार नहीं है। मुक्तिबोध कविता में जिस ईमानदारी को 'भावना के ज्ञानात्मक आधार की शुद्धि' में देखते हैं, वह कसौटी शमशेर को खरा सिद्ध करती है। कारण स्पष्ट है, शमशेर न तो आत्म-प्रवंचना के शिकार हैं और न ही बनावटी विचार-अमूर्तन के। उनके यहाँ अनुभूत वस्तु (ज्ञान) को उसकी समग्रता में 'अधिकाधिक मार्मिक और यथार्थमूलक' बनाने का संघर्ष है। अपने इस 'धर्म' का निर्वाह करते शमशेर इसीलिए उस 'वस्तु' को अपनी मानने से इनकार करते रहे हैं जो उनके स्वभाव के विपरीत है। जाहिर है, फैशनपरस्ती में काव्य-वस्तु के चयन को ही मुक्तिबोध 'फ्रॉड' कहते हैं; क्योंकि उसमें कवि की भावना की मार्मिकता क्षीण होती है। अब यहाँ सिर्फ एक प्रश्न छोड़कर हम आगे बढ़ना चाहते हैं कि जब हम कवि के भाव की सच्चाई और उसकी मार्मिकता का सम्मान करते हैं तथा उसे ही कलाकार का 'सच्चा धर्म' मानते हैं तो किसी कवि-कलाकार से अपने अनुकूल विषय की माँग क्यों करते हैं, क्यों हम उसकी सहज, निश्च्छल और भावात्मक अभिव्यक्ति को, उसकी रचना को उसके मूल्यांकन का आधार नहीं बनाते? क्यों विचारधारा रचना के मूल्यांकन का मान तय करने लगती है, तब तो कलाकार के 'सच्चे धर्म' को भी हम विचारधारा के आईने में ही तौलने लगते हैं?

इन असुविधाजनक प्रश्नों का उत्तर दे पाना न तो सहज है और न समीचीन

ही। यह हमारी आलोचना की दयनीयता का उदाहरण है। यथार्थ और यथार्थवाद पर अधिकाधिक आग्रह करने के कारण हमारी आलोचना ने कलाकार के सहज और मार्मिक भाव को भी भावोच्छ्वास कहकर उसकी निन्दा की है और वैचारिक प्रत्ययों पर निर्मित रचनाशीलता को यथेष्ट प्रश्रय दिया है। गनीमत है कि शमशेर जैसे कवि इस आलोचना-दृष्टि का शिकार नहीं हो पाये; इसलिए कि वे अपनी प्रगतिशील आस्था की दुहाई देते रहे, भले ही अपनी प्रगतिशील रचनाओं को वे महत्त्वहीन मानते रहे हों। अगर ऐसा न होता तो उनकी विश्वसनीयता भी अवश्य ही संदिग्ध होती और वे भी अज्ञेय आदि की तरह 'घपलेबाज' सिद्ध होने से बच नहीं पाते। बावजूद इसके कि वे आलोचना की कुदृष्टि से बचे रहे, लेकिन उनकी प्रशंसा करने और विरोध करने वालों में बहुत-से लोग ऐसे रहे हैं जिन्होंने उनकी कविताओं का अवमूल्यन किया है और उनका विचित्र कुपाठ भी। कुछ ने जानबूझकर ऐसा किया है तो कुछ ने अनजाने में। उनके समकालीनों में स.ही. वात्स्यायन 'अज्ञेय' तो उन्हें हिन्दी का कवि मानने पर ही ऐतराज करते हैं—

> *"...पर वे (शमशेर) मूलतः उर्दू के कवि हैं; और रहे हैं, उनकी संवेदना और संस्कार उर्दू का रहा है।...चालीस बरस तक हिन्दी में लिखकर भी उन्होंने हिन्दी से सीखा बहुत कम : अब भी उर्दू कविता लिखते हैं, तो उसके अनुशासन में रहते हुए, उसकी रीति को अक्षुण्ण रखकर, और हिन्दी कविता लिखते हैं तो मनमाने प्रयोग (और सब प्रयोग उर्दू के, कभी-कभार अंग्रेजी के) करते हुए। यानी उनके लिए उर्दू अभी भी संस्कारी भाषा है और अभ्यास तथा साधना माँगती है : हिन्दी तो जैसा भी होगा, सध जायेगी।"*

('शाश्वती,' पृ. 42)

अज्ञेय इतने से ही चुप रह जाते हों, सो नहीं। यह मानते हुए कि उनकी भाषा सुमित्रानन्दन पन्त तथा महादेवी वर्मा की काव्यभाषा से प्रभावित है, वे कहते हैं—

> *"पर शमशेर की हिन्दी कविता में ये शब्द बिल्कुल अलग के अलग रह जाते हैं, न अर्थवृद्धि करते हैं; न शब्दार्थ की दृष्टि से किसी अनिवार्यता, किसी औचित्य या किसी संगति का प्रमाण देते हैं, बेमेल दिखते हुए वे अधर में टँगे रह जाते हैं।...शमशेर हिन्दी के नाद-सौन्दर्य की ओर आकृष्ट हुए—क्या यह कह सकता हूँ कि हिन्दी के नाद-सौन्दर्य की ओर, हिन्दी की ओर नहीं—क्योंकि हिन्दी के गिने-चुने शब्द ही उन्होंने लिये, हिन्दी के संस्कार में उन्होंने डूबना नहीं चाहा।"*

(वही, पृ. 42)

अज्ञेय ने शमशेर को हिन्दी कवि ही मानने पर आपत्ति की और उनकी भाषा पर प्रश्न खड़े किये। इसमें दो राय नहीं है कि शमशेर की भाषा-संरचना उर्दू की है और हिन्दी के संस्कार में उनकी कविता ढलती प्रतीत नहीं होती, पर इससे फ़र्क़ क्या पड़ता है कि यह कविता उर्दू में है या कि हिन्दी में! कविता लिखी तो हिन्दी में गयी है और कवित्व की कोई भाषा तो होती नहीं। महत्त्वपूर्ण है कविता में कविता का होना। कविता की संवेदना किसी भाषिक संरचना की मोहताज नहीं होती। स्वयं शमशेर को भी इसको लेकर कोई भ्रम नहीं है, पर काव्य-संवेदना को नकारकर केवल भाषिक संयोजन को आधार बनाकर ऐसी गहरी आपत्ति दर्ज़ करना उचित नहीं। यह ठीक है कि भाषिक संयोजन के स्तर पर शमशेर की कविता हिन्दी की अपनी संरचना से भिन्न है, पर वह कविता के उच्च मानकों पर खरी उतरती गहरे भावों की अर्थबहुल कविता है; इसलिए ऐसी आपत्ति शमशेर की कविता पर अन्याय करने के सिवा कुछ नहीं है। क्या प्रेमचंद के साहित्य को हम उर्दू संरचना के कारण ख़ारिज़ कर सकते हैं? हिन्दी की भाषिक संरचना से प्रेमचन्द का साहित्य भी भिन्न है, उसका मिज़ाज भी भिन्न है, पर उनके साहित्य की संवेदना, भाषा की तासीर और जीवन-संघर्षों की मार्मिक अभिव्यक्तियों के कारण यह साहित्य उन लेखकों पर भारी है जो हिन्दी में शुद्ध रूप से लिखने वाले उनके प्रसिद्ध समकालीन हैं। इसलिए ऐसे आरोपों में सच्चाई को स्वीकार करने का साहस कम, सफलता और स्वीकार्यता को कम करके देखने की खीझ अधिक होती है।

यह ठीक है कि शमशेर ने हिन्दी भाषा के संस्कार में डूबना नहीं चाहा, उसके गिने-चुने शब्दों तक अपने को सीमित रखा, पर जिस हिन्दी को अपनी काव्यभाषा बनाया, वह उर्दू मिश्रित होते हुए भी लोक-जीवन और लोक-राग के अधिक निकट थी। यही कारण है कि अज्ञेय के अलावा शायद ही किसी दूसरे कवि या आलोचक ने शमशेर पर इस तरह के आरोप लगाये हों। रामस्वरूप चतुर्वेदी तो उर्दू और पाश्चात्य काव्यधाराओं के प्रभाव से उनकी मौलिकता को ही रेखांकित करते हैं–

> *"शमशेर का काव्य-व्यक्तित्व अपने में असाधारण है। उर्दू और पाश्चात्य काव्यधाराओं से उनमें जितना प्रभाव आया है, उतने वे मौलिक हुए हैं। यूरोपीय प्रतीकवादियों के संस्पर्श ने उन्हें और ठेठ बनाया है। उनकी खड़ी बोली सबसे अधिक खड़ी है,...जाट के कठोर ठाट की याद दिलाती हुई, पर जिसने उन्हें उतनी ही कोमलता दी है। खड़ी बोली क्षेत्र से आये वे दो बड़े आधुनिक हिन्दी लेखकों में हैं–दूसरे हैं जैनेन्द्र, जब कि शेष अधिकतर बड़े लेखक तो 'पूरब के साकिन' हैं।"*

('आधुनिक कविता-यात्रा', पृ. 122)

शमशेर की खड़ी बोली को 'सबसे अधिक खड़ी' और उनमें 'उर्दू तथा पाश्चात्य काव्यधाराओं से आये प्रभाव में अधिक मौलिकता' देखने वाले रामस्वरूप चतुर्वेदी ठीक ही उनके काव्य-संस्कार और काव्यभाषा को समझ पाते हैं लेकिन उनकी दिक्कत यह है कि वे शमशेर की काव्य-संवेदना को भाषिक विन्यास में उलझा देते हैं। उनकी और अधिकतर रूपवादी आलोचकों की सीमा यही रही है कि वे काव्यवस्तु के निहितार्थ तक पहुँचने का ध्येय लेकर चलते ही नहीं हैं, उसमें भी यदि सन्दर्भच्युत कविता हो तो और भी मुश्किल आती है। एक उदाहरण 'एक पीली शाम' से—

'एक पीली शाम
पतझर का ज़रा अटका हुआ पत्ता

अब गिरा
अब गिरा
वह अटका हुआ
आँसू
सान्ध्य तारक-सा
अतल में।'

रामस्वरूप चतुर्वेदी लिखते हैं—

"क्या एलियट स्पष्ट कर सकते थे कि कविता में यहाँ अनुभव क्या है, और 'ऑब्जेक्टिव कोरिलेटिव' क्या है—'अटका हुआ पत्ता' या कि 'अटका हुआ आँसू'? यह मनुष्य और प्रकृति का संश्लिष्ट रूप है, कविता में अर्थ की परतें हैं, जिनमें से ध्वनिशास्त्रियों की शब्दावली को नकारते हुए न कोई 'मुख्यार्थ' है और न कोई 'वाच्यार्थ'। यह कुल अर्थ-संश्लेष है, जो 'अटके हुए आँसू' के बिम्ब से गतिशील है।"

('आधुनिक कविता-यात्रा,' पृ. 130)

इस तरह की व्याख्याओं से शमशेर की कविता को अधिक उलझाया गया है, उन्हें समझने-समझाने की कोशिश नहीं के बराबर की गयी है। कविता क्या कहती है, इससे मतलब न रखने वाले आलोचकों की सूची बहुत लम्बी है जो अपने मंतव्यों को थोपकर कविता को वैचारिक-सैद्धान्तिक बहस का मुद्दा बना डालते हैं, कविता बेचारी ठिठकी खड़ी रह जाती है। इस कविता की व्याख्या हम अन्यत्र कर आये हैं जिस पर दोबारा विचार करना उचित नहीं है, पर सिर्फ इतना संकेत करना काफी है कि 'पीली शाम' के मानिन्द वाचक दुःख और अवसाद से बोझिल है।

प्रिय की आस में वह अपने अन्तर से विगलित-द्रवित हो गया है। उसकी आँखों से आँसू गिरने-गिरने को है और वह आँसू आकाश में विचरते 'सान्ध्य-तारकों' सा है जो गिरा तो अतल में ही जायेगा। निहितार्थ यह कि वाचक के पास तब कुछ भी शेष नहीं रहेगा। मनुष्य और प्रकृति के बीच के इस साहचर्य से शमशेर ने जीवन के गहरे मर्म को उद्घाटित किया है जो अनावश्यक व्याख्याओं में उलझकर रह जाता है। ऐसे एक नहीं अनेक उदाहरण हैं जो शमशेर के प्रशंसकों और आलोचकों से दिये जा सकते हैं; पर हैरान करने वाली बात यह है कि इनसे सिर्फ शमशेर की कविता को अधिक गूढ़ ही बनाने में मदद मिलती है, समझने में नहीं। कोई भी कविता, अगर वह कविता है; चाहे किसी की हो—साक्षी का काम करती है, वह चतुर दुभाषिया भी होती है। तुलसीदास ने कहा है—

'अगुन सगुन बिच नाम सुसाखी।
उभय प्रबोधक चतुर दुभाषी॥'

यानी तुलसीदास कविता को अगुण-सगुण के बीच का साक्षी मानते हैं—यानी वह प्रस्तुत और अप्रस्तुत के मध्य का साक्ष्य है और चतुर दुभाषिया भी। यह उभय पक्ष है—रूप-अरूप, व्यक्ति-समाज, मानव-प्रकृति आदि, आदि। कविता स्वयं में चश्मदीद है और अप्रस्तुत की व्याख्याकार भी। उसके लिए, उसे समझने-समझाने के लिए ज्ञान की उतनी जरूरत नहीं है जितनी अनुभव की, विवेच्य या प्रयुक्त संवेदना में उतरकर जी पाने की। अगर यह हमसे सम्भव नहीं है तो कविता की समझ का दावा भी हम नहीं कर सकते। शमशेर की कविताओं के साथ ऐसा बहुत हुआ है और बहुत बार उन्हें अबूझ पहेली की तरह रखने की कोशिश की गयी है; परिणाम सामने है—'कवियों का कवि' मानकर उन्हें 'पाठकों का कवि' होने से वंचित कर दिया गया है। इस साजिश को शमशेर की विशेषज्ञता का दावा करने वाले लोगों ने भी कबूल कर लिया है जिस पर मैं सिर्फ यही कहना चाहूँगा—'उफ़ यह मुहब्बत।' शमशेर अधिकतर शिकार ही हुए जिसमें उनके अपने वक्तव्यों की भी कम भूमिका नहीं रही है। सीधे तौर पर शमशेर को जान लेने का दावा करने वाले लोगों में दो आलोचक विख्यात हैं। इनमें एक हैं—डॉ. रामविलास शर्मा तो दूसरे हैं, विजयदेव नारायण साही। विचित्र ही है कि यह दोनों आलोचक शमशेर को अपने तयशुदा पैमानों पर तौलते हैं। एक को वे अस्तित्ववादी, रूमानी और रहस्यवादी लगते हैं तो दूसरे को विशुद्ध रूपवादी। इन दोनों पद्धतियों से शमशेर की कविताओं का अवमूल्यन हुआ है। इन दोनों ही आलोचकों ने शमशेर को उनकी कविता के सन्दर्भों और समयों से काटकर देखा है और ऐसी-ऐसी स्थापनाएँ कर डाली हैं जिसे समझ पाना टेढ़ी खीर है। सच्चाई यही है कि शमशेर शुद्ध रूप

से एक मानवीय कवि हैं और प्रेम तथा जीवन-राग के बीच विषाद और मृत्युबोध सामान्य मानवीय-भाव की ही तरह उनके यहाँ आते हैं। जहाँ तक मलार्मे के भाववादी दर्शन के आईने में उन्हें समझने का प्रश्न है, हमें यही लगता है कि इसमें अधिक से अधिक अपने बौद्धिक ज्ञान को उन पर लाद देने का ही प्रयास है। यह प्रयास एक तरह से पूर्व निर्धारित निष्कर्षों को आयत्त करने की तरह है। कविता भले कुछ कहे, उसका सन्दर्भ भले कुछ हो और बिम्बों का अर्थ चाहे जो हो, आलोचक जैसा चाहेगा, वैसा ही अर्थ निकालेगा; जिसे जो फर्क पड़ता हो, पड़ता रहे, उसे तो नहीं पड़ता। मलार्मीय विडम्बना, पलायन, अतिक्रमण आदि की कसौटियाँ और शमशेर। ध्यान से देखें तो विजयदेव नारायण साही के चर्चित निबन्ध—'शमशेर की काव्यानुभूति की बनावट' में शमशेर पर इन्हें लेकर गहरा व्यंग्य भी है तो एक कवि रूप में उनमें एक द्विधा, विघटन और विचलन की प्रतिष्ठा भी है। प्रयत्न है कि कवि को दुरूह शब्दावली में बाँधकर पहले से ही उलझे हुए माने गये कवि को तनिक और उलझाकर अप्रासंगिक ही बना डाला जाये। एक उदाहरण सिर्फ यह देखने के लिए कि कविता का किस तरह 'कुपाठ' हो सकता है। कविता है—

'मैं सकाज तो नहीं, न मैं कुल जीवन,
कण समूह में हूँ मैं केवल
एक कण!
कौन सहारा मेरा
मेरा कौन सहारा!'

शाही कहते हैं—

"चीजें जन्म लेती हैं, लेकिन वे अपनी गति से निरन्तर अस्तित्व में स्थापित नहीं होतीं। इस निरन्तर अस्तित्व के लिए एक बाहरी प्रमाण की आवश्यकता पड़ती है, उसी तरह जैसे विष्णु तत्त्व जीव को अपनी अँजुली में धारणा करके सार्थकता देता है। यही शमशेर की काव्यानुभूति का आरम्भ-स्थल है। भारतीय दर्शन की शब्दावली में कहें तो यह रहस्यवाद नहीं है, पुष्टिमार्ग की तलाश है।"

('छठवाँ दशक', पृ. 199)

एक सीधी-सरल कविता को दार्शनिक लबादे में छुपाकर, उसे पहेली बनाकर शाही कहना क्या चाहते हैं, क्या यही कि पुष्टिमार्ग ही उनका काम्य है? क्या साही को यह नहीं दिख रहा है कि इन पंक्तियों में एक सामान्य भारतीय निराश्रित जन की आवाज है, पुकार है। यहाँ वाचक अपनी सार्थकता समाज में ही देखता है,

क्योंकि वह इसी समाज का अंग है। कण अपने को कण समूह में मिलाने को उद्यत है यानी वाचक 'मैं' समाज का आश्रय चाहता है और स्वयं अपने निराश्रय से बाहर आना चाहता है। इस कविता का इससे अधिक कुछ भी अर्थ करना इसका अनर्थ करना है और साही ने यही किया है। अपने पूरे निबन्ध में मलार्मे के भाववादी दर्शन के आलोक में शमशेर को देखते साही न जाने कौन-कौन सी दूर की कौड़ी लाते हैं और अधिकांश स्थलों पर शमशेर की कविताओं का कुपाठ करते हैं। यह विचित्र ही है कि शमशेर ने अपनी कविताओं में जिन मूल्यों का संघर्ष किया है और जिन-जिन चीज़ों का विरोध किया है; इन महानुभावों ने उन्हें देखने की भी ज़रूरत नहीं समझी है। यह सच है कि शमशेर ने मौलिक कविता का संघर्ष किया। लीक से हटकर राह बनाने की कोशिश की और विरोध भी सहे।

शमशेर का संघर्ष कविता के भीतर और बाहर लगातार देखा गया जिसकी अनदेखी करना शमशेर की उपेक्षा करना है। इस कवि ने व्यक्ति और समाज के द्वैत के संघर्ष के साथ-साथ कविता में कला का संघर्ष भी किया और अकेले हो जाने का जोख़िम लेकर, खतरा उठाकर किया। कविता की भाषा, उसके रूप, उसके बिम्ब और उसके समूचे विन्यास की चिन्ता कर शमशेर ने उसकी तरफ़दारी की और उसके लिए संघर्ष किया। यही कारण है कि उनकी कविता में अपना एक अलग राग है और यह राग बिना आत्म-संघर्ष के नहीं पाया गया है। इस संघर्ष में हिन्दी-उर्दू एकता का संघर्ष भी शामिल है तो दोनों की सांस्कृतिक विरासत का समन्वय भी। रहस्य न तो शमशेर के व्यक्तित्व का अंग है और न उनकी कविता का। एक क्षण विशेष में घटित उनकी कविता शायद इसीलिए रहस्यमय लगती है कि वह कविता हमारे काव्य-आस्वाद को चुनौती देती है, ऐसी कविता से हमारा वास्ता अरसे बाद पड़ता है। हम कविता के सन्दर्भों से तालमेल नहीं बिठा पाते, उस काव्य-परिवेश से अनजान बने रहते हैं और कविता में निहित संवेदना से हमारा तादात्म्य ही नहीं हो पाता। ऐसे में इस बात की काफी गुंजाइश बनी रहती है कि हम इस कविता का 'कुपाठ' करें और दूर की कौड़ियाँ लाकर इस पर चस्पां करें। मुश्किल यही होती है कि शमशेर की कविता के अधिकतर व्याख्याकार उनकी काव्य-प्रक्रिया की सांघटनिकता की परख से बचते हैं। वे परख करें भी तो कैसे जब कवि के संवेद्य-स्थलों तक की पहचान से वंचित रहते हैं।

यह कविता अपने रूपाकार में उसी 'एकात्म' की कविता का विस्तार है जो निराला के यहाँ है। यह 'एकात्म' से 'सर्वात्म' की यात्रा है। व्यक्तिवाचक 'मैं' जिस 'एकात्म' का प्रतिरूप है, वह अपने में निजता की छाप भले छोड़ता हो, उसमें निजता का आग्रह नहीं होता, उसका विलय 'सर्वात्म' में हो जाता है। यह कविता

स्वयं 'एक' से 'अनेक' के बीच संवाद में बदल जाती है और परस्परता का साक्ष्य बनकर उभरती है। कवि की निजता तब सार्वजनिक आकांक्षा में बदल जाती है और हम उसे एक सार्वजनिक परिसर में दाखिल होते देखते हैं–

'चुका भी हूँ मैं नहीं
कहाँ किया मैंने प्रेम
अभी।
जब करूँगा प्रेम
पिघल उठेंगे
युगों के भूधर
उफन उठेंगे
सात सागर।'

दूसरा कवितांश देखें–

'लेकर सीधा नारा
कौन पुकारा
अंतिम आशाओं की सन्ध्याओं से?'

इन दोनों ही कवितांशों में शमशेर की 'निजता' 'सार्वजनिकता' में विन्यस्त है। पहले कवितांश में प्रेम की अदम्य कामना निज की अभिव्यक्ति नहीं, निज से समन्वित समूह की अभिव्यक्ति है। 'एक' यहाँ 'अनेक' में पर्यवसित है और जिस प्रिय की आकांक्षा में यह प्रेम-कामना का उद्दाम है, वह समावेशी सार्वजनिक सुख है, क्योंकि कविता में प्रिय को 'प्राप्य जय' बनाने का आह्वान है। इसी तरह दूसरा कवितांश अन्तिम उम्मीदों की शामों से आती पुकार पर कवि की करुणा की अभिव्यक्ति है। 'कौन' यहाँ भी 'एक' नहीं अनेक है। अपने समाज की व्यथा और उनकी टूटती उम्मीदों पर तड़प उठते शमशेर इस कविता में चीत्कार करते हैं और इस चीत्कार से पाठकों का सीना दरक उठता है। अब जिसे यहाँ 'पुष्टिमार्ग' की खोज दिखाई दे, उसे कहा भी जाये तो क्या! शमशेर की कविता अपने विन्यास में प्रस्तुत को अप्रस्तुत और अप्रस्तुत को प्रस्तुत में बदल देती है, उत्तम कविता प्रायः ऐसा ही करती है। उसका कोई भी अर्थ अभिधेय नहीं होता और अर्थ के स्तर बहुधा परिवेश तथा कवि-समय के परिवर्तनों के साथ बदलकर बड़े मानवीय भावों का रूप ले लेते हैं। अगर ऐसा न होता तो मध्यकालीन कवि कबीर या तुलसी अपनी कविता के अर्थ और भाव-विस्तार के साथ आज इतने प्रासंगिक न होते। लोक जीवन के मर्मों की पहचान के साथ मानवीय चिन्ताओं पर निरन्तर टिके रहने के कारण ही इन कवियों ने अपनी प्रासंगिकता बनाये रखी है और निरन्तर

अपने समय का अतिक्रमण किया है। महिम भट्ट ने अपने प्रसिद्ध ग्रन्थ 'व्यक्ति विवेक' में कहा है–"प्रत्यक्षोऽपिह्यर्थः साक्षात् संवेद्यमानः सचेतसां न तथा चमत्कारमातनोति यथा स एव सत्कविना वचनगोचरतां गमितः।" अर्थात् प्रस्तुत या प्रत्यक्ष वस्तु संवेद्यमान होकर भी सहृदयों या पाठकों के मन में वैसा चमत्कार नहीं पैदा कर पाती जैसा वही किसी उत्तम कवि की वाणी से उद्भूत होकर चमत्कार पैदा कर देती है। यह विशुद्ध कविता का लक्षण है और यह आचार्य द्वारा निरूपित चमत्कार कवि के द्वारा सिरजा जाने वाला वह भाव है जो पाठक के चित्त को झंकृत कर उसकी स्मृति में एक चमक या एक कौंध उपजाता है। कविता की शुद्धता और उसके वैशिष्ट्य के मानक चाहे संस्कृत आचार्यों ने निर्धारित किये हों या पश्चिमी विचारकों ने तय किये हों, अधिक अन्तर नहीं दिखाई देता। पर इतना अवश्य है कि कवि द्वारा सृजित भावों (चमत्कार प्रधान अप्रस्तुत वस्तु) का भी अपना एक सन्दर्भ है जिसकी समझ आलोचक और पाठक दोनों से अपेक्षित है। इससे विरत रहने वाला आलोचक भले ही कविता को जान लेने का दावा करे, वह अधिक से अधिक कविता के साथ अनर्थ ही करता है। स्वयं शमशेर की कविता के साथ ऐसा अनर्थ बहुत हुआ है और खेद है कि ऐसी अनर्थकारी व्याख्याएँ ही आज भी शमशेर को समझने के लिए पर्याप्त मानी जाती हैं।

पश्चिमी विचारकों ने भी कला के सम्प्रेषण को लेकर अनेक स्तरों पर विचार किया है। उसकी अभिव्यक्ति की पद्धति से लेकर उसके सम्प्रेषण तक पर विचार हुआ है। कलाकार अपने स-. ा से संघर्ष करता है, अपने परिवेश से टकराता है और अपने अनुकूल समाज को प्रस्तावित करने का संघर्ष करता है। इस संघर्ष में वह अपनी कला में अपने मर्म तथा अनुभूत भावों को अभिव्यक्त करने का, उसमें स्वयं को इस तरह तिरोहित करने का प्रयत्न करता है कि वस्तु की व्यंजना में वह अधिकाधिक सम्प्रेषित हो सके। प्रत्यक्ष का प्रदर्शन तो सचमुच निकृष्ट कला का उदाहरण है। डी. एच. लॉरेन्स ने अपने कथन में यही कहने का प्रयत्न किया है–

> "The essence then of true human are is that it should convey the emotions of man to his fellows. It is a form of sympathy, and sympathy is in some measure in harmoney and unity, and in harmony and unity there is the idia of consistent perpose, is there not? So it works back to the old defination. But, you will say, there are emotion desirable an undesirable—and art may transmit the undesirable. Exactly—Then it is bad art. According to the feeling that originated it, Art may be bad, weak, good in all Shades. So Tolstoi says that all nude study is bad art."

'फोयनिक्स' II, सं. वारेन रॉबर्ट, टेर्री टी. मूर, पृ. 225

आशय यह कि सच्ची मानसिक कला का सार यह है कि उसमें एक व्यक्ति की मनोभावनाएँ उसके पाठकों तक सम्प्रेषित हों। यह एक तरह की सहानुभूति है और ऐसी सहानुभूति है जिसमें एकता और सद्भाव का गहरा समन्वय है। यह एक तरह से वांछित को व्यक्त करने का विचार है। यह भी कह सकते हैं कि कला ऐच्छिक या अनैच्छिक भावनाओं को विन्यस्त करने का माध्यम है, पर यदि इसमें व्यंजना न हो तो यह निकृष्ट कला का उदाहरण ही बनेगी। भावों के अनुसार, जिस तरह वह कला में पैठती है; कला निकृष्ट, कमजोर, अच्छी हर तरह की हो सकती है। ताल्सताय ने इसीलिए कहा है कि नग्नता का प्रदर्शन निकृष्ट कला का उदाहरण है। यानी वह कला जो प्रत्यक्ष पर बल देती है, यथार्थ का आग्रह करती है और जिसमें व्यंजना नहीं होती, वह अच्छी कला नहीं कही जा सकती।

हिन्दी में प्रस्तुत पर आग्रह करने और यथार्थ को ही अभिप्रेत मानकर चलने के कारण कविता को गलत दिशा दी गयी है। अच्छी कविता सदा इस कुदृष्टि का शिकार हुई है। कवि की कविता में यदि अपने भावों को समाज के भावों में समन्वित कर एक स्वप्न नहीं उभरता, तो सचमुच वह कविता अच्छी कला का उदाहरण नहीं मानी जा सकती। इस स्वप्न की व्यंजना परिवेश में ध्वनित होनी चाहिए और परोक्ष भाव को अपने समय से टकराना चाहिए।

शमशेर की कविता इस रूप में आदर्श कविता है। इसमें कवि के भावों की व्यंजना उत्कृष्टता के तय मानकों पर खरी उतरती है तो अपने 'वाच्यार्थ' में भी हमें चकित करती है। इस कविता का 'मुख्यार्थ' बहुस्तरीय होता है तो कई बार हम देखते हैं कि 'वाच्यार्थ' भी व्यंजना की शक्ल ले लेते हैं। इस तरह अनेक कविताओं में शमशेर का अपना व्यक्तित्व दोनों स्तरों पर खुलता है। कई बार उनका 'मुख्यार्थ' 'वाच्यार्थ' में बदल जाता है और 'वाच्यार्थ' 'मुख्यार्थ' में। कविता की वस्तु का अपने परिवेश तथा स्वयं कवि के अन्तःसंघर्ष पर यह निर्भर करता है कि वह अपनी अनुभूतियों में 'वांछित' को व्यक्त करने के लिए अपने से किस तरह संघर्ष करता है। उसके इसी संघर्ष पर उसकी कविता का मानक तय होता है। विचित्र ही है कि हमने जब से 'सपाटबयानी' को एक काव्यमूल्य बनाया है, कविता की 'प्राणवत्ता' ही खो गयी है और वह एक वक्तव्य के सिवा कुछ नहीं रह गयी है। कविता में भाव-व्यंजना (या कि कवि का मुख्यार्थ, जो वस्तु रूप में कविता का संवेद्य पक्ष होता है) का गायब होना और 'वाच्यार्थ' का ही कविता का अभिप्रेत हो जाना, सही अर्थों में अच्छी कविता का उदाहरण नहीं है। कविता की पूरी संरचना में 'व्यंजना' कविता का हृदय-प्रदेश है, जहाँ उसकी साँसों का स्पन्दन सुनाई पड़ता है और हम उसकी ऊष्मा से नया जीवन पाते हैं। कविता में यह क्षण

तब तक घटित नहीं होता, जब तक वस्तु निर्मिति की प्रक्रिया में कवि उस क्षण के तनाव से न गुजरे। यह तनाव उसे 'मुक्ति' तो देता है पर कवि ठीक उसी क्षण 'वस्तु-सत्य' को व्यक्त कर एक तरह से पलायन कर जाता है। विलियम वटलर येट्स ने ठीक ही कहा है–*'सारी कलाएँ अन्ततः सत्य की असहनीय ज्वाला से एक तरह का पलायन ही हैं।'* यह अपने काव्य-सत्य से भागना नहीं है, कविता या किसी भी कला में व्यक्त हो रहे उस क्षण-विशेष में मुक्त होना है। जब तक कवि उस 'सत्य' से मुक्त नहीं होता तब तक वह 'सत्य' उसका 'काव्य-सत्य' नहीं बनता। शमशेर की इस कविता को देखिए–

'हवा-सी एकदम पतली–
कि आरपार देख लो–किन्तु
इस्पाती दीवार
अचल नहीं–विद्युत्धारा में चल,
खड़ी (अदृश्य, पर) स्पष्ट, अति स्पष्ट
बीच
हमारे-तुम्हारे। हमारे-तुम्हारे।
बीच का प्रतिक्षण वह।
हँसती मौन विद्युत-सी, आँखों में
बोलती अकाट्य
नियम-सी, मौलिक। हमारे–
तुम्हारे बीचोबीच
खड़ी
मूर्त लय-सी
अमर।
वह लिपित है स्वर में
वहीं। समय में
खनित। यदि है कहीं।
हम दोनों की राग-
जनित हमारे
प्राणों के बीच की
वह एकता।
सम्भवतः
वही तटस्थ

कला है।
वही सत्य।'

('हवा से एकदम पतली')

यह 'हवा-सी एकदम पतली' जिसे आर-पार देखा जा सकता है, वह क्या है और यह इस्पाती दीवार? वह अचल नहीं है, विद्युत् धारा में चलायमान है और 'हमारे-तुम्हारे बीच का प्रतिक्षण' भी वही है। 'हँसती मौन विद्युत्-सी, आँखों में बोलती अकाट्य, नियम-सी मौलिक' और 'मूर्त लय-सी अमर।' यह कवि का 'सत्य' है, काव्य-सत्य। यही वह अमर अनुभूति है जो एक क्षण में घटित होती है। उभय प्राणों के मध्य वही 'एकता' है, 'तटस्थ कला' और अन्ततः कला का 'सत्य'। शमशेर 'हवा-सी एकदम पतली' इस अनुभूति को पहचानते हैं, इसीलिए उसे अभिव्यक्त कर मुक्त होते हैं। यही मुक्तिबोध के शब्दों में 'परम अनिवार आत्मसम्भवा' है। कवि कविता में इसी का दान करता है, सम्भवतः अपना ही दान–आत्मदान। उसे प्रतिदान नहीं चाहिए, वह तो अपने प्राण के दान से कृतार्थ होता है और बार-बार उससे प्रतिकृत होकर मुक्ति का अनुभव करता है। येट्स इसी 'अनुभूति' को, 'वस्तु-सत्य' को 'असहनीय ज्वाला' कहते हैं। जिस कवि को इस सत्य का बोध न हो, वह कविता क्या लिखेगा और लिखेगा तो वह और चाहे जो कुछ हो जाये, कविता तो न होगी। ठीक ही कहते हैं–

'तस्वीर के दो रूख़ हैं, रूखे जाना है।
एक नक्श दिखाना है, एक नक्श छिपाना है।'

'नक्श छिपाने' का ढंग ही असल कविता का ढंग है, न छिपा सके तो कविता कहाँ होती है। कवि शमशेर अपने दोनों रूपों में इसके कायल हैं। जीवन में चोट खाई तो उसे भी छिपाया और कविता में अपने को उस स्वाभिमान की तरह जिन्दा रखा जो दिखाई तो देता है, पर जिसे अन्दर उतरे बिना जाना ही नहीं जा सकता। यह शमशेर ही लिख सकते थे–

'जहाँ में अब तो जितने रोज,
अपना जीना होना है;
तुम्हारी चोटें होनी हैं–
हमारा सीना होना है।'

जीवन के नाना संघर्षों के बीच, लगातार जूझते हुए, चोट खाकर भी सीने की तड़प छुपाकर अपने को हमेशा जिलाए रखने की यह खुद्दारी शमशेर से ही सीखी जा सकती है। उनकी कविता भी उनकी इसी खुद्दारी का प्रमाण है–करुणा से आर्द्र, भींगते शब्दों के बीच छुपी हुई तरल अनुभूति, जो अपने सत्य की असहनीय ज्वाला से हमें दहका देती है और कवि अनवरत इस ज्वाला में छटपटाता हुआ,

उससे मुक्ति चाहता रहता है; पर कवि की मुक्ति नहीं होती, उसे मुक्ति नहीं मिलती। एक क्षण के लिए लगता है कि वह उससे मुक्त हो गया, सत्य अनुभूति के स्वरूप में कविता का सत्य बन गया—लेकिन यह एक भ्रम ही सिद्ध होता है। वास्तव में कवि उस क्षण-विशेष से मुक्त भले हो जाता हो, पूरी तरह मुक्त नहीं पाता। शमशेर का पूरा संसार इसी मुक्ति की आकांक्षा का संसार भी है; पर कविता जहाँ जीवन है, वहाँ कविता और काव्य-सत्य से मुक्ति जीवन से मुक्ति भी तो है, क्या यह सम्भव है? नहीं, क्योंकि शमशेर के लिए कविता 'अँधेरे की तलवार' है, वह बीज भी है तो 'कटुतिक्त'। एक पूरे जन्म के लिए अँधेरे की तलवार से रोशनी का युद्ध लड़ना है और सदैव कटुतिक्त बीज का विषैला स्वाद लेना है; क्योंकि—

'मगर
मेरी पसली में हैं—गिन लो
व्यंजन : और उनके बीच में हैं
स्वर
उसे मेरा ही कहो—फिलहाल।"

× × ×

नहीं नहीं नहीं
वह
स्वर :
एक ही हाथ : बाएँ आकाश को उठाए हुए है
एक गोल गति इकू करोड़ लाख बार
घूमकर
मुझे लील जाती है
समूचा
अथाहों के दरिया में
अपने अक्स समेत
सच्च
वह स्वर।'

('एक नीला दरिया बरस रहा')

यह वही स्वर है, सच्चा स्वर जो कवि की पसलियों में विन्यस्त व्यंजन के बीच अवस्थित है। यह स्वर कवि शमशेर का है। इस स्वर में बड़ी शक्ति है जो

एक ही हाथ से आकाश को उठा लेता है और वह आकाश अपनी गोल गति से घूमकर स्वयं कवि को लील जाता है उस 'अथाहों की दरिया में अपने अक्स समेत।' इस सच्चे स्वर में एक आग है जो दहकती रहती है लगातार और कवि अपने भीतर इसकी तपिश में सुलगता रहता है। सही अर्थों में शमशेर की कविता इसी वेदना की अभिव्यक्ति है, क्योंकि वह कविता है–शमशेर की वेदना की अभिव्यक्ति, उनकी पसलियों में स्थित व्यंजन के मध्य अवस्थित स्वर का गान; जिस गान में करुणा है, जीवन का मर्म है, एक अहरह नीरव पुकार है और कहीं दूर तक प्रतीक्षा करने के बाद लगता है कि इसमें एक मार्मिक रुदन भी है, स्वयं अपने को बेतरह तोड़ता हुआ, झिंझोड़ता हुआ–

'कठिन प्रस्तर में अगिन सूराख।
मौन पर्तों में हिला मैं कीट।
(ढीठ कितनी रीढ़ है तन की तनी है!)
आत्मा है भाव :
भाव-दीठ
झुक रही है
अगम अंतर में
अनगिनत सूराख-सी करती।'

(–'कठिन प्रस्तर में')

'कठिन प्रस्तर में अगिन सूराख' है और स्वयं कवि अपने को 'मौन पर्तों में हिला कीट' कहता है, पर रीढ़ तनी ही है, उसे झुकना नहीं आता। कवि ने यहाँ 'भाव' को आत्मा कहा है जो 'अगम-अंतर' में उतरकर 'अनगिनत सूराख-सी' करता है।

शमशेर कविता को अनुभूत करते हैं, 'ईजाद' नहीं करते, 'बकते' नहीं हैं। कारण स्पष्ट है, कविता उनके लिए जीवन से बाहर कोई चीज़ है ही नहीं। और जीवन भी है वह अत्यन्त कठिन; जिसमें हर क्षण मृत्यु है, अवसाद है, विषाद का दुर्वह ज्वार है, एक-एक क्षण भारी है, पर जीना तो इसी में है। आज निरीहता तो कल अपनी फ़तह का जश्न मनाते निश्चित ही–

'वह जीवन मैं हूँ, शमशेर, मैं
आज निरीह
कल
फ़तहयाब
निश्चित।'

और इस तरह शमशेर अपनी निरीहता में भी जी उठते हैं निश्चित ही फ़तहयाब होकर। शमशेर की कविता अपने स्वरूप में जितनी आधुनिक है, उतनी ही आधुनिकता के छद्म से बाहर आती देशज कविता भी। आधुनिकता के छद्म से मेरा आशय उस 'आधुनिकतावाद' से है जिसमें व्यक्ति और समाज की पहचान को मिटा देने की गहरी साजिश रही है। शमशेर की कविता इन खतरों से सावधान ही नहीं करती, उससे बचने के रास्ते भी सुझाती है। आधुनिकता जहाँ तक तार्किक है, वहाँ तक शमशेर उसे स्वीकार करते हैं, पर जहाँ वह मानवीय अस्मिता के लिए चुनौती बनती है, वहाँ शमशेर उसके प्रतिपक्ष में खड़े होते हैं–यह प्रतिपक्ष शमशेर की कविता में व्यक्ति और समाज के अन्तःसंघर्ष में दिखाई देता है। यहाँ परम्परा और आधुनिकता का भी द्वन्द्व है तो पूरब और पश्चिम की द्विधा का द्वन्द्व भी। कई बार यह कविता अपने सामंजस्य से इन द्वन्द्वों के बीच समाहार करती प्रतीत होती है। यह संघर्ष व्यक्ति और परिवेश के बीच भी है तो उसके बाहर भी। इसी में व्यक्ति की स्वाधीनता के साथ समाज की स्वाधीनता की चिन्ता भी है। अज्ञेय ठीक ही कहते हैं कि–

"संघर्ष भी व्यक्ति और परिवेश के बीच सामंजस्य का लक्षण है।"

('हिन्दी साहित्य : एक आधुनिक परिदृश्य,' पृ. 126)

आधुनिकता की चिन्ता के साथ व्यक्ति की और समाज की स्वाधीनता की चिन्ता करते शमशेर हमेशा अपनी निगाह चौकस रखते हैं। उन्हें पता होता है कि एक निश्चित सीमा के बाद 'आधुनिकता' रचना और जीवन, दोनों के लिए एक रोग बन जाती है। आधुनिकता तो होती है समय-सापेक्ष ही, पर इसकी 'स्वचेतनता' की शर्त्त बहुधा मनुष्य को व्यक्तिवादी बनाती है और व्यक्ति अपनी स्वाधीनता के आगे समाज को तुच्छ मानने लगता है और समाज को अपने उपयोग से अधिक कुछ नहीं समझता। शमशेर की स्वच्छन्दता इस आधुनिकता यानी निरी बौद्धिकता की विरोधी है। अपने समग्र कवि-रूप में शमशेर अपनी स्वच्छन्दता को वहीं तक आधुनिकता के साथ रखना चाहते हैं जहाँ तक वह निरा बौद्धिक और वैयक्तिक नहीं हो जाती। दूसरे शब्दों में कहें तो 'आधुनिकतावाद' के खतरों से सावधान करते शमशेर उसके 'अति सचेतन' शर्त्त को ख़ारिज़ करते हैं जिसमें व्यक्ति ही सर्वोपरि बनकर उभरता है। स्वाधीनता पर आग्रह करते हुए शमशेर इसी तरह व्यक्ति की स्वाधीनता को उतना महत्त्व नहीं देते जितना कि समाज की स्वाधीनता को। हालाँकि सचेतनता के बिना अपने सत्व का बोध नहीं हो पाता; जैसा कि सार्त्र ने कहा है–

"Consciousness of being is the being
of consciousness."

('बीइंग इन नथिंगनेस,' पृ. 31)

स्वाधीनता वैसे भी अपने स्वरूप में सामूहिक ही होती है। अज्ञेय ने लिखा है—

"क्या कोई अकेला स्वाधीन हो सकता है? क्योंकि कोई भी व्यक्ति अपनी सम्पूर्ण सम्भावनाओं को ऐसे ही परिवेश में पा सकता है जिसमें दूसरे भी अपनी चरम सम्भावनाओं को पूरी तरह प्राप्त करने के लिए समान रूप से स्वाधीन हों। और ठीक यहीं पर स्वाधीनता का ऐसा बोध मानो तपस्या की यन्त्रणा बन जाता है, क्योंकि वह मानव-मात्र की समान स्वाधीनता के प्रयत्न की अनिवार्यता बन जाता है।"

('स्रोत और सेतु', पृ. 15)

यह स्वाधीनता ही वस्तुतः शमशेर की कविता की आकांक्षा भी है जिसमें व्यक्ति की स्वाधीनता समाज की स्वाधीनता पर निर्भर है और एक तरह से समाज की स्वाधीनता का संघर्ष भी है। उनके यहाँ 'आधुनिकता' 'मकानीकी' यानी बनावटीपने का पर्याय है। वे उसे स्वीकार नहीं करते; क्योंकि वह अपने पूरे ढब में उनके देसी रंग का प्रतिपक्ष है; एक क्रान्तिकारी विचार के रूप में उसके दर्शन से भले उन्हें कोई परहेज न हो, पर जीवन के एक बनावटी ढंग, नफ़ासत और दो मुँहों वाली सचेतनता से उन्हें हमेशा चिढ़ रही। यही कारण है कि स्वाधीनता चाहते हुए भी कई बार शमशेर अपनी रोमांटिक प्रवृत्ति के कारण उससे इनकार भी करते हैं; इसलिए कि उसे वे अपने तथा समाज के एक संकट के रूप में देखते हैं—

'भाषाओं की नस-नस एक-दूसरे से गुँथी हुई है
(मगर उलझी हुई नहीं)
हमारी साँस-साँस में उनका सौन्दर्य है
(मॉर्डर्निस्टिक) कहो मत
अभी हमें लड़ने दो।'

('भाषा')

यानी शमशेर की नज़र में 'आधुनिकता' वह चालाकी ही तो नहीं, जो हमें अधिकारों के प्रति लड़ने से विरत करती है और हम खुशफहमी में जीने के आदी हो जाते हैं। यहाँ यह ध्यान में रखा जाना आवश्यक है कि शमशेर उस आधुनिकता का विरोध करते हैं जो अपने स्वरूप में 'औपनिवेशिक आधुनिकता' है और वह उपनिवेशवादी मानसिकता वाले बौद्धिकों का वह झुनझुना है जिसे बजाते हुए वे

अपने को विचार-स्वातन्त्र्य और न्याय का प्रहरी बताते हैं। इस झूठ को शमशेर भलीभाँति पहचानते हैं, इसलिए अपने को 'मॉर्डर्निस्ट' कहने तक से चिढ़ते हैं, क्योंकि वह यानी 'कॉलोनियल मॉडर्निज़्म' प्रगति विरोधी और यथास्थितिवादी है और सामाजिक संघर्षों की राह में एक बड़ी रुकावट भी है। यह 'औपनिवेशिक आधुनिकता' अपने में बेहद जटिल और उलझी हुई है। इसकी 'सचेतनता' व्यक्ति को व्यक्तिवादी तथा समाज के प्रति शंकालु बनाती है, उसे स्वार्थी और अनैतिक बनाकर उसके भीतर परम्परा से आयी सामूहिकता के भाव को सोख लेती है; ऐसी 'औपनिवेशिक आधुनिकता' से भला शमशेर को क्या काम! बर्तोल्त ब्रेश्ट जिसे Critical Distence कहते हैं, आलोचनात्मक दूरी, वही बर्ताव शमशेर इस तथाकथित आधुनिकता से करते हैं। अकारण नहीं है कि शमशेर का 'बैल' पूरी दुनिया को बैल समझता है। इस कविता के दो बन्दों से स्थिति स्पष्ट हो जाती है–

'साँस और दम अपनी ज़ोर आजमाई
में लगे हुए
क्यों और किसके लिए?
अपनी शाम के, अपनी सुबह के
बँधे हुए
चारे के लिए
उससे मीठी उससे नमकीन
और प्यारी
चीज़
दुनिया में और कोई है क्या?'

('बैल')

दूसरा बन्द देखें–

'कभी-कभी मैं अपने इसी श्रम में
कहाँ खो जाता हूँ
कुछ पता नहीं चलता
यह सारी दुनिया मुझे बैल मालूम होती है
बां... बां... बां...'

(वही)

दिलचस्प यह है कि अपनी पूरी रचना-प्रक्रिया में शमशेर आत्म-साक्षात्कार ही करते हैं, शायद ही वे कहीं इससे विरत होते हों। हर क्षण संशय का ज्वार उठता है, हर क्षण उन्हें हताशा घेरती है, पर वे उससे जूझते हुए बाहर आते हैं और पूरे दम के साथ विरोधी स्थितियों का सामना करते हैं। आत्म-साक्षात्कार बड़े सर्जकों की

सबसे बड़ी पहचान रही है। जो अपने से संवाद कर, चिन्तन कर अपने काव्य-सत्य को पाने का उद्यम नहीं करता, वह बड़ा सर्जक नहीं हो सकता। वाल्मीकि, व्यास, कालिदास से लेकर तुलसी, कबीर, निराला—सब के सब आत्म-साक्षात्कार में प्रवृत्त कवि हैं। शेक्सपीयर, शेली, कीट्स, कॉलरिज, टेनीसन और इलियट भी कदाचित् अपनी रचना में 'आत्म के गहरे अवबोध' के कारण ही इतने समर्थ हो पाये। यह अकारण नहीं है कि क्रिस्टोफर कॉडवेल ने 'आत्मसाक्षात्कार' को कवियों का एक बड़ा गुण ही नहीं कहा, आवश्यक तत्त्व की तरह उसे रेखांकित भी किया। कॉडवेल ने कहा है—

> "Art is one of the conditions of man's realisation of himself, and in its turn is one of the realities of man."

('इल्यूज़न एण्ड रियालिटी,' पृ. 190)

शमशेर की कविता पर विचार करते हुए यह अवश्य ही ध्यान में रखा जाना चाहिए कि वे 'मध्यवर्गीय' कवि हैं। मध्यवर्ग की आशा-आकांक्षा, दुःख-सुख, राग-विराग सब कुछ उनकी कविता में है। वे संशय और द्विधा भी उनकी कविताओं में हैं जो भारतीय मध्यवर्गीय जीवन का अनिवार्य लक्षण हैं। सच्चाई को स्वीकार करने का संशय और कहीं-कहीं उससे विरत हो जाने की प्रवृत्ति भी कवि में हैं, क्योंकि वह उन अर्थों में 'आधुनिक' नहीं है जिन अर्थों में उनके अनेक समवयसी 'आधुनिक' रहे और अभिजात्य का वरण किया। एक देसी ठाट का मध्यवर्गीय ग्रामीण कवि अपने ढब में जितना पक्का हो सकता है, शमशेर उतने ही पक्के हैं; इसीलिए उन्हें अपने को छुपाकर बात बनाने नहीं आती—

'सब विधि था जीवन असहाय
किन्तु न मुझसे छूटा प्रेम।'

और—

'द्रव्य नहीं कुछ मेरे पास
फिर भी मैं करता हूँ प्यार।'

और—

'हक़ीक़त को लाए तख़ैयुल से बाहर
मेरी मुश्किलों का जो हल कोई लाए।'

कवि को अपनी दीनता की ख़बर है, वह उसे ही जीता है और हर क्षण उससे संघर्ष करता है। उसे सपनों की असलियत भी मालूम है और अपनी सीमाएँ भी; इसीलिए वह खामखयाली से बाहर है। संवेदना के नितान्त अन्तरंग में भी शमशेर एकदम सीधे, सच्चे मानवीय कवि हैं और मध्यवर्ग उनके भीतर रचा-बसा है। यह

मध्यवर्ग भी शहराती उतना नहीं जितना गँवई है; क्योंकि उनकी कविता में गाँव की साफगोई साफ सुनी जा सकती है, वही कथन में बेबाकी, खरापन और पारदर्शिता। वह जैसे सामान्य हैं, वैसे ही सामान्य के कवि हैं; उस 'आम जन' के कवि जो जीवन में सपने देखता है, बड़े-बड़े सपने, पर रहता अपनी ज़मीन पर ही है। लेकिन उसे विश्वास है कि एक दिन वह जरूर अपने सपने पूरे करेगा और एक दिन उसे भी वह सब कुछ मिलेगा, जो वह चाहता है। शमशेर को अपने इस 'आमजन' पर भी भरोसा है तो स्वयं अपने पर भी; क्योंकि आम वह स्वयं है, कोई अन्य नहीं–

'मैं अपनी छोटी-सी नौका छोड़ देता हूँ
तुम्हारे सात समन्दरों के ऊपर!
वह भटकेगी
कुछ अर्से शायद!
मगर वह
खोएगी नहीं
कभी!
इतना तो पूरा विश्वास है।'

('पाब्लो नेरूदा')

पाब्लो नेरूदा जैसे अपने प्रिय कवि पर लिखते हुए वे निश्चय ही उस 'आम जन' के भरोसे को स्वीकार करते हैं जो अपने सपनों पर करता है। स्वयं शमशेर को अपने विश्वास पर भी भरोसा है; भले ही साधन न हों, कठिनाइयाँ बड़ी हों और जीना हर क्षण नये जीवन को पाना हो, पर इससे शमशेर को कोई घबराहट नहीं है। यह 'छोटी-सी नौका' सपने और भरोसे की नौका है जो 'सात समन्दरों' के मानिन्द झंझावातों से लड़ती है। उन्हें पता है कि वह कुछ समय तक भटकेगी, पर खोएगी नहीं। लौटने की बात वे इसमें नहीं करते, सिर्फ संकेत है उसके न खोने का। जाहिर है, जब वह न खोएगी तो लौटेगी अवश्य; और शायद सपने पूरे हो ही जायें। यह एक धरातल पर स्वयं कवि की इयत्ता का संघर्ष है जिसके बारे में क्रिस्टोफर कॉडवेल ने कहा भी है कि व्यक्ति (सर्जक) की इयत्ता की अभिव्यक्ति भी कला की एक शर्त्त है जो वह अपनी अन्तःवृत्तियों की अनिवार्यता के अनुरूप स्वतन्त्र होकर करता है–

"The Fantasy of Art, by the constant changes in orgnisation which it Produces in man's ego, makes man conscious of the necessity of his instincts and therefore free."

('इल्यूज़न एंड रियालिटी', पृ. 190)

शमशेर की कविता उनकी इयत्ता के प्रदर्शन का माध्यम तो नहीं है, पर जब वे अपनी आकांक्षाओं के साथ स्वयं के संघर्ष को जोड़ते हैं तो उसमें एक विश्वास का भाव उभर आता है। यह भाव ही उनका 'मानुष भाव' है। वह जिस समाज का प्रतिनिधित्व करते हैं, उसमें ऐसी आकांक्षाओं का, सपनों का एक भरा-पूरा समुच्चय है—निश्च्छलता के बीच 'आम' के दैन्य से झाँकता यह स्वप्न, उसके संघर्षों से एक विश्वास में बदल जाता है। शमशेर की कविताओं को 'भारतीय जन' के आईने में देखने से यह एक 'पाठ' बनता है जिसे अवश्य ही देखा जाना चाहिए। शमशेर की कविता अनेक रंगतों की कविता है जिसमें कवि अनेक रूपों में उपस्थित है और सब जगह उसका होना जैसे 'सबों में एक' और 'एक में सब' का होना है। अपने व्यक्तित्व और रचना, दोनों में अत्यन्त शालीन कवि शमशेर जब आक्रामक होते हैं तो उनका व्यंग्य मारक हो उठता है और जब करुण होते हैं तो उनके दैन्य पर आप भावुक हो उठते हैं। आधुनिकता की औपनिवेशिकता पर व्यंग्य करते शमशेर यहाँ देखिए कि किस तरह के नाटक पर प्रहार करते हैं—

'यह स्टेज महान
मूर्खों के लिए है
आह यह आधुनिक स्टेज
परिस्थितियाँ हीरो हैं
और यान्त्रिक राजनीति हीरोइनें
जितने ही भाषा प्रदेश
और देश
उतने ही अंक
हैं इस नाटक में।'

('भाषा')

यह है शमशेर की दृष्टि में 'आधुनिकता', जो महान मूर्खों के लिए एक मंच की तरह है। परिस्थितियाँ अभिनेता हैं और 'यान्त्रिक राजनीति' ही अभिनेत्रियाँ हैं। इस नाटक में उतने ही अंक हैं जितने देश में भाषा प्रदेश हैं। यह आधुनिकता के लबादे में देश को खा जाने वाली राजनीति और बौद्धिकता पर प्रहार है। यह कविता एक 'आम भारतीय कवि' की खीझ है, जो मानता है कि सपनों और आकांक्षाओं की पूर्ति इन पाखण्डों से सम्भव नहीं। 'आम' पर विश्वास किये बिना, उसके 'आत्म' को जाने बिना यह हवाई, यान्त्रिक राजनीति की 'आधुनिकता' अनावश्यक ही नहीं व्यर्थ भी है।

'चुपके से कोई कहता है शायर नहीं हूँ मैं,
क्यों अस्ल में हूँ वो जो बजाहिर नहीं हूँ मैं।
भटकता हुआ फिरता है दिल किस ख़याल में,
क्या जादुए-वफ़ा का मुसाफिर नहीं हूँ मैं?'

शमशेर इसी 'जादुए-वफा' के मुसाफिर हैं; वे इस पर सन्देह करते हैं, पर सन्देह नहीं है। अपने ही भीतर के ख़यालों में पूरी कायनात को दिल में उतारने वाले शमशेर जितने खुद के हैं, उतने ही दुनिया के। अपने से लड़ते, दुनिया से लड़ते और दोनों के पसोपेश में खुद को कभी-कभी अवश मान लेते शमशेर 'अकेलेपन' की निपट उदासी और विषाद के भी कवि हैं। यह अकेलापन भले ही चाहा न गया हो, पर उसके 'नियति' बन जाने के बाद कवि को ऐसा शायद ही लगता हो कि यह कोई समस्या है। ऐसा इसलिए भी लगता है; क्योंकि शमशेर का अकेलापन उस अर्थ में अकेलापन नहीं है जो उन्हें सबसे विरत दे। इस अकेलेपन में कवि के भीतर पूरा संसार आबाद है और वह स्वयं अपने 'आत्म' में समग्रता से अवस्थित है। कदाचित् यही कारण है कि शमशेर का 'अकेलापन' किसी अध्यात्म को अपना शरण्य नहीं बनाता; बल्कि इस संसार को ही अपने में स्थित कर आह्लादित होता रहता है। पर इसे 'अकेलेपन का वैभव' नहीं 'अकेलेपन में समाहित जगत्' की संज्ञा दे सकते हैं। इसमें जीवन का स्वीकार है, जगत् तथा स्वयं अपने 'जादुए-वफा' पर न्योछावर हो जाने की सतत् कामना है; इसलिए भी कि 'मानुष भाव' ही शमशेर के काव्यत्व का केन्द्रीय भाव है, उसका स्वत्व भी। एक तरफ यह अकेलापन, दूसरी तरफ प्रेम की अधीर पुकार, तीसरी तरफ समाज और सब में एक शमशेर अपने में निपट वर्तमान को अवस्थित किये सबसे संघर्षरत। यह विलक्षण स्थिति है शमशेर के काव्य-व्यक्तित्व की। हालाँकि काव्य-चेतना के विभाजन की यह पहली घटना नहीं है। मध्यकालीन कवियों में अनेक कवि इस विभाजित काव्य-चेतना के प्रमाण हैं। कबीर में इसे देखा जा सकता है। एक क्षण विद्रोह की आग में जलते तो दूसरे ही क्षण अपने को अवश और निरावलम्ब मानकर अति दीनता का प्रदर्शन अकारण नहीं है। तुलसीदास भी इसी विभाजित काव्य-चेतना के कवि हैं। उनका समाज-दर्शन और परम सुख से समन्वित भक्तिभाव, उनकी ही आत्मपरक कविताओं में दरक उठता है, जब जीवन-यथार्थ से उनका साबका पड़ता है और वे अपने पूरे संघर्ष में अकेले पड़ जाते हैं। जिस निराला को शमशेर ने अपना आदर्श कवि कहा, उन निराला की भी चेतना विभाजित थी। यह विभाजन कवि के संदिग्ध होने का प्रमाण नहीं है, उसके अत्यधिक सचेत होने का प्रमाण है। कवि की चेतना की यह द्विधा या विभाजन

उसकी अपने समय के प्रति सजगता को सूचित करता है। एक तरफ घनघोर निराशा तो दूसरी तरफ़ एक अकेले कवि की संघर्षशीलता। विभाजित समाज अपने में विघटित है मानो वह विषमता और वेदना को कोई महत्त्व ही नहीं देता। कवि स्वयं इस विषमता से पीड़ित है तो समाज की पीड़ा उसकी पीड़ा को और भी घनीभूत कर रही है। निराला और शमशेर ने इस 'विषमता की वेदना' का सर्जनात्मक इस्तेमाल किया और अपने भीतर तथा बाहर के द्वन्द्वों का समाहार कर उसके प्रति एक आलोचनात्मक 'दृष्टि विवेक' को जन्म दिया। जो लोग शमशेर के 'अकेलेपन' को उनका 'आध्यात्मिक शरण्य' मानकर खुश हो लेते हैं वे शायद कवि की विभाजित काव्य-चेतना के इस रहस्य को समझने से इनकार करते हैं। वस्तुतः शमशेर की इस द्विधा में ही उनके चेतस कवित्व की पहचान है। तुलसी, कबीर, निराला या मुक्तिबोध सरीखे कवि इसी द्विधा के कारण अपने समय का अतिक्रमण कर पाते हैं क्योंकि वे अपने समय की विषमता और अपने वर्तमान की विसंगति को, उसकी विडम्बना को पहचानने वाले कवि हैं। एक बड़े कवि की रचनाशीलता इसी द्विधा से संघर्ष और उससे मुक्ति की रचनाशीलता होती है। व्यक्ति और समाज की मुक्ति इस द्विधा से संघर्ष किये बिना सम्भव नहीं है और न ही इस विषमता की वेदना से ही मुक्ति सम्भव है। निराला कहते हैं–

'जब कड़ी मारें पड़ी दिल हिल गया
पर न चूँ कर भी कभी पाया यहाँ
मुक्ति से तब युक्ति से मिल खिल गया
भाव, जिसका चाव है छाया यहाँ।'

('आध्यात्म फल')

शमशेर का कहना है–

'ढीली इस जीवन की कमान
कसनी है :
छूटेंगे जिस पर कड़े प्राण के
तीर, जो कि
भेदेंगे
सातों आसमान।'

और–

'एक हाय-हाय की रात
बीती न थी।
कि दिन हुआ।
हार-हार...'

यह अपनी तथा समाज की विषमता की वेदना है। वेदना के क्षणों से उसकी वास्तविकता का बोध और उसके बाद उससे मुक्त होने की तीव्र आकांक्षा। इस परस्पर के द्वैत में कहीं-कहीं असन्तुलन है, सामंजस्य का अभाव है; कविता में और स्वयं चेतना में। द्विधा है कि क्या यह सम्भव है, क्या यह हो सकता है और एक उग्र पुकार भीतर से उभरती है जो इस 'हाय' का प्रतिवाद करती है—यह कवि के अंतर का 'आशावाद' है—निराला के 'राम' की तरह का द्वन्द्व 'लख शंकाकुल हो गये अतुल बल शेष शयन' या—'विजय होगी न समर,' पर—'एक और 'मन' रहा राम का जो न थका' की भाँति 'हाय-हाय की रात' भी बीतती है और 'सातों आसमान' को 'कड़े प्राण के तीर' से भेदने की तैयारी करते शमशेर हुंकार उठते हैं। यह सर्जनात्मक मनीषा का द्वन्द्व है, चेतना विभाजित न हो तो ऐसी आवेगात्मक संवेदना का उत्कर्ष सम्भव ही नहीं है। इसी तनाव को सन्तुलित कर साधने की कुशलता को विजयदेव नारायण साही ने 'तनावपूर्ण सन्तुलन' कहा है। शमशेर की कविता इसका अन्यतम उदाहरण है, क्योंकि वह अपने अंतर के द्वन्द्व और तनाव को, वैयक्तिक और सामाजिक विषमता की वेदना का समाहार कर सन्तुलित करती है तथा उससे एक नयी आशा को जगाती है। कवि की चेतना की द्विधा और उसके विभाजन में द्वैत भले दिखाई दे, वह होता नहीं है। कवि की इस कविता में मानो इसका स्वीकार है—

'वास्तव में दो कैनवस हैं
एक तरल : एक स्थिर
दोनों पारदर्शी
एक दूसरे में छिपे हुए।'

('अनिल चौधरी के चित्र')

कलाकृति के विन्यास के बहाने शमशेर दो भिन्न चित्र-फलकों को एक में समाहित कर देते हैं; क्योंकि एक की तरलता तथा दूसरे की स्थिरता ही दोनों को सम्पूर्ण बनाते हैं, वे सम्पूर्ण दो में नहीं, एक में हैं। एक में ही वे दिखते भी हैं; क्योंकि वे एक-दूसरे में छिपे हुए हैं। पर 'वास्तव में वे दो कैनवस हैं।' इसी तरह, ठीक इसके समान ही शमशेर की चेतना की द्विधा, विभाजित चेतना दिखती भिन्न है, पर है वह एक-दो भिन्न तनावों की तरह; जिसे सन्तुलित कर शमशेर उससे शक्ति ग्रहण करते हैं—उनकी 'हाय' और 'हुंकार' के भाव दो भिन्न तरह के तनावों का उदाहरण हैं जिसे समझे बिना शमशेर को समझ पाना मुश्किल है।

शमशेर की कविता समग्र कविता है और अपने परिवेश को अपने में घुलाती-मिलाती भी। बहुत-से लोगों ने इस कविता से परिवेश को विच्छिन्न करके

देखा है, मानो यह कविता और स्वयं शमशेर कालातीत हो गये हों; यह सर्वथा अनुचित मूल्यांकन है। जो कविता अपने समय में नहीं होती, वह समय का अतिक्रमण भी नहीं कर पाती यानी वह दूसरे समय में भी प्रासंगिक नहीं रहती। अपने परिवेश के घात-संघात, वैषम्य, अप्रेम, दैन्य और स्वयं कवि की दीनता–सबके सब एक निश्चित परिवेश में हैं, एक निश्चित समय के भीतर इनकी अवस्थिति है और शमशेर अपने कवि-समय में इन दुरभिसन्धियों से लगातार संघर्ष करते हैं। कवि में यथार्थ का आग्रह अभिप्रेत नहीं है, अभिप्रेत है मानवीय प्रेम से भरे समाज की अवस्थिति। इस अवस्थिति में बाधक प्रतिगामी शक्तियों से संघर्ष करते शमशेर कहीं विगलित-द्रवित होते हैं तो कहीं आवेग भरे हुंकार से भर उठते हैं। इस 'प्रेम' में जगत् की 'करुणा' है और अपने 'आत्म' को अधिक से अधिक आर्द्र बना लेने की आत्मीय विकलता भी। सभ्यता के कल्मषों को धो डालने की ज़िद और अपने अस्तित्व तक को दाँव पर लगा देने की 'साहसिकता' इस कविता में 'आपद्धर्म' की तरह आती दिखती है। जो लोग इसे देखना नहीं चाहते, उनकी दृष्टि में शमशेर की कविता विशुद्ध वेदना और अस्तित्व-निग्रह की ही कविता बनकर रह जाती है। यह इस कविता का एक 'कुपाठ' है, शमशेर को न समझने की हठधर्मिता की तरह। विष्णुचन्द्र शर्मा इसी तरह के आरोपों का प्रत्याख्यान करते हुए ठीक ही कहते हैं–

> *"शमशेर का 'मैं' निराला की 'मैं' शैली की कविता का एक व्यक्ति है। उसके प्रसंग व्यक्तिगत भी हो सकते हैं क्योंकि उन प्रसंगों के बिम्ब रचने वाला कवि उन्हें अपने जीवन से ही बुनता है। लेकिन यह 'मैं' केवल कवि नहीं है। मानव-सभ्यता के विकास के केन्द्रीय मंच पर यह 'मैं' अनेक भूमिकाओं में आता है। शमशेर की कविता में आया हुआ 'मैं' आधुनिक भारत का विचारक है, कलाकार है, शब्द-शिल्पी है, रंग-निर्देशक है, इतिहासकार है, कवि और वैज्ञानिक है। शमशेर अपनी कविता में इनको अलग-अलग भूमिकाओं में उपस्थित करते हैं।"*

('काल से होड़ लेता कवि शमशेर,' पृ. 103)

शमशेर की कविता का अनुभव-जगत् चाहे बहुत विस्तृत न हो, पर अपने अनुभूत-जगत् का जैसा सजीव अंकन उनके यहाँ है, वह आश्चर्य में डालने वाला है। एक कवि से वैसे भी हम समग्रता की आकांक्षा कर भी नहीं सकते। छोटे से जीवन में शमशेर की कविता का 'आसमान' विस्तृत है जिसकी व्याख्या एक छोटी-सी पुस्तक में सम्भव नहीं। शमशेर की कविता जीवन्त कविता है जो उनकी अपने युग की सजगता का प्रमाण भी है। उनकी कविता स्पन्दित और काल को

अतिक्रमित करने वाली वह कविता है जो काल-सापेक्षता के साथ भविष्योन्मुखी भी है। इसी को एफ. आर. लीविस महत्त्वपूर्ण कविता कहते हैं; क्योंकि ऐसी कविता अपनी सजगता के कारण अन्य लोगों के मुकाबले दीर्घजीवी होती है और स्वयं वह सजग और उस कविता का सर्जक कवि भी–

"Poetry Matters because of the kind of poet who is more alive than other people, more alive in his own age."

('न्यू बियरिंग इन इंग्लिश पोयट्री,' पृ. 13)

शमशेर की कविता 'पूरा आसमान का आसमान है' जिसमें एक इन्द्रधनुषी ताल है, नीला साँवला, हल्का गुलाबी, बादलों का धुला पीला धुआँ...इसमें सब कुछ है–क्या दुःख, क्या सुख, क्या हर्ष, क्या विषाद, क्या प्रेम, क्या प्रिय की आकांक्षा, क्या तड़प, क्या बेसुध होता-सा मन, क्या वेदना और अधीरता, क्या अकेलापन, क्या अपनी दीनता पर रोता जार-जार मन, क्या ललकारता, हुंकार भरता, जगत् के वैषम्य पर रौद्ररूप भरता चेतस कवि, क्या सौन्दर्य पर रीझता वत्सल प्रेम का आकुल प्रेमी, क्या दिख पड़ती युवती की हँसी, क्या ठोस बदन अष्टधातु का-सा.. .सब कुछ, भरे-पूरे जगत् की साँस लेती कविता–जिसे अभी बहुत कुछ जानना-पहचानना शेष है;

शायद अब जानने का प्रयत्न भी हो–
मेरे जाने 'शमशेर का अर्थ' यही है–

'पूरा का पूरा आसमान है
एक इन्द्रधनुषी ताल
नीला साँवला हलका-गुलाबी
बादलों का धुला
पीला धुआँ...'

('पूरा आसमान का आसमान')